高等职业学校"十四五"规划跨境贸易专业群建设岗课赛证融通新形态精品教材

U0641912

跨境贸易基础

主 编◎郭志颖 郭 心

副主编◎吴金娇 刘 丹

参 编◎李 昕 张 丹 温雨笛

华中科技大学出版社
http://press.hust.edu.cn
中国·武汉

内 容 提 要

本教材立足行业发展现状，以深入浅出的方式对跨境贸易进行全方位解读，内容涵盖国际贸易概述、国际贸易交易流程、跨境电商概述、跨境电商主流平台、跨境贸易支付与结算、跨境物流运输与保险、跨境贸易通关及跨境贸易法律法规等八大项目，旨在帮助学生全面掌握专业知识，紧跟贸易浪潮，把握市场脉搏。本教材配置了丰富的网络教学资源库，包含课程标准、教学课件、微视频、习题、案例等资源素材，并以二维码的形式满足学生的移动学习需求。本书既可作为高等院校相关专业教学用书，也可作为跨境贸易领域相关人员的参考用书。

图书在版编目（CIP）数据

跨境贸易基础 / 郭志颖，郭心主编. -- 武汉：华中科技大学出版社，2025. 7. --（高等职业学校"十四五"规划跨境贸易专业群建设岗课赛证融通新形态精品教材）. -- ISBN 978-7-5772-2078-9

Ⅰ. F74

中国国家版本馆 CIP 数据核字第 20257JJ667 号

跨境贸易基础　　　　　　　　　　　　　　　　　　　　　　　　郭志颖　郭　心　主编
Kuajing Maoyi Jichu

策划编辑：周晓方　陈培斌　宋　焱

责任编辑：唐梦琦

封面设计：廖亚萍

版式设计：赵慧萍

责任校对：余晓亮

责任监印：曾　婷

出版发行：华中科技大学出版社（中国·武汉）　　　　电话：（027）81321913
　　　　　武汉市东湖新技术开发区华工科技园　　　　　邮编：430223

录　　排：华中科技大学出版社美编室

印　　刷：武汉科源印刷设计有限公司

开　　本：787mm×1092mm　1/16

印　　张：16.5

字　　数：401 千字

版　　次：2025 年 7 月第 1 版第 1 次印刷

定　　价：49.90 元

总　序

GENERAL PROLOGUE

　　党的二十大报告强调，"推动货物贸易优化升级，创新服务贸易发展机制，发展数字贸易，加快建设贸易强国"。推动贸易强国建设是建设现代化经济体系的应有之义，也是全面建设社会主义现代化国家的必然要求，其中，数字贸易将赋予贸易强国建设以新动能和新优势。大力发展数字贸易，发挥我国海量数据和超大规模市场优势，对于畅通经济循环、助力经济全球化发展、加快构建新发展格局、推动全球价值链变革、更好地满足人民群众的美好生活需要，具有重要的意义。

　　跨境电商正在成为数字服务经济新时代全球经济增长的新引擎。目前，中国在跨境电商市场规模、创新活跃度、数字化应用等衡量指标中居全球首位，具有很强的国际竞争力。然而，各层次跨境电商人才的缺乏，成为制约跨境电商及相关产业发展的瓶颈。探索跨境电商新职业标准制定、推动相应职业教育改革，培养适应时代、产业所需的高素质技术技能人才，有利于培育具有国际竞争力的跨境电商市场主体，构建优质跨境贸易生态和稳定全球跨境贸易的供应链、产业链、价值链，推动经济结构调整、经济增长，以及带动更广范围的就业与拉动经济复苏。培养拥有国际视野与国际化能力、兼具数字技术知识和互联网思维，同时掌握国际商务运营与管理技能的复合型人才，将为跨境贸易产业的可持续发展提供长期动力，这不仅能够推动产业发展、提供社会就业、实现绿色可持续发展，更能够将中国主导的行业人才标准、中国教育教学体系推广至其他国家，从教育、文化、经济等方面全方位推动人类命运共同体建设。

　　2021年4月中旬，中共中央政治局委员、国务院副总理孙春兰在全国职业教育大会上发表讲话时，首次提出职业教育"岗课赛证"综合育人，要求职业教育深化"三教"改革，"岗课赛证"综合育人，提高教育质量。2021年4月下旬，孙春兰在安徽调研时强调，要推动全国职业教育大会精神落地落实，要以"岗课赛证"引领"三教"改革。随后，教育部印发通知贯彻全国职业教育大会精神，要求加快完善人才培养体系，探索"岗课赛证"相互融合。2021年10月，中共中央办公厅、国务院办公厅印发《关于推动现代职业教育高质量发展的意见》，提出要完善"岗课赛证"综合育人机制，要求"按照生产实际和岗位需求设计开发课程，开发模块化、系统化的实训课程体系"，"深入实施职业技能等级证书制度"，"及时更新教学标准，将新技术、新工艺、新规范、典型生产案例及时纳入教学内容"，"把职业技能等级证书所体现的先进标准融入人才培养方案"等，较为系统、权威地阐述了"岗课赛证"综合育人的核心要义。关于"岗课赛证"综合育人，我国具有良好的实施基础。职业技能比赛已经组织实施了十多年，2005年国务院提出"定期开展全国性的职业技能竞赛活动"，2008年教育部提出"广泛开展职业院校技能竞赛活动，使技能竞赛成为促进教学改革的重要抓手和职业教育制度建设的一项重要内容"。2019年《国家职业教育改革实施方案》提出启动1＋X证书制度试点工作以来，教育部、国家发展改革委、财政部、市场监管总局联合制定了《关于在院校实施"学历证书＋若干职业技能等级证书"制度试点方案》，教育部办公厅、国家发展改革委办公厅、财政部办公厅印发了《关于推进1＋X证书制度试点工作的指导意见》等系列文件，扎实推进1＋X证书制度。在新时期，我国职业教育推进"岗课赛证"综合育人，需要进一步适应职业教育高质量发展的时代要求，适应经济社会发展的时代变化，不断迭代其内涵与实质、更替其路径与方法，紧扣"岗课赛证"综合育人的根本目标，将"岗课赛证"综合育人融入职业教育教学改革的各项举措。

为贯彻《国家职业教育改革实施方案》，推动专业升级和数字化改造，结合新专业目录的专业设置，落实立德树人的根本任务，建立"岗课赛证"融通综合育人的一体化新形态教材体系，华中科技大学出版社于2021年6月在武汉外语外事职业学院举办"岗课赛证"综合育人一体化教材编写研讨会。我院根据国家关于职业教育教材建设的相关落实文件，率先在省级高水平专业群——"多语种跨境贸易专业群"项目团队启动"岗课赛证"融通教材建设工作，推动教材配套资源和数字教材建设，高起点、高标准建设中国特色高质量职业教育教材体系。教材编写团队以学习者为中心，以职业能力成长为理念厘清逻辑关系，以对接岗位和工作过程为原则整合体系，以分层次、多场景的教学模式赋能课程实施，实现以"能力岗位匹配"客观需求到"岗位课程匹配"的主动供给。同时，多语种跨境贸易专业群教学团队优化教材建设机制，打造融合"岗""证""赛"的新型专业教材，将产业生产实践和技术升级的变化，及时反映在教材中。

职业教育作为类型教育，在人才培养、专业发展、课程开发、教材建设中有自身的特点和规律，本系列教材融入和传承工匠精神，注重与工作岗位相适应，侧重劳动教育和生产实践。

在编写理念上，注重弘扬工匠精神。教材开发中，注重将专业精神、职业精神、工匠精神、劳模精神等融入专业课程内容，整套教材的呈现遵循技术技能人才成长规律，遵循高职学生的认知特点，突出理论与实践相统一。教材的编写逻辑以工作逻辑、学生认知为主要依据，以真实生产项目、工作任务、典型案例等形式组织教学单元，体现直观性、实用性、职业性等特征。

利用"互联网＋"技术，增加教材立体化开发，加快教材更新速度，适应新时代发展需要，从而提升教材建设在提高人才培养质量中的基础性作用，为推进职业教育高质量发展和现代职业教育体系建设改革、培养高素质技术技能型人才提供重要支撑。

武汉外语外事职业学院副院长

刘 丹

2023 年 6 月

前 言

FOREWORD

在党的二十大报告中，习近平总书记明确指出："推动货物贸易优化升级，创新服务贸易发展机制，发展数字贸易，加快建设贸易强国。"这一战略部署为我们指明了新时代贸易强国建设的方向，也为跨境电商的发展提供了根本遵循。随着全球经济一体化的发展和数字技术的深入渗透，国际贸易出现了普惠化、数字化、绿色化、融合化、服务化、再全球化、安全化等新趋势，跨境电商作为这些新趋势的集中体现，已成为我国外贸发展的新动能、转型升级的新渠道和高质量发展的新抓手。

《跨境贸易基础》正是在这样的时代背景下应运而生的，本教材旨在帮助学生全面理解和掌握跨境贸易的基础知识、核心理论和实践技能。教材内容涵盖了国际贸易概述、国际贸易交易流程、跨境电商概述、跨境电商主流平台、跨境贸易支付与结算、跨境物流运输与保险、跨境贸易通关以及跨境贸易法律法规等多个方面，旨在培养学生的综合学习能力，使他们能够在未来的职业生涯中胜任跨境贸易相关的工作。

党的二十大报告还强调了建设现代化产业体系的重要性，并指出跨境电商是实现中国产业转型升级的重要引擎，也是贯通内循环和外循环的重要引擎。本教材深入贯彻党的二十大精神，通过系统总结、整理国内外知名跨境电商平台的运营经验、理论依据、规则标准等内容，为培养适应企业发展需求的复合型跨境贸易人才提供支持。

本教材注重理论与实践的结合，力求做到以下几点：

① 系统性。教材内容系统全面，从基础理论到实际操作，为学生提供一个完整的跨境贸易知识体系。

② 实用性。结合实际案例和最新的行业动态，强调知识的应用和实践技能的培养。

③ 前瞻性。关注跨境贸易的最新发展趋势，引入跨境电商等新兴领域的知识，为学生提供前沿视角。

④ 国际性。考虑到跨境贸易的全球性特征，教材内容强调国际规则和对多元文化的理解。

⑤ 互动性。鼓励学生参与讨论和实践，通过案例分析、技能实训等方式提高学习效果。

为了丰富教材的内容并增加其趣味性，编者在每章开头都设置了导入案例，在正文中设置了视野拓展、知识拓展、思考与讨论等特色板块，同时借助二维码形式扩充了教学内容，从而更好地向学生传播信息、传递知识、传授技能并启发其思考。

本书由郭志颖、郭心任主编，参编人员包括吴金娇、刘丹、李昕、温雨笛、张丹等。参与本教材编写的人员均为国际经济与贸易、电子商务、跨境电商领域的教学人员和研究者，他们凭借深厚的专业知识和丰富的实践经验，为本教材的内容质量和实用性提供了坚实的保障。

在本教材的编写过程中，我们广泛参考和借鉴了国内外众多学者的出版物和网络资源。这些宝贵的知识和信息为本书的内容丰富和观点深化提供了重要支持。我们对所有为跨境贸易领域做出贡献的学者表示深深的敬意和感谢。

由于跨境贸易领域的快速发展以及编者水平的限制，书中可能存在疏漏和不足之处。我们希望本教材能够成为学生探索跨境贸易世界的良师益友，帮助他们在这一领域取得成功。诚恳地希望广大读者能够提出宝贵的意见和建议，以便我们不断改进和完善本教材内容。对于任何批评和指正，我们都将虚心接受，并在未来的版本中予以修正。

最后，感谢所有参与教材编写、审校和提供宝贵意见的专家和同行。没有他们的支持和贡献，本教材的完成是不可能的。我们期待与大家一起，为培养新一代跨境贸易人才而努力。

编者敬上

2025 年 6 月

目 录

CONTENTS

国际贸易概述

项目目标

◆ **知识目标**

（1）了解国际贸易的概念。

（2）了解国际贸易的分类。

（3）了解国际贸易的特点。

（4）了解国际贸易的产生与发展。

（5）了解国际贸易相关职业与岗位。

◆ **能力目标**

（1）能够按照不同标准对国际贸易进行分类。

（2）掌握国际贸易与国内贸易区分的方法。

◆ **素质目标**

（1）增强国家责任感，激发爱国情怀，激励参与国家贸易强国建设的积极性和使命感。

（2）培养良好的职业操守和工匠精神，具有高度的责任感和事业心。

（3）掌握国际贸易的专业知识和前沿趋势，提升国际化职业素养。

导入案例

受疫情全球大流行冲击，2020年世界经济严重衰退，贸易和投资大幅萎缩，全球产业链供应链面临断裂风险，叠加逆全球化、贸易保护主义等的影响，我国对外贸易遭受严峻考验。面对国内外的复杂形势，在党中央、国务院的坚强领导下，商务部会同各地方、各部门，全力以赴稳外贸，坚定不移促创新，助企纾困，激发活力，实现了量稳质升的目标，为稳定经济增长做出重要贡献，成为国民经济的一大亮点。

根据海关总署发布的数据：2022年我国外贸进出口顶住多重超预期因素的冲击，进出口规模、质量、效益同步提升。全年进出口总值首次突破40万亿元关口，连续6年保持世界第一货物贸易国地位。海关统计显示，2022年我国货物贸易进出口总值42.07万亿元，比2021年增长7.7%。其中，出口23.97万亿元，增长10.5%；进口18.1万亿元，增长4.3%。分季度看，一、二季度进出口总值分别超过9万亿元和10万亿元，三季度进出口总值增长至11.3万亿元，四季度进出口总值继续保持11万亿元的水平。从贸易方式看，一般贸易增长快、比重升。2022年，我国一般贸易进出口26.81万亿元，增长11.5%，占进出口总值的63.7%，较上年提升2.2个百分点。

请思考：

（1）什么是进出口贸易？什么是一般贸易？

（2）疫情期间我国进出口贸易保持稳步增长的原因是什么？

任务1　国际贸易认知

🖥️ 任务描述

随着人类社会的不断发展、世界各国经济的不断增长，特别是科学技术的进步和生产力水平的提高，各国间的经济交往日益增多，国际贸易已成为加强各国经济联系的重要形式之一。尤其是在当今世界经济全球化趋势下，不同国家间的经济合作比以往任何时候都更加密切，国与国之间的贸易也变得愈加频繁与重要。

🖥️ 任务目标

（1）了解国际贸易的概念与特点。

（2）熟悉国际贸易的分类。

（3）掌握国际贸易的基本流程。

一、国际贸易的基本概念

（一）国际贸易

国际贸易是指世界各个国家或地区之间进行商品、服务和技术等的交换活动。国际贸易是各个国家或地区的经济在国际分工的基础上相互联系的主要表现形式，在一定程度上彰显着经济全球化的发展态势与走向。

从涵盖的领域和范围来看，国际贸易有广义与狭义之分。狭义的国际贸易是指一切有形商品的交易，如机器设备、耐用消费品或农副产品等的进出口，通常也称为有形贸易。广义的国际贸易除包括有形贸易外，还包括无形贸易，如运输、保险、旅游、劳务输出入、技术咨询及信息服务等跨国界经济活动。

（二）对外贸易

对外贸易又称国外贸易，是特定国家或地区与其他国家或地区之间进行商品、服务和技术等的交换活动。提及对外贸易时须明确特定国家，如中国的对外贸易、俄罗斯的对外贸易等。

（三）对外贸易额

对外贸易额又称进出口贸易总额，是以金额呈现的一国对外贸易总量。一国对外贸易由出口贸易和进口贸易两部分组成。出口额是一定时期内一国向国外出口商品的全部金额。进口额是一定时期内一国从国外进口商品的全部金额。一国出口额与进口额之和即为该国对外贸易额。

（四）对外贸易量

对外贸易量是以数量、重量、面积、体积等计量单位表示的反映一国对外贸易规模的指标。与对外贸易额相比，对外贸易量剔除了价格变动的影响，单纯反映对外贸易的数量。其具体计算方式是以固定年份为基期确定价格指数，将报告期内的进口额或出口额除以价格指数，得到相当于按不变价格计算的进口额或出口额的量。

视野拓展

数字资源 1-1：
2022 年我国外贸进出口增长 7.7%　总值突破 40 万亿元创新高

（五）贸易差额

贸易差额是指一定时期内一国出口额与进口额之间的差额，用以表明一国对外贸易的收支状况。当出口额大于进口额时，为贸易顺差，也称贸易出超；当进口额大于出口额时，为贸易逆差，也称贸易入超；二者相等时，则为贸易平衡。贸易顺差意味着一国在国际贸易中收入多于支出，贸易逆差则表明该国在国际贸易中收入少于支出。

◆ **思考与讨论：**

一国长期保持贸易顺差是否一定有利？

二、国际贸易的分类

（一）按商品流向的不同分类

1. 出口贸易

出口贸易又称输出贸易，是指一国将本国生产和加工的商品输往国外市场销售。从国外输入的商品，未经本国消费且未经过本国加工而再次输出国外的，称为复出口或再输出。

2. 进口贸易

进口贸易又称输入贸易，是指一国将国外生产和加工的商品输入本国市场销售。输往国外的商品未经消费和加工又输入本国的，称为复进口或再输入。

3. 过境贸易

过境贸易又称通过贸易，是指甲国出口乙国的商品经由丙国的国境，对于丙国而言，这就是过境贸易。

（二）按商品形态的不同分类

1. 有形贸易

有形贸易即货物贸易，指实物商品的进出口，如服装、食品、机械设备等商品的进出口。有形贸易的进出口须办理通关手续，因而反映在海关统计中，是构成一国或地区国际收支经常项目的重要内容。

2. 无形贸易

无形贸易即非物质形态商品的进出口，是涵盖运输、保险、金融、旅游和技术转让等劳务的提供与接受，以及其他非实物形态商品的进出口贸易活动。无形贸易不经过海关，不能在海关的贸易统计表中反映出来，但会在该国国际收支平衡表中有所体现，是一国或地区国际收支的重要组成部分。

（三）按统计标准的不同分类

1. 总贸易

总贸易以货物通过国境作为统计对外贸易的标准。凡是进入本国国境的货物一律记为进口，称为"总进口"；凡是离开本国国境的货物一律记为出口，称为"总出口"，总进口（额）和总出口（额）两者之和为总贸易（额）。

2. 专门贸易

专门贸易以货物通过关境作为统计对外贸易的标准。关境是指一国海关法规全部生效的领域。由于保税区和自由贸易区的存在，国境可能大于关境；而几个国家结成关税同盟，对外统一征收关税，内部自由贸易、互免关税时，关境则可能大于国境。

（四）按贸易形式的不同分类

1. 一般贸易

一般贸易是指一国境内企业单边进口或者出口货物的交易形式，但投资设备、捐赠等交易形式除外。

2. 加工贸易

加工贸易是指一国境内企业从境外进口全部或部分原辅材料、零部件、元器件、配套件、包装物料等，经境内企业加工或装配后，将成品或半成品复出口的交易形式。加工贸易包括来料加工和进料加工。

3. 对销贸易

对销贸易是指在互惠的前提下，由两个或两个以上的贸易方达成协议，规定一方的进口商品可以部分或者全部以相关的出口商品来支付的交易形式。补偿贸易就属于对销贸易的一种形式。

（五）按贸易有无第三国参与的不同分类

1. 直接贸易

直接贸易是指商品生产国与产品消费国直接买卖商品的行为。

2. 间接贸易

间接贸易是直接贸易的对称，是指商品生产国与商品消费国通过第三国进行买卖商品的行为。其中，商品生产国是间接出口国，商品消费国是间接进口国，第三国是转口国。

3. 转口贸易

转口贸易又称再输出贸易或中转贸易。商品生产国与商品消费国通过第三国进行的贸易，对第三国来说，就是转口贸易。

知识拓展

所有运出（入）国境的货物都列为出（进）口吗？

一个国家在进行对外贸易统计时，并非能把所有运出国境的货物都列为出口，也不能把所有运入国境的货物都列为进口，因为列入一个国家出口和进口范围的货物必须是由于买卖而运出或运进国境的货物，即必须具备贸易性质，否则不在进出口之列。如以下几种情况就不能作为进出口：

（1）外国馈赠、捐赠而运进国境的货物（如疫情期间有关国际机构向我国捐赠的医疗器械、药品，或我国向世界各国捐赠的防疫物资等）。

（2）本国在国外举行展览而运出的货物（如展览品、样品等）。

（3）供我国驻外使领馆使用的有关物资等。

三、国际贸易的特点

国际贸易与国内贸易存在一些共同点，例如在社会生产中的地位相同、有共同的商品运输方式、基本职能相同，且都受商品经济规律的影响和制约。然而，与国内贸易相比，国际贸易又有很大不同，其交易过程、交易条件、贸易做法及所涉及的其他问题，远比国内贸易复杂。

（一）国际贸易难度大

国际贸易的开展相对于国内贸易难度更大，主要体现在以下几个方面。

1. 国际间贸易障碍多

国际贸易涉及国家间的重大经济利益。为了争夺国际市场、保护本国产业和国内市场，各国常运用关税和非关税壁垒，扩大本国产品出口，限制外国产品进口。各种贸易壁垒的存在，或多或少地给国际贸易的顺利进行设置了障碍。

2．比国内贸易更复杂

由于各国语言、法律和风俗习惯的不同，国际贸易的复杂程度远大于国内贸易。如在国际贸易中一旦发生贸易纠纷，须根据国际规则解决，这远比解决国内贸易纠纷复杂得多。此外，国际贸易过程中，常因各国商业习惯及风俗的不同而产生误解或矛盾。因此，贸易商必须通晓各国的语言、法律和风俗习惯，才能顺利开展国际货物买卖活动。

3．调查对方资信更困难

要顺利进入国际市场，必须对国外市场进行深入调查研究。然而，由于国外市场调查资料的获得渠道较少，资料不易收集完整，且调查费用高昂，因此对国外市场的信息收集十分困难。另外，为降低风险并避免日后恶意索赔的发生，贸易商必须对交易对方进行资金和信用调查，但这种调查也相当困难。

4．不稳定性明显

国际贸易易受政策、经济形势和其他客观条件变化的影响，尤其在国际局势动荡不定、国际市场竞争和贸易摩擦激烈、国际市场汇率经常浮动以及商品价格瞬息万变的情况下，国际贸易的不稳定性更为突出，从事国际贸易的难度也就更大。

（二）国际贸易风险多

在国际贸易中，自买卖双方接洽开始，要经过报价、还价、确认后订约，直到履约的整个基本流程。在此期间将会发生各式各样的风险，主要表现在以下几个方面。

1．信用风险

信用风险是指由于交易对手不履行契约或履行不完全所产生的风险。在交易过程中，买卖双方的财务状况可能发生变化，有时甚至危及履约，出现信用危机。

2．汇兑风险

汇兑风险是指在交易期限内，因合同计价货币汇率变动所产生的风险。交易期限越长，汇兑风险越大。

3．政治风险

有些国家由于自身经济等方面的问题，贸易政策法令不断修改，再加上一些国家内部的政局变动，经常使国际贸易商承担许多国内贸易无须承担的政治风险。

4．价格风险

对外贸易多是大宗交易，贸易双方签约后，货价可能上涨或下跌，对买卖双方而言都存在价格风险。

5．商业风险

国际贸易中由于买卖双方在订立合同前没有进行充分的磋商，导致进口商在履约时往往以货样不详、交货期晚、单证不符等各种理由拒绝收货，这对出口商而言就是商业风险。这些理由在货物被拒收前是无法确定的。

6. 其他外来风险

国际贸易中货物要经过长途运输，在运输过程中会遇到各种自然灾害、意外事故和其他意想不到的外来风险。

四、国际贸易的流程

国际贸易涉及面广，各个环节之间具有密切的内在联系。为使国际贸易能够顺利进行，了解国际贸易的基本流程非常必要。如果以合同签订为一个节点，通常可以将国际贸易的流程分为以下几个依次衔接的环节。

（一）交易前的准备工作阶段

进出口贸易前需要准备的事项众多。作为出口方，需要选择目标市场、选择交易对象、制定出口商品经营方案、做好出口商品商标的国外注册工作等。对于进口方来说，则需要对国外市场进行调查研究，选择适当的采购市场和供货对象、制定进口商品经营方案或价格方案等。

（二）交易磋商和签订合同阶段

交易磋商的目的是让买卖双方通过磋商取得一致意见，达成交易。交易磋商具有高度的政策性、策略性和技术性，只有真正做到知己知彼，使自己尽可能处于主动地位，才能稳操胜券。通常交易双方要经过多个回合的询盘、发盘、还盘，方能达成一致，最终签订合同。

（三）签订合同后的履行阶段

双方在自愿平等的基础上签订合同后，必须严格履行合同条款，对合同中规定的各自的义务和责任必须加以落实。卖方必须按照合同规定备货、发货、通知买方以及履行合同规定的其他责任等；买方则按合同规定接收货物、支付货款以及履行合同规定的其他责任。任何一方违反合同规定，并使对方遭受损失时，均应依法承担相应的责任。

任务小结

通过本节的学习，学生应对国际贸易的概念有初步的了解，学习掌握国际贸易分类方法，了解国际贸易的特点和流程，建立起对国际贸易的基础认识。

数字资源 1-2：
项目一　任务 1　测验

技能实训

1. 请到海关总署网站查询与我国进出口额排名前十五的国家或地区，同时分别查询我国与这些国家或地区的出口额和进口额，并以柱状图的形式表示。

2. 卡塔尔地处亚洲、非洲和欧洲的十字路口，是中国在中东海湾地区的重要经贸合作伙伴。为了开拓卡塔尔市场，国内某电器设备企业的林总亲自前往卡塔尔与当地某公司进行商务洽谈，为了表示对客户的尊重和敬意，林总携带了珍藏已久的茅台酒，意欲在晚宴上与客户一同饮用，但遭到了客户的拒绝，并且客户表示今后不会与该企业有业务往来。

请思考：

林总失败的原因在哪里？

任务 2　国际贸易的产生与发展

任务描述

国际贸易拥有悠久的历史，从古代的奴隶社会到封建社会时期，其发展较为缓慢。自资本主义生产方式确立以来，国际贸易迅猛发展，对各国经济的影响日益显著。深入了解国际贸易的产生及其在不同发展时期的主要特点，是开展国际贸易活动的重要基础。

任务目标

（1）了解国际贸易的产生条件。
（2）了解国际贸易的发展历程。
（3）了解国际贸易在不同发展时期的主要特点。
（4）了解我国国际贸易的发展现状。

一、国际贸易的产生

国际贸易是一个历史范畴，它在人类社会生产力发展到特定阶段时才得以产生和发展。其产生须同时具备两个基本条件：一是社会生产力的发展，促使产生可供交换的剩余产品；二是社会分工的扩大以及国家的形成。

在原始社会初期，人类处于自然分工状态，既无剩余产品、私有制，也没有阶级和国家，自然不存在对外贸易。随着人类社会的三次大分工，社会生产力逐步发展，商品生产和交换愈发频繁广泛，加速了私有制、阶级和国家的诞生。在第三次社会大分工后，商品交换跨越国界，国际贸易由此产生。从根本上说，社会生产力的发展和社会分工的扩大是国际贸易产生和发展的基石。

二、国际贸易的发展

国际贸易历史悠久，但受限于社会生产力，在奴隶社会和封建社会时期发展缓慢。资本主义生产方式确立后，国际贸易进入快速发展阶段。以下是国际贸易的各个发展阶段。

（一）奴隶社会的国际贸易

原始社会末期，阶级和国家雏形的出现，商品经济得以迅速发展，商品流通突破国家界限，形成最早的国际贸易。自公元前 2000 多年，地中海沿岸的奴隶社会国家间就已开展了对外贸易，其中以腓尼基（公元前 2000 多年）和希腊（公元前 1000 多年）最为繁荣发达。我国夏商时期进入奴隶社会，贸易主要集中在黄河流域沿岸各国，并与西域部分地区进行贸易。

奴隶社会的国际贸易规模虽有限，但对当时手工业的发展起到了较大的推动作用，在一定程度上促进了社会生产力的进步。

（二）封建社会的国际贸易

封建社会取代奴隶社会后，国际贸易有了较大的发展。公元 11 世纪以后，随着意大利北部和波罗的海沿岸城市的兴起以及城市手工业的发展，地中海、北海、波罗的海和黑海沿岸的一些城市，如威尼斯、鹿特丹等成为西方贸易中心，连接着西欧和东方市场。

我国早在西汉时期就开辟了以长安为起点，经中亚通往中东和欧洲的"陆上丝绸之路"，输出丝绸、瓷器等，并输入香料、玻璃、呢绒及手工艺品等。到了明代，我国陆上贸易和海上贸易均较为发达，郑和七次下西洋，与众多国家发展和保持着贸易关系，我国成为当时的海上贸易强国。

然而，总体而言，在自然经济占统治地位的封建社会，社会分工和生产力仍不发达，进入流通领域的商品也十分有限，国际贸易在各国经济生活中的作用较小，对各国经济发展的影响也不显著。

（三）资本主义社会的国际贸易

尽管国际贸易的历史源远流长，但具有世界性的国际贸易则是在资本主义生产方式确立后才出现的。在资本主义生产方式下，国际贸易的规模急剧扩大，贸易活动遍及全球，商品种类日益繁多，逐渐成为影响世界经济发展的重要因素。在资本主义发展的不同历史时期，国际贸易的发展各具特点。

1. 资本主义生产方式准备时期（14世纪至18世纪中叶）

这一时期，地理大发现和资本原始积累极大地推动了欧洲经济和贸易的发展。意大利航海家哥伦布发现了美洲大陆，葡萄牙人达·伽马从欧洲绕过非洲南端的好望角到达印度，开辟了到达印度的新航线，扩大了欧洲国家对外贸易的地理范围。欧洲商人涌入美洲和亚洲，对外贸易结合着海盗行径和对殖民地人民的残酷掠夺，使西欧各国积累了大量货币资本，商业资本迅速发展壮大，促进了资本主义生产方式的成长和确立。在此期间，欧洲主要贸易国家为争夺海上贸易霸权，进行了多次商业战争，国际贸易中心多次转移。

2. 资本主义自由竞争时期（18世纪后期至19世纪中叶）

这一时期，欧洲国家先后发生产业革命和资产阶级革命，资本主义机器大工业得以建立并广泛发展，社会生产力水平大幅提高，可供交换的产品空前增加，真正的国际分工开始形成。同时，大工业使交通和通信联络发生变革，极大地便利和推动了国际贸易的发展。

3. 资本主义垄断时期（19世纪末至20世纪初）

这一时期，主要资本主义国家从自由竞争阶段过渡到垄断资本主义阶段，国际贸易出现了新变化。国际贸易仍保持着增长趋势，但增速下降，垄断组织开始对国际贸易产生严重影响。垄断组织通过垄断价格，将国际贸易作为追求最大利润的手段，一些主要资本主义国家的垄断组织还进行资本输出，带动本国商品出口，以低廉价格获取原材料，并在国外市场排挤竞争者。

（四）第二次世界大战后国际贸易的新发展

第二次世界大战后，第三次科技革命引发一系列新兴工业兴起，跨国公司大量出现，极大地促进了生产国际化发展，国际分工更加深入，国际市场范围日益扩大，为国际贸易的发展提供了极为有利的条件。这一时期，国际贸易呈现出以下特点。

1. 国际贸易结构走向高级化

随着第三产业的发展，各国致力于优化国际贸易结构，向其他国家输出教育服务等内容。在知识经济时代，服务业全球化浪潮成为重要发展趋势。国际服务贸易规模不断扩大，占全球贸易的比重逐渐增加，服务贸易向新兴服务业倾斜，传统运输业和旅游业所占份额持续下降，发展中国家服务贸易份额继续扩大。

2. 国际直接投资逐渐成为国际贸易的主要推动力

跨国公司全球化经营，实行大规模行业分工和内部贸易，扩大了国际贸易规模。跨国公司内部贸易在国际贸易中所占比重逐渐提高。

3. 发达国家之间的贸易成为主要贸易流向

北美、西欧和日本等国家和地区相互之间的贸易量在世界总贸易量中的比重不断增加，若算上新兴工业化国家，这一比例会更高。

4. 区域性自由贸易迅速发展

第二次世界大战后，各种形式的区域性经济合作越来越多，其中自由贸易区数量众多。各经济贸易集团内部成员间的贸易发展迅速，成为国际贸易发展的重要特点。

5. 贸易保护主义势力抬头，手段不断翻新

第二次世界大战后，贸易政策和体制曾倾向于贸易自由化，但 20 世纪 70 年代中期以来，以美国为首的西方国家经济出现"滞胀"，贸易保护主义逐渐兴起。一些发达国家通过高关税、配额和高技术标准的"绿色壁垒"等手段，限制发展中国家的出口贸易，贸易保护手段更加隐蔽和具有针对性。

三、当代国际贸易的发展趋势

（一）全球贸易自由化进程加快，贸易保护主义仍然存在

全球贸易自由化是指各国或地区通过签订协议和采取相应措施，消除贸易壁垒和障碍，使经济活动在全球范围内依据共同规则，在自由开放的市场中协调进行。自 20 世纪 90 年代以来，这一进程显著加速，尤其是 1995 年世界贸易组织（WTO）的正式成立，标志着全球贸易自由化取得了实质性的进展。

然而，全球金融危机和疫情的发生会对全球化趋势造成重大冲击，导致全球贸易增长率出现下降。这些事件不仅暴露了全球供应链的脆弱性，也促使一些国家重新考虑自身对外经济的依赖性，进而采取保护主义措施。

（二）全球供应链将会重构

疫情冲击全球供应链，促使跨国公司和各国政府反思当前追求比较优势和规模经济的全球产业分工体系。越来越多的国家将确保供应链安全提升为国家重大系统性风险加以应对，平衡供应链效率和安全、强调关键核心环节自给自足将成为新趋势，特别是在医药卫生、粮食安全、重要能源资源、先进技术、高端制造等与国家安全和发展潜力高度相关的敏感领域。向以产业链安全和自主可控为核心的垂直一体化布局转变，将导致多个平行体系的生产网络和供应链形成，对我国外贸行业产生深远影响，也给世界经济带来新风险。

（三）全球贸易数字化转型将会加快

疫情促进互联网、大数据与传统外贸产业相结合，加快服务贸易数字化进程，促使贸易形态更加多样化。数字技术改变了国际贸易结构和模式，使国际贸易内容发生重大

变化，由有形商品扩大到无形数字，国际贸易交易主要内容由最终产品贸易、中间产品贸易向数字贸易转变，全球数字贸易得到较快发展。后疫情时代，全球数字贸易将继续增长，结构逐步优化，数字经济规则和话语权将发生巨大变化，对中国现有外贸体系产生较大影响。

（四）区域贸易一体化趋势不断加强

疫情暴发后，各国采取的应对措施凸显出地缘政治博弈和大国战略竞争的加剧。后疫情时代，大国博弈、贸易保护主义将使经贸问题进一步泛政治化，不同国家主导建立的区域贸易协定将成为新趋势。区域贸易一体化增加将导致全球市场成为"稀缺资源"，多边贸易体制面临更大挑战，全球产业链、供应链将进一步区域化，区域产业链、供应链之间竞争更为激烈。区域贸易一体化主要表现在区域经济组织数目不断增加和区域内贸易额在对外贸易中的比重逐渐加大两个方面。

（五）协调管理贸易成为各国外贸政策趋向

国际间经济协调愈趋加强，初步形成了网状、多层次的国际宏观协调机制，对稳定世界贸易秩序、促进国际分工有序进行及全球经济增长起到积极作用。当今世界国际贸易协调与管理实践大致可分为全球、地区和国别三个层次，包括全球性协调管理机制、地区性协调管理机制和国别性协调管理机制。

（六）国际贸易结构由传统的生产要素型向知识经济型转变

随着科学技术的发展，特别是信息时代的到来，技术成为新的生产要素和经济增长点，国际贸易结构也发生了深刻变化。科技含量、知识含量、技术程度等科技要素决定和改变着各国在国际分工中的地位，成为衡量和界定一国的国际竞争力乃至国际贸易结构的主要指标。以技术服务和信息交换为内容的国际技术服务贸易的形成和发展，以高新技术产品和高价值技术为对象的现代技术贸易的扩展，构成了国际贸易结构变化的基础，引导国际贸易由传统的贸易结构向知识经济型贸易结构转变，国际贸易结构向服务、高科技和"绿色产品"方向倾斜。

（七）国际竞争方式由单一型、粗放式向综合型、集约式转变

进入 20 世纪 90 年代，科学技术影响着人们的消费习惯和生活质量，引发国际贸易方式和国际竞争方式的变化。国际市场竞争的焦点由商品价格转向商品品质，国际竞争向更高层次发展，竞争范围拓宽，竞争能力标准和比较优势发生变化。

⚙️ **视野拓展**

数字资源 1-3：
　数字化引擎助推外贸新发展

四、我国国际贸易的发展

（一）中国对外贸易规模逐渐递增

2017 年以后，中国对外贸易规模逐渐递增。2020 年，中国货物进出口总额 4.65 万亿美元，比上年增长 1.5%，其中，出口额 2.59 万亿美元，增长 3.6%；进口额 2.06 万亿美元，下降 1.1%；贸易顺差 5350.3 亿美元，增长 27.1%，是全球唯一实现贸易正增长的主要经济体。根据世界贸易组织数据，2020 年中国出口增速高于全球 7.4%，进出口、出口、进口国际市场份额分别达 13.1%、14.7%、11.5%，均创历史新高，货物贸易第一大国地位进一步巩固。商务部数据显示，尽管去年外贸受到多重因素冲击，但全年外贸规模仍再创历史新高，货物进出口突破 40 万亿元大关，达 42.1 万亿元，增长 7.7%。

（二）与主要贸易伙伴进出口保持增长

长期以来，东盟、欧盟、美国、日本和韩国为我国前五大贸易伙伴。2015—2019 年，欧盟一直稳居我国第一大贸易伙伴地位，但 2020 年英国"脱欧"，因此我国在 2020 年统计与欧盟货物进出口额时剔除了英国，而 2020 年我国对东盟货物进出口额再创新高，东盟超过欧盟成为我国第一大贸易伙伴。

2021 年前 4 个月，东盟继续保持中国第一大贸易伙伴地位，中国与东盟进出口总额 1.72 万亿元，增长 27.6%，占外贸总值的 14.8%，其中，对东盟出口 9505.8 亿元，增长 29%；自东盟进口 7650.5 亿元，增长 25.9%；对东盟贸易顺差 1855.3 亿元，增加 43.6%。

（三） RCEP 为中国对外贸易带来新的发展机遇

2012 年，东盟十国发起了《区域全面经济伙伴关系协定》（regional comprehensive economic partnership，RCEP）。2020 年 11 月 15 日，东盟十国和中国、日本、韩国、澳大利亚、新西兰共 15 个亚太国家正式签署了该协定。2021 年 11 月 2 日，RCEP 达到协定生效门槛。2022 年 1 月 1 日，协定对已提交核准书的 10 国正式生效。RCEP 覆盖人口约 22.7 亿，GDP 约占全球的 33%、出口额占全球的 30%。作为当前世界上参与人口最多、成员结构最多元、经贸规模最大、最具发展潜力的自由贸易协定，RCEP 的生效为区域合作的深化发展创造了崭新机遇，为世界经济的开放融通注入了强劲动力，为中国经济的持续繁荣提供了强大引擎。

2015—2020 年，我国对 RCEP 成员国货物进出口总额（中国对各成员国货物进出口额汇总）不断创新高，2020 年突破 10 万亿元。如今 RCEP 的正式签署将为成员国之间提供更方便的贸易环境，如更低的贸易关税以及更加开放的市场。中国作为 RCEP 重要的一员，RCEP 将为中国对外贸易带来新的发展机遇。

知识拓展

RCEP 协定

《区域全面经济伙伴关系协定》（RCEP）是由东盟十国发起，由中国、日本、韩国、澳大利亚、新西兰等与东盟有自由贸易协定的五方共同参加，共计15个缔约方所构成的高级自由贸易协定。此协议也向其他外部经济体开放，如中亚、南亚及大洋洲其他经济体等。RCEP旨在通过削减关税及非关税壁垒，建立统一市场的自由贸易协定。经批准生效后，各成员之间关税减让以立即降至零关税、10年内降至零关税的承诺为主。

（四）电商平台成为拓展外贸市场的主要方式

根据2021年10月《进出口经理人》杂志对548家包括制造商、贸易商在内的从事外贸出口企业进行的"外贸企业生存现状调查"结果，企业选择电商平台方式的比例在近3年连续上升，从2019年约31.0%提高到2021年的37.5%，并且2021年相比2020年提升6.2%。疫情的暴发导致全球正常贸易往来受阻，以跨境电商为代表的外贸新业态新模式打破线下交易的不便，在一定程度上弥补了外贸企业出口下滑导致的销售损失，跨境电商大大提高了外贸市场的抗风险性，也是外贸企业数字化转型的起点。

视野拓展

数字资源 1-4：
跨境电商为中国外贸发展注入新动能　中国贸易伙伴遍布全球

任务小结

通过本节的学习，学生应初步了解国际贸易的产生与发展历程，把握国际贸易前沿发展趋势，努力与国际接轨，塑造适应于当代国际经贸活动的系统思维、分析思维、创新思维。

技能实训

1.15 世纪的欧洲陷于早期重商主义的狂热之中，实行贸易保护政策，大力限制进口。为了获取更多的真金白银，欧洲各国开始航海争夺贸易，后来英国逐渐强大，开始在全球推动自由贸易主张。

任务：观看纪录片《贸易战争》。

思考：

（1）纪录片里介绍了哪些历史事件？这些事件对促进国际贸易的发展有什么意义？

（2）当时国际贸易发展的直接动机是什么？对我们发展对外贸易有什么启示？

2.2023 年 1 月 1 日，《区域全面经济伙伴关系协定》正式生效实施一周年。作为当今世界涵盖人口最多、经贸规模最大的自由贸易协定，协定实施一年来已经陆续对 15 个签约国中的 13 个成员生效，切实减少了亚太区域内部的经贸壁垒，也进一步刺激和扩大了中国的内外循环。

任务：观看视频《焦点访谈·RCEP 一周年　共享机遇》。

思考：

（1）RCEP 对促进国际贸易的发展有什么意义？

（2）中国企业如何从 RCEP 协定中获利？

任务3　国际贸易职业与岗位认知

任务描述

作为国际贸易相关专业的学生，应当了解国际贸易主要岗位的典型工作任务，职业素养和核心能力要求，树立职业生涯目标，制订大学专业学习和职业能力发展计划。

任务目标

（1）了解国际贸易主要岗位的工作任务。

（2）了解国际贸易主要岗位的职业素养和核心能力要求。

（3）树立职业目标，制订大学生职业发展规划。

一、国际贸易主要岗位

（一）外贸业务员

外贸业务员主要负责进口、出口合同的签订和履行，包括通过各平台或网站开发客户、核算报价、函电回复等。同时需要维护客户，进行合同的确立、签署、执行和跟踪等业务跟进工作，以及售后问题处理、执行日常工作等。

（二）外贸跟单员

外贸跟单员主要负责在贸易合同签订后，依据合同和相关单证对货物的加工、装运、保险、报检、报关、结汇等部分或全部环节进行跟踪或操作，协助履行贸易合同。同时需要同新、旧客户保持联系增加沟通，了解客户所需，接收客户的投诉信息，并将相关的信息传递到公司的相关部门，掌握、了解市场信息，开发新的客源，等等。

（三）外贸单证员

外贸单证员主要负责在国际贸易结算业务中，根据销售合约和信用证条款从事审核、制作各种贸易结算单据和证书，提交银行办理议付手续或委托银行进行收款等工作。其工作内容主要是对国际贸易结算业务中所应用的单据、证书和文件——包括信用证、汇票、发票、装箱单、提单、保单等进行制作处理。

（四）跨境电商专员

跨境电商专员主要负责公司跨境电商平台的运营与产品在线销售策划工作，分析跨境电商店铺运营的各项数据，及时调整销售策略、优化处理跨境电商客户投诉与纠纷，提高客户满意度和账户好评率等。

（五）报关报检员

报关报检员主要负责代表所属企业（单位）向海关办理进出口货物报关、纳税、商检等通关手续，负责公司进出口货物的批文报批、单证制作、减免税务与通关后核销，以及协助海关办理进出口货物的查验、结关等相关手续。

（六）国际货运代理员

国际货运代理员主要负责贸易交往中接受货主委托，组织、实施和协调公路、铁路、海路、航空等的运输过程，办理有关货物的报关、交接、仓储、调拨、检验、包装、转运、定车皮、租船、定舱等业务。

二、国际贸易主要岗位典型工作任务

数字资源 1-6：
国际贸易主要岗位典型工作任务、职业素养和职业核心能力要求

从事国际贸易相关岗位，要了解所从事岗位的典型工作任务，明确所需要的职业素养和职业核心能力要求。

三、国际贸易相关资格证书与技能竞赛

近年来，随着我国高校毕业生人数持续增长，企业对外贸人才的要求也越来越高，不仅要求具备相应的学历，还要具备一定的实操技能。作为在校大学生，除了通过学习专业课程获取知识与技能外，还可以通过考取职业技能等级证书、参加相关专业技能竞赛提高技能水平。职业技能等级证书和专业技能竞赛参赛经历可以作为毕业生职业技能水平的凭证，反映个人职业生涯发展所需要的综合能力。

（一）1＋X 证书

"1"为学历证书，"X"为若干职业技能等级证书。2019 年，教育部、国家发展改革委、财政部、市场监管总局联合印发了《关于在院校实施"学历证书＋若干职业技能等级证书"制度试点方案》，部署启动"学历证书＋若干职业技能等级证书"（简称 1＋X 证书）制度试点工作，重点围绕服务国家需要、市场需求、学生就业能力提升，面向 20 个技能人才紧缺领域，以社会化机制招募职业教育培训评价组织，开发若干职业技能等级标准和证书。高校可以根据社会、市场和学生技能考证需要，对专业课程未涵盖的内容或需要特别强化的实训，组织开展专门培训，并配合职业教育培训评价组织实施证书考核，提升职业教育质量和学生就业能力。

目前国际贸易相关 1＋X 证书如表 1-1 所示。

表 1-1　国际贸易相关 1＋X 证书

证书名称	证书等级	职业技能要求
跨境电商 B2B 数据运营职业技能等级证书	中级	跨境电商平台运营与营销（营销策划方案制定、店铺管理、数据分析）、跨境电商全网营销（海外社交媒体营销、国际搜索引擎优化、国际搜索引擎营销）、跨境交易客户管理（海外客户开发、线上合同签订、客户服务）等

续表

证书名称	证书等级	职业技能要求
跨境电商 B2C 数据运营职业技能等级证书	中级	数据运营策略制定（数据采集方案制定、数据分析方案制定、数据运营方案制定）、数字营销管理（付费营销、海外直播数据化营销、海外独立站数据化营销）、线上交易数据化管理（供应链数据化管理、客户数据化管理、服务数据化管理）等
跨境电商多平台运营职业技能等级证书	中级	数据采集分析与选品（竞品数据采集分析、数据化选品、产品链接优化）、店铺活动策划与执行（店铺活动策划、店铺活动执行）、站外营销推广执行（站外推广方案制定、Google Ads 推广、SNS 推广、Deals 网站推广）、客服管理（客户信息收集与管理、客户服务内容分析、客户异议问题处理、客户服务质量优化）等
多式联运组织与管理职业技能等级证书	中级	多式联运经营人服务与责任实施、多式联运组织、多式联运场站管理、多式联运单据设计、多式联运信息化应用、集装箱公铁联运业务操作、集装箱海铁联运业务操作、中欧班列国际联运业务操作等
实用英语交际职业技能等级证书	初级/中级	在职业活动或情境中通过英语语言信息的获取、处理和交流，并综合运用相关知识、经验、技能和态度，完成典型工作任务等

（二）技能竞赛

数字资源 1-7：
　国际贸易相关技能竞赛

任务小结

　　通过本节的学习，学生应初步了解国际贸易主要岗位的典型工作任务、职业素养和职业核心能力要求，熟悉国际贸易相关资格证书、技能竞赛，树立职业生涯目标，并制订专业学习和职业能力发展计划。

技能实训

　　根据你对国际贸易相关职业及岗位的认知，结合自身情况，运用职业生涯规划理论，撰写个人职业生涯规划报告，并制订大学期间的专业学习和职业能力发展计划。

阅读资料

数字资源 1-8：
跨境电商 B2B 数据运营职业技能等级标准

数字资源 1-9：
跨境电商 B2C 数据运营职业技能等级标准

数字资源 1-10：
跨境电子商务多平台运营职业技能等级标准

数字资源 1-11：
多式联运组织与管理职业技能等级标准

数字资源 1-12：
实用英语交际职业技能等级标准

数字资源 1-13：
第十四届 POCIB 全国外贸从业能力大赛 2024—2025 赛季（秋季赛）大赛通知

数字资源 1-14：
第十届 OCALE 全国跨境电商创新创业能力大赛（秋季赛）

数字资源 1-15：
"互联网＋国际经济与贸易"全国职业院校技能大赛赛项规程

数字资源 1-16：
2024 年全国高校商业精英挑战赛国际贸易竞赛"颜值立方杯"跨境电商赛道暨"一带一路"国家留学生商业精英挑战赛跨境电商赛道竞赛细则

项目二
国际贸易交易流程

项目目标

◆ 知识目标

(1) 了解国际贸易交易流程。

(2) 掌握国际贸易交易磋商程序。

(3) 了解国际贸易术语及责任划分。

(4) 掌握国际贸易合同内容及合同有效成立的条件。

(5) 熟悉国际货物买卖出口合同履行程序。

◆ 能力目标

(1) 能够进行国际市场调研,开发客户。

(2) 能够撰写业务开发函,与客户建立业务联系。

(3) 能够熟练使用 FOB、CFR、CIF 等常用贸易术语进行报价。

(4) 能够进行交易磋商,签订国际货物买卖合同。

(5) 能够按照合同约定履约。

◆ 素质目标

(1) 遵守国际贸易相关职业道德和规范,依法开展对外贸易。

(2) 遵守国际惯例与习俗,具备较强的跨文化沟通能力。

(3) 重合同,守信用,具备诚实守信的品质。

(4) 具备敏锐的国际市场分析与风险识别能力。

导入案例

2023 年 3 月，武汉某纺织服装有限公司，作为一家具有良好市场声誉和国际视野的中国企业，接到了一封来自美国客户的业务信函。该客户表达了对该公司产品的兴趣，并提出了一个分阶段的采购计划：首先购买价值 20 万美元的小批量服装以测试市场反应，若市场反馈良好，则计划后续采购金额高达 100 万美元的大批货物。该公司在审慎评估后，认为这一合作将有助于拓展国际市场，增加出口，于是同意了客户的初步采购要求，并基于信任给予其 60 天的赊销期。双方基于互利共赢的原则签订了售货合同。

然而，在两个月的赊销期结束后，公司在催款过程中遭遇了挑战。美国客户声称服装市场反馈不佳，存在严重积压，并以质量问题为由要求减少还款金额。面对这一突发情况，公司迅速采取行动，通过专业资信机构对客户的财务状况进行了深入调查。调查结果显示，客户的财务状况混乱，实际上已无力偿还 20 万美元的货款，且其供货商已取消了信用限额，并在积极追讨欠款。

请思考：
从该案例中你得到了什么启示？

任务 1　国际贸易交易前的准备工作

任务描述

企业要开展国际交易，必须要进行国际市场调研，寻找客户并与客户建立业务联系，这是进行国际贸易前必须做好的准备工作。准备工作做得好与坏，与进出口交易成败有着密切的关系。

任务目标

（1）掌握国际市场调研的主要内容。
（2）掌握客户开发的基本方法。
（3）掌握外贸开发函的主要内容和写作原则。

一、国际市场调研

在国际贸易交易磋商前，对国际市场进行调研，有助于选择目标市场、合理布局。

从进出口角度看，国际市场调研主要包括对国际市场的环境、商品情况、营销情况及国外客户情况的调研。

（一）国际市场环境调研

企业开展国际贸易，须了解国际市场环境。调研内容包括：

① 国外经济环境，涵盖经济结构、发展水平、前景、就业与收入分配等；

② 国外政治和法律环境，如政府结构、重要经济政策、外贸相关法律法规等；

③ 国外文化环境，包括使用的语言、教育水平、宗教观念、风俗习惯与价值观念等；

④ 其他方面，如国外人口、交通与地理情况等。

（二）国际市场商品情况调研

企业开拓国际市场或进口产品，须了解商品市场情况：

① 国外市场商品供给，包括商品的供应渠道、来源、生产厂家、生产能力、库存等；

② 国外市场商品需求，如商品的品种、数量、质量要求等；

③ 国际市场商品价格及价格与供求变动关系。

（三）国际市场营销情况调研

对国际市场营销组合进行调研，除商品品质及其价格外，还包括：

① 商品销售渠道，如销售网络以及批零商的经营能力、经营利润、售后服务等；

② 广告宣传，包括消费者的购买动机以及广告的内容、时间、方式与效果等；

③ 竞争分析，涵盖竞争者产品的质量、价格、政策、广告、分配路线与市场占有率等。

（四）国外客户情况调研

对国外客户进行调查，主要内容包括：

① 客户政治情况，了解客户的政治背景、与政界的关系、所属党派及其对我国的政治态度等；

② 客户资信情况，包括资金与信誉，如注册资本、资产负债及经营作风、信用记录等；

③ 客户经营业务范围，即经营的商品类别；

④ 客户企业性质，了解客户是实际用户、中间商、专营商，还是兼营商；

⑤ 客户经营能力，包括业务活动能力、资金融通能力、销售渠道、贸易关系与经营历史等。

二、客户开发

客户是企业的交易对象，在出口业务中，国外客户主要包括各国的进口商、大百货公司、超市、连锁店、厂商和经纪商等各种类型的客户。寻找潜在的客户是建立业务关系、实现交易的第一步。寻找客户的具体方法有以下几种。

（一）通过交易会或展览会开发客户

参加交易会或展览会是外贸业务员获取客户的重要渠道。国内各地每年都会举办不少交易会或展览会，如中国进出口商品交易会（广交会）、中国-东盟博览会（东博会）、华东进出口商品交易会（华交会）、中国国际高新技术成果交易会（高交会）、中国义乌国际小商品博览会等。来我国参加这类展会的国外团体与个人非常多，企业可以通过展会展示产品，接触有意向的客户，与客户进行面对面的沟通，增进了解、联络感情，从而建立稳定的业务关系。

为了进一步开拓国际市场，除了在国内参展，企业还可以参加境外的国际性展会。企业如果要到国外参展，需要了解世界各地所举办的展览会的相关信息，提高参展的效率，避免盲目参展。国际性展会一般由专业的会展机构举办，如德国的慕尼黑国际博览集团，它成立于 1964 年，位列世界十大展览公司，每年都会在全球范围内举办涵盖资本货物、高科技和消费品等品类的近 40 个博览会，每年都会有来自世界各地的上万家企业前来参展，慕尼黑电子展就是其中主要的展会。美国的拉斯维加斯也是全球各大展会的重要聚集地之一，每年各大会展机构将于此地举办各种国际性展会，如国际消费类电子产品展览会（CES）、美国拉斯维加斯改装车展览会（SEMA show）、国际服装展览会（MAGIC show）、国际五金工具及花园用品展览会（NHS）等。对于此类展会，一般企业搜索展会网站并与组委会直接联系就可以参展。

如果企业从来没参加过专业的展会，建议首次还是去观展考察或与有经验的进出口公司、贸易公司联合参展。另外，现在很多国际性展会都选择到中国举办，企业可以先参加国内举办的行业国际性展会，积累经验后再去国外参展。

⚙ 视野拓展

数字资源 2-1：
第 134 届中国进出口商品交易会 本届广交会累计到会境外采购商超 19 万人

（二）通过网络开发客户

网络营销是以互联网为营销环境，传递营销信息，沟通厂商及消费者需求的信息化过程。企业可以通过互联网发布企业信息，以及产品和服务信息，进行广告、促销活动，面向全世界进行宣传推广；也可以通过互联网寻找潜在客户，与客户进行一对一互动交流，满足客户的个性化需求，提高客户的满意度与忠诚度。

1. 制作企业网站

企业网站是企业对全国乃至全球开放的窗口，是目前向全球进行自我宣传最快捷的方式。从事国际贸易的企业，应建立自己的网站，以网站为核心进行网络营销推广。企业通过网站以多种形式展示自己的产品与服务，将众多产品一一呈现在客户眼前，包括产品的详细说明及报价、产品宣传彩页、公司形象视频、多角度高清图片、精确专业的产品描述、公司新闻和动态、公司工厂规模和实力等，快捷、有效、长期地为客户或潜在客户传递信息。

企业网站应包含多种语言版本，至少需要包含中文和英文版本，以便于国外客户阅读。网站可以设置企业介绍、新闻播报、产品展示、产品相关证书展示、合作伙伴等多模块内容，全方位展示企业实力。企业网站应设置电话、传真、邮箱、网页实时聊天、Skype、QQ、MSN、WeChat、Facebook 等多种便捷联络方式。

2. 跨境电商平台

跨境电商是分属于不同关境的交易主体通过互联网实现交易的一种新型贸易形式。外贸出口企业可以借助第三方跨境电商平台发布企业信息、展示产品、进行广告宣传、获取客户信息、与客户进行在线交流，最终达成交易。

B2B（business to business，企业对企业）模式和 B2C（business to customer，企业对个人）模式是第三方跨境电商平台的主要商业模式。目前比较知名的跨境电商 B2B 平台主要有阿里巴巴国际站、环球资源网、中国制造网和敦煌网等，跨境电商 B2C 平台主要有亚马逊（Amazon）、eBay、全球速卖通等。

除了以上面向全球范围的跨境电商平台外，各国或各地区还有很多在当地具有较高知名度的其他跨境电商平台。例如，东南亚跨境电商平台 Lazada 和 Shopee、北美跨境电商平台 Walmart 和 Newegg、南美跨境电商平台 Linio 等。不同平台的销售范围、营销策略、物流模式、支付方式等都存在一定差异，企业可以根据自身的产品优势和销售区域选择合适的平台。

3. 网络黄页

网络黄页（yellow page）又称网络工商名录，其收录了国内外众多贸易公司及商号的名称、电话号码、邮箱地址、传真号码、公司地址、主要经营项目及历史情况等。对外贸企业而言，网络黄页推广包括两种方式：加入面向全球市场的国家级黄页目录和世界级黄页目录；在目标市场的黄页做广告，进行网络黄页推广。

欧洲黄页（http：//www.europages.com）是一个利用多种语言和多媒体技术对欧洲市场进行推广的专业商业目录，拥有 260 万注册供应商，覆盖 210 个国家，70％用户来自欧洲。制造商、销售商和服务商等供应商均可注册欧洲黄页，并通过 26 种语言展示公司产品，是进出口企业寻找境外客户，特别是欧洲客户的首选途径。

4. 网络展览会

传统会展业虽然经过几十年的沉淀已经取得了长足的发展，但也呈现出很多的弊端。由于天气恶劣、交通不便、时间紧迫、费用昂贵等诸多因素的限制，很多企业只能"望展兴叹"。而随着互联网的兴起，网上展览会已消除了这些限制，观众可以自由选择合适的时间在线观看不同的展览会，其所具备的众多优势越来越得到大众的青睐。

如阿里巴巴国际站发起全球线上展会，将传统线下展览会中的社交圈层搬到阿里巴巴国际站平台上来，以 B2B 类网红直播为触达方式，设置交换电子名片、电子名录等多重拓商机制，给买家带来沉浸式逛店体验、提高企业自身品牌曝光和产品露出的同时，便于卖家持续营销。

除各行业的行政部门、行业协会、跨境电商平台组织的网络展览会外，国内部分知名展览会也开通了网络展览会，如中国国际进口博览会网上签约会等，收获了一定的关注。

5. 搜索引擎营销

互联网用户通常使用搜索引擎在网上搜索信息，企业可以根据用户使用搜索引擎的方式，利用用户检索信息的机会尽可能将营销信息传递给目标用户。目前国外主流的搜索引擎主要有 Google、Bing、Yahoo!、Yandex（主要在俄罗斯）等。其中 Google 是全球最大的搜索引擎公司，全球搜索份额排名前 10 中有 7 个是 Google 及其在部分国家的不同版本。从事国际贸易的企业可以通过竞价排名、购买关键词广告、搜索引擎优化等方式提高企业网站的搜索排名，以实现更多的曝光，从而提升销售额。

⚙️ 视野拓展

数字资源 2-2：
　　海外搜索引擎简介

6. 海外社交媒体

海外社交媒体已成为外贸从业人员获取客户资源的一种有效途径，如 Facebook、LinkedIn、TikTok、X（原 Twitter）、WhatsApp、Instagram、YouTube 等。从事外贸业务的企业可以在这些社交媒体平台上创建账号，发布关于企业信息或所经营产品的图文、视频等信息，寻找目标客户，与目标客户进行互动交流，从而促成交易。

📈 三、建立业务联系

（一）对潜在客户进行调查

在与潜在客户签订贸易合同前，应对潜在客户各方面的情况进行深入、细致的调查，建立健全客户档案，这不仅可以提高经济效益、降低交易风险，还可以更好地选择优质客户，建立长期的客户关系。

对潜在客户的调查，可以通过客户的企业网站进行调查，也可以通过银行、工商团体、资信调查机构、驻外机构等途径进行调查，还可以对客户进行实地考察。

（1）通过客户的企业网站调查。一般企业都有自己的官方网站。浏览客户的企业网站可以清楚地了解企业的发展历程、主营产品、经营模式、供应商及客户、企业联系人及联系方式等信息。

（2）通过银行调查。按照国际惯例，调查客户的资信情况属于银行的业务范围。国内企业可以委托国内往来银行调查国外客户的资信情况，如调查客户的创立年份、组织机构、财务状况、营业范围、资本大小以及与该银行的往来等详细资料。这种调查方式需要向银行申请办理资信调查业务，提交申请书，并附上调查对象的资料。

（3）通过工商团体调查。工商团体包括国际商会、进出口同业公会、贸易协会等，这类团体一般都接受委托国外厂商调查所在地企业情况，但有可能出于保护会员利益的考虑而拒绝提供真实资料，因此，通过这种渠道得来的资信，要经过认真分析，不能轻信。

（4）通过资信调查机构调查。这类机构以调查信用为其主要业务，在世界各地派有常驻人员，负责就地调查，获取的信息较为客观，但所需费用较高。如美国邓白氏公司、英国益佰利公司、日本帝国数据银行等公司均可提供资信调查服务。

（5）通过驻外机构就地调查或在业务活动中对客户进行实地考察。通过驻外机构和在实际业务活动中对客户进行考察所得的材料，一般比较具体可靠，对业务的开展有较大的参考价值。

此外，国外出版的企业名录、厂商年鉴以及其他有关资料，对了解客户的经营范围和活动情况也有一定的参考价值。

（二）与潜在客户建立业务关系

对潜在客户进行调查并确认后，企业就可以着手与其建立业务关系了。建立业务关系的途径可以是派出业务人员到客户所在地进行洽谈，也可以通过信函的方式与客户进行联系。

外贸开发函是外贸业务员把己方企业的产品、服务、具备的优势等信息通过邮件、信函发送给潜在的国外客户，希望双方建立业务合作关系。潜在的国外客户收到开发函后，如有意向，则会与外贸业务员进一步沟通、谈判，最终确立购买合同。外贸开发函是开启业务合作的第一步，一封好的外贸开发函有利于迅速与客户建立业务联系。

1. 外贸开发函的撰写原则

撰写外贸开发函应遵循以下"6C"原则。

（1）completeness（完整）。一封外贸开发函只包括一个或两个中心思想，通篇上下连贯，有头有尾，意思完整。

（2）consideration（体谅）。写作外贸开发函要做到换位思考，从客户的角度出发进行商务磋商。

（3）clarity（清楚）。写作外贸开发函应表达清晰，避免使用含有不同含义或词义模糊的词语。

（4）conciseness（简洁）。在不影响完整性和不失礼貌的前提下使用最简短的语句来清楚地表达书信的内容。

（5）courtesy（礼貌）。外贸开发函的措辞应委婉恰当，让客户感受到尊重和友好。

（6）correctness（正确）。外贸开发函的语法、标点、拼写、措辞等要符合客户的语言习惯。

2. 外贸开发函的主要内容

初次与客户建立联系时，一般要说明获得客户信息的来源、介绍己方企业概况及优势产品、表达合作诚意并附上联系方式。

（1）说明获得客户信息的来源。

为避免唐突，首先应简略阐述是通过何种途径获得客户信息的，一句话带过即可。如果是通过老客户介绍或在交易会上有过面谈，一定要在信函中提及，会大大增强客户的关注度。

（2）介绍己方企业概况。

为引起客户的交易兴趣，在信函中要对己方企业进行介绍，包括企业名称与地址、历史与规模、企业性质、业务范围、所获奖项和认证、已往交易的知名客户等，这些都可以佐证企业的实力。如果企业规模大、产品线齐全、产品新颖、技术领先、地处客户较为熟悉的外向型经济区，且拥有相关国际认证证书，都能够引起客户的关注。

（3）介绍优势产品。

写开发函的目的在于销售产品。在介绍企业的优势产品时一定要针对客户需求，介绍产品的优势与特色，吸引客户眼球，可以在信函中附上产品图片、展示手册、促销价格等。

（4）表达合作诚意。

在开发函结尾应表达希望与客户建立外贸业务关系的愿望，并期待对方的早日回复。

（5）附上联系方式。

在开发函结尾应附上己方企业的名称、地址、电话、传真、企业网站、邮箱、QQ、Skype、WeChat 等联系方式，方便客户与我们联系。

3. 外贸开发函的写作案例

李晓是武汉元福科技有限公司的外贸业务员，他通过互联网寻找到一位潜在的公司客户。在对该公司进行调查后，李晓决定撰写一封外贸开发函，介绍本公司及产品，表达与该公司合作的意愿。外贸开发函的内容如下：

Dear Mr. Claude，

We are glad to get your contact information posted on the internet that you are in the market for products. We would like to take this opportunity to introduce our company and products，with the hope that we may work together in future.

This is Li Xiao from Wuhan Yuanfu technology Co.，LTD which is specializing in electronic products such as keyboard，wired/wireless mouse for many years. Owing to highest class production equipment，R&D technology and perfect quality control system，our products not only meet OEM/ODM demands in domestic market，but also are exported to Southeast Asia，Middle East，America and Europe. All of our products comply with RoHS&Reach，as well as most of the international safety approvals，such as ENEC，UL，CUL，CE，CQC，etc. We believe that we can continuously provide our consumers with top quality products by innovation，so as to develop faster and create a win-win situation together with your firm. We also send you an E-catalogue covering the main items.

If you want to see more items，please visit our websiteYuanfu. net. Should any of these items be of interest to you，please let us know. We will be happy to give you a quotation upon receipt of your detailed requirements.

We look forward to hearing from you soon.

Best Regards，

Li Xiao

Sales Manager，Wuhan Yuanfu technology Co.，LTD

Address：No. 255 Canglong Avenue，Jiangxia District，Wuhan Hubei，China

Tel/Fax：+86-027-8888666

E-mail：8888 666@Yuanfu. net

任务小结

通过本节的学习，学生应初步了解进出口交易前的准备工作内容，能够通过国际市场调研确定目标市场，寻找潜在客户，并与客户建立业务联系，为进一步与客户开展贸易磋商、实现交易奠定基础。

数字资源2-3：
项目二 任务1 测验

技能实训

　　武汉市鑫林纺织贸易有限公司成立于 2004 年 4 月，位于湖北省武汉市，专业经营制帽用针织、梭织面料辅料，以及服装针织、梭织面料辅料，注册资本 1000 万元人民币，拥有自营进出口权。该公司客户遍及欧美、非洲及亚太地区，所出口面料被世界知名体育品牌公司所采用。该公司拥有自己的印染二厂、污水处理厂，并引进了国外优良的机械设备，可以生产加工各种高档针织梭织面料。作为该公司的外贸业务员，你需要完成以下任务：

　　（1）利用网络开发客户，搜索五位国外客户的联系方式，并写出企业客户的发展背景、战略规划、经营范围、年销售额等。

　　（2）公司计划参加广交会，请查询广交会的展期、展位及其价格。你打算做哪些参展前的准备呢？

　　（3）在搜索到的五位国外客户中，选择一位合适的客户撰写外贸开发函。

任务 2　国际贸易交易磋商

任务描述

　　交易磋商是买卖双方就交易条件进行洽谈以求成交的过程。买卖双方通过交易磋商，就各项交易条件取得一致协议后，交易即告达成，买卖双方当事人即存在合同关系。交易磋商是国际贸易的重要环节之一，商品的国际交易能否顺利签订合同，主要取决于交易双方对交易双方条件磋商的结果。

任务目标

（1）了解国际贸易交易磋商的方式。
（2）熟悉国际贸易交易磋商的主要内容。
（3）掌握常用的国际贸易术语。

一、交易磋商方式

　　在国际贸易中，交易磋商的基本方式有两种：口头磋商和书面磋商。口头磋商是交易双方通过直接洽谈的方式进行洽商，其主要方法有面对面会议、跨境电话、微信语音、网络即时通信等。书面磋商是交易双方通过电子邮件、传真、信函等方式磋商交易。口头磋商和书面磋商两种形式可以结合使用。

随着互联网和电子通信技术的发展，越来越多的企业选择采取网络方式进行交易磋商。现阶段，跨境贸易常用的网络交易磋商方式主要有电子邮件、即时通信软件、传真及网络传真等。

（一）电子邮件

利用电子邮件进行业务联系在国际贸易中较为普遍。电子邮件操作简便，且不受时间、地点的限制，可随时收发，符合国际贸易的需要，且电子邮件成本低廉，能收发多样化信息载体的文件，如图片、链接、PDF 格式文件等。

（二）即时通信软件

1. WhatsApp

WhatsApp 全称为 WhatsApp Messenger，是一款用于智能手机之间进行通信的应用程序。该应用程序支持 iOS 系统和 Android 系统，其借助推送通知服务，可以即时发送和接收文字信息、图片信息、音频和视频文件等。

2. Skype

Skype 是一款网络即时语音通信软件，具有视频聊天、多人语音会议、多人聊天、传送文件、文字聊天等功能。Skype 是全球免费的语音沟通软件，早在 2010 年，Skype 的注册用户就已超过 6 亿，同时在线用户超过 3000 万。通过 Skype，用户可以实现免费通话、免费视频。

(三)传真及网络传真

文字、图片等静止画面信息可以通过传真的方式传递。通过互联网将文件传送到传真服务器上，由服务器转换成传真机接收的通用图形格式后，再发送到全球各地的普通传真机上即可。

除网上交易磋商外，交易双方仍然可以选择面对面的交流洽谈，如参加各种交易会、洽谈会，以及贸易小组出访、邀请客户来访等，这些仍然是国际贸易中行之有效的交易磋商方式。

二、交易磋商内容

国际贸易交易磋商的内容就是明确双方在交易中的权利、义务，对于所交易商品的种类、数量、价格、交货地点、交货期、付款方式、运输方式、违约和索赔等内容进行详细的讨论，并达成共识。

交易磋商的内容通常包括合同条款的主要内容，即品质、数量、包装、装运、价格、支付、保险、检验检疫、索赔、不可抗力和仲裁等交易条件，每个交易条件构成交易合同中的一个贸易条款。其中品质、数量、包装、装运、价格、支付属于主要贸易条件，是国际货物买卖合同中不可或缺的条款，这些内容会因货物的数量和交货时间的不同而不尽相同，因此是进出口交易磋商的必谈内容。

保险、检验检疫、索赔、不可抗力和仲裁等交易条件，涉及合同履行过程中可能发生的问题或争议的解决办法，一般都是相对固定的，属于基本贸易条件。

通常在交易磋商过程中，买卖双方首先要对主要贸易条件进行磋商，达成一致后，再一一商定基本贸易条件。一旦谈判双方对各项条件达成一致，交易合同即告成立。

三、交易磋商程序

国际贸易交易磋商一般包括询盘、发盘、还盘、接受四个环节，其中发盘和接受是达成交易、合同成立不可缺少的两个基本环节。

（一）询盘

询盘又称为询价，是指准备购买或出售某种商品的一方，向对方询问买卖该商品的成交条件或交易可能性的业务行为，不具备任何法律效力。

询盘的内容主要涉及某种商品的品质、价格、数量、包装、装运等成交条件，也可以向对方索要样品，在实际业务中，多数询盘是询问成交价格，因此询盘也称为询价。如果发出询盘方只是想探寻价格，并希望对方开出估价单，则对方根据询价要求开出的估价单，只是参考价格，不是正式的报价，因而不具备发盘的条件。

在国际贸易业务中，发出询盘的目的，除了探寻价格或有关交易条件外，有时还表达了与对方进行交易的愿望，希望对方收到询盘后及时做出发盘。

询盘不是每笔交易必经的程序，如交易双方彼此都了解情况，不需要向对方探寻成交条件或交易的可能性，则不必使用询盘，可直接向对方做出发盘。

（二）发盘

发盘又称为报盘、发价、报价，是指交易的一方（发盘人）向另一方（受盘人）提出各项交易条件，并愿意按这些条件与对方达成交易的一种行为。发盘在法律上称为要约，在发盘的有效期内，一经受盘人无条件接受，合同即告成立，发盘人承担按发盘条件履行合同义务的法律责任。

发盘多由卖方提出，也可由买方提出，称为"递盘"。国际贸易交易磋商中常见由买方询盘后，卖方发盘，但也可以不经过询盘，一方径直发盘。

（三）还盘

还盘又称还价，在法律上称为反要约，是指受盘人不完全同意发盘中的交易条件而提出修改或变更意见的行为。还盘是对发盘条件进行添加、限制或其他更改的答复。受盘人的答复如果在实质上变更了发盘条件，就构成了对发盘的拒绝，其法律后果是否定了原发盘，原发盘即告失效，原发盘人不再受其约束。

根据《联合国国际货物销售合同公约》（后简称《公约》）第十九条规定，有关货物价格、付款、货物质量和数量、交货时间和地点、一方当事人对另一方当事人的赔偿责任范围或解决争端等等的添加或不同条件，均视为在实质上变更发价的条件。在实际交易过程中，业务的完成是经过多次讨价还价，直到最后交易双方对条件一致认可为止。

案例分析

我国某外贸公司于某年 10 月份向外商发去邮件，发盘供应棉花 1 吨并列明"牢固麻袋包装"。外商收到我方邮件后很快回复邮件表示"接受，但请使用新麻袋装运"，我方收到上述还盘即着手准备，于双方约定的 12 月份装船。但 7 天后，棉花的国际市场价格猛跌，外商于 10 月 25 日来电称："由于你方对新麻袋包装的要求未予确认，双方之间无合同。"而我方外贸公司则坚持合同已有效成立，于是双方对此发生争执。

请思考：
此案应如何处理？请说明理由。

（四）接受

接受是受盘人在发盘的有效期内，无条件地同意发盘中提出的各项交易条件，愿意按这些条件和对方达成交易的一种表示。接受在法律上称为承诺，接受一经送达发盘人，合同即告成立。双方均应履行合同所规定的义务并拥有相应的权利。

《公约》第十八条规定：被发价人声明或做出其他行为表示同意一项发价，即是接受。缄默或不行动本身不等于接受。

案例分析

2024 年 8 月 10 日，武汉得胜公司收到法国某公司的发盘，发盘内容为"50 台收割机，每台 3000 美元，CFR 中国口岸，3 月份装运，即期信用证付款，限 20 日复到有效。"得胜公司于 13 日复电："若单价为 2800 美元，CFR 中国口岸，可接受 50 台收割机，履约中如有争议在中国仲裁。"该法国公司复电："市场坚挺，价格不能减，仲裁条件可接受，速复。"此时收割机价格趋势上涨。得胜公司于 19 日复电："接受你 10 日发盘，信用证已由中国工商银行开立，请确认。"但德国公司未确认并退回信用证。

请思考：

（1）双方的合同是否成立？为什么？

（2）我方有无失误？

📈 四、常用贸易术语

（一）贸易术语的作用

贸易术语又称为贸易条件、价格术语，是在长期的国际贸易实践中产生的，用简短的英文缩写字母表明商品的价格构成，买卖双方应承担的责任、支付的费用以及风险的转移界限等问题的专门术语。

💻 视野拓展

数字资源2-4：

国际贸易术语介绍

贸易术语可以解决买卖双方应承担的责任、支付的费用和风险由谁承担等问题，使买卖双方在交易中减少争议和纠纷。其具体作用主要表现在以下几个方面。

1. 有利于买卖双方交易磋商和订立合同

每种贸易术语都有其特定的含义，一些国际组织对各种贸易术语也做了统一的解释和规定。这些解释与规定，在国际贸易活动中被广为接受，并成为行业惯常奉行的做法或行为模式。因此，买卖双方按商定的贸易术语成交时，即可明确彼此在交接货物方面应承担的责任、费用和风险，从而简化了贸易手续，缩短了洽商交易的时间，有利于买卖双方迅速达成交易和订立合同。

2. 有利于买卖双方核算价格和成本

由于贸易术语能够表示价格构成因素，所以买卖双方在确定成交价格时，必须要考虑采用的贸易术语包含哪些附属费用，如运费、保险费、装卸费、关税、增值税和其他费用等，这有利于买卖双方进行比价和加强成本核算。

3. 有利于买卖双方解决履约当中的争议

买卖双方商订合同时，如对合同条款考虑欠周，某些事项规定不明确或不完备，使得履约当中产生的争议不能依据合同的规定解决，在此情况下，可以援引有关贸易术语的一般解释来处理。因为贸易术语的一般解释已成为国际惯例，是国际贸易中公认的类似行为规范的准则，并被国际贸易从业人员和法律界人士所理解和接受。

4. 在一定条件下决定着贸易合同的性质

贸易术语确定了买卖双方的部分合同义务，在磋商和订立合同时，采用了某种贸易术语就使该合同具有一定的特征，因而可把该合同称为"某某贸易术语合同"。如买卖双方商定采用 FOB 或 CFR 贸易术语订立合同时，可以分别称为"FOB 合同"或"CFR 合同"。

（二）常用的国际贸易术语

《国际贸易术语解释通则》规定了国际货物销售合同中买卖双方在货物交付环节的责任划分。国际商会（ICC）于 2019 年 9 月公布了《国际贸易术语解释通则 2020》（Incoterms © 2020），更新了货物销售中的国际贸易术语。《国际贸易术语解释通则 2020》自 2020 年 1 月 1 日起生效。

> 数字资源 2-5：
> 《国际贸易术语解释通则 2020》

1. FOB

FOB 贸易术语为 free on board（named port of shipment）的缩写，是指装运港船上交货（指定装运港）。按照此术语成交，卖方应在指定的装运港将货物装到买方指定的船上，当货物越过船舷后，卖方即履行了交货义务。FOB 贸易术语适用于水上运输方式。

（1）卖方义务。

① 在合同规定的时间和装运港，将合同规定的货物交到买方指派的船上，并及时通知买方。

② 承担货物交至装运港船上之前的一切费用和风险。

③ 负责办理出口清关手续，提供出口许可证或其他官方批文，支付出口关税及其他相关费用。

④ 提供正规的商业发票，以及可以证明货物是合乎合同规定的、正确无误的单据凭证，或具有相同效力的电子凭证。

（2）买方义务。

① 租赁船只并承担相应费用，及时将港口、船只、时间等交付信息通知卖方。

② 负责货物运上船后的一切事宜，包括应当履行的责任、义务和应当承担的风险，以及货物上船后的运费。

③ 办理保险手续，支付保险费。

④ 办理进口清关手续，包括获取进口许可证和其他官方证件，并支付相关税费。

⚙ 案例分析

德国某出口商向我国某进口商出口一批棉布，合同中规定的交货时间为 May/June 2023，贸易术语为 FOB Hamburg。可直到 7 月 1 日，进口商指派的船只才到达 Hamburg 港口。为此，出口商产生了额外的存仓费用。

请思考：
该业务中产生的额外的存仓费用应由哪方承担？为什么？

2. CFR

CFR 贸易术语为 cost and freight（named port of destination）的缩写，即成本加运费（指定目的港），是指货物在装运港越过船舷，卖方即完成交易，并支付货物运至指定目的港所需的运费，但是从货物装上船的那一刻开始，货物丢失、损坏的风险即转移给买方。CFR 贸易术语适用于水上运输方式。

（1）卖方义务。

① 认可将货物从装运港运送到指定目的港的条款并签订合同，并且依照合同条款在约定好的时间和港口将货物装上船只，支付货物运到指定目的港的运费，将货物装好后及时通过电子邮件、电话等方式通知买方。

② 货物装上船前，货物丢失、损坏的风险由卖方承担。

③ 取得官方出口证件并承担办理出口证件过程中产生的费用，办理货物出口所需的海关手续，支付出口关税及其他相关费用。

④ 需要提供正规的发票、单据等凭证，或具有同等效力的电子凭证。

（2）买方义务。

① 为货物投保。

② 办理进口清关手续，支付进口税费。

③ 自货物由卖方装上船之后，货物丢失、损坏的风险就转移由买方承担。

④ 按合同条款对货物清点查收，确认无误后向卖方支付货款。

⚙ 案例分析

我国某出口商根据《国际贸易术语解释通则 2020》中的 CFR 贸易术语与英国某进口商签订了一批机动车出口合同，货物价值 500 万欧元。出口商按期将货物于 9 月 30 日上午完好地装到船上，当天因经办员工作繁忙未向进口商发装船通知，随后单位又安排了"十一"休假，待 10 月 4 日假期结束后，出口商才给进口商发装船通知。进口商收到出口商的装船通知后，立即向当地保险公司申请投保，该保险公司经查，获悉船只已于10月2日凌晨在海上触礁产生了损失而拒绝承保。进口商立即来电表示该批货物损失应由出口商承担，并同时向出口商索赔5万欧元，且拒不赎单。

请思考：

该业务中货物损失应由哪方承担？为什么？

3. CIF

CIF 贸易术语为 cost，insurance and freight（named port of destination）的缩写，即成本价、保险费加运费（指定目的港），是指卖方必须于合同规定的装运期内在装运港将货物交至运往指定目的港的船上，负担货物越过船舷为止的一切货物丢失或损坏的风险和由于各种事件造成的任何额外费用，并负责办理货运保险和支付保险费，以及负责租船订舱，支付从装运港到指定目的港的正常费用。CIF 贸易术语要求卖方办理货物出口清关手续，该术语适用于水上运输方式。

（1）卖方义务。

① 认可将货物从装运港运送到指定目的港的条款并签订合同，并且依照合同条款在约定好的时间和港口将货物装上船只，支付货物运到指定目的港的运费，将货物装好后及时通过电子邮件、电话等方式通知买方。

② 货物装上船前，货物丢失、损坏的风险由卖方承担。

③ 卖方为货物投保。

④ 取得官方出口证件并承担办理出口证件过程中产生的费用，办理货物出口所需的海关手续，支付出口关税及其他相关费用。

⑤ 需要提供正规的发票、单据等凭证，或具有同等效力的电子凭证。

（2）买方义务。

① 查收卖方交付的货物和提供的收据凭证，确认无误后，按合同条款支付给卖方约定好的费用。

② 自货物装上船的那一刻起，就要开始承担货物丢失、损坏的风险。

③ 取得官方进口证件并承担办理进口证件过程中产生的费用，办理货物进口所需的海关手续，支付进口关税及其他相关费用。

案例分析

　　我国某出口商按 CIF 条件，凭不可撤销议付信用证支付方式向美国某进口商出售了一批货物。该进口商按合同规定开来的信用证经我方审核无误。我国出口公司于信用证规定的装运期限内在装运港将货物装上开往指定目的港的海轮，并在装运前向保险公司办理了货物运输保险。但装船后不久，海轮起火爆炸沉没，该批货物全部丢失。美国进口商闻讯后来电表示拒绝付款。

请思考：

我国出口商应如何应对处理？并说明理由。

4. FCA

FCA 贸易术语为 free carrier（named place）的缩写，即货交承运人（指定地点），指卖方在指定的交货地点将货物交付给指定的托运人即完成货物的交付。在 FCA 贸易术语下，卖方办理出口清关手续后只须在指定的时间和地点，将货物装运到指定托运人处即完成自己的义务，货物后期的看管和运输均由托运人负责。FCA 适用于包括多式联运在内的各种运输方式。

（1）卖方义务。

① 在指定时间内将货物送到指定的托运人处，并通知买方。

② 负责货物交给指定托运人之前的所有费用，同时承担相应风险。

③ 取得官方出口证件并承担办理出口证件过程中产生的费用，办理货物出口所需的海关手续，支付出口关税及其他相关费用。

④ 提供正规的商业发票，以及可以证明货物是合乎合同规定的、正确无误的单据凭证，或具有相同效力的电子凭证。

（2）买方义务。

① 找到合适的托运人，承担相应费用，并且及时将港口、船只、时间等交付信息通知卖方。

② 按时查收货物，确认无误后及时向卖方支付应付款项。

③ 负责托运人收到货物后的一切事宜，包括应当履行的责任、义务和应当承担的风险，以及货物上船后的运费。

④ 取得货物进口所需的进口许可证或其他官方文件，承担办证过程中的风险和费用，并办理进口手续。

⚙ 案例分析

我国某出口商与美国某进口商签订了合同，约定按照 FCA 贸易术语进行交付。美国进口商在签约后 30 天内预付 30% 的货款金额作为定金，余款在收到货物后的一周内电汇给出口商。合同签署后 30 天内进口商如约支付了定金，出口商也于 5 月 1 日将货物交付给进口商指定的货代公司。出口商交货并取得交货凭证后，即电传给进口商要求其付款。但是，5 月 4 日，货代公司没有安排货物入仓，致使货物受大雨浸泡受损。由于货物损坏，进口商以未收到货物为由拒付余款。

请思考：

美国进口商的做法是否符合规定？我国出口商应如何处理此事？

5. CPT

CPT 贸易术语为 carriage paid to（named place of destination），即运费付至（指定目的地）。在 CPT 贸易术语下，卖方需要将货物完好地交到托运人手上，并负责将货物运送到指定目的地的费用，而从货物交付给托运人的那一刻开始，货物丢失、损坏的风险即转移给买方，后续额外费用也由买方承担。CPT 贸易术语适用于包括多式联运在内的各种运输方式。

（1）卖方义务。

① 认可将货物从出发地运送至指定目的地的条款并签订合同，支付货物运送到指定目的地的运费。

② 将货物交付至托运人手中后及时通过电子邮件、电话等方式通知买方。

③ 当货物还未交付到指定目的地前，货物丢失、损坏的风险由卖方承担。

④ 取得官方出口证件并承担办理出口证件过程中产生的风险和费用，办理货物出口所需的海关手续，支付出口关税及其他相关费用。

⑤ 需要提供正规的发票、单据等凭证，或具有同等效力的电子凭证。

（2）买方义务。

① 按合同条款清点查收货物，确认无误后向卖方支付货款。

② 自货物交付给托运人之后，货物丢失、损坏的风险就转移由买方承担，买方须为货物投保。

③ 取得货物进口所需的进口许可证或其他官方文件，承担办证过程中的风险和费用，办理进口手续。

⚙ 案例分析

我国某出口商根据《国际贸易术语解释通则 2020》中的 CPT 贸易术语与法国某进口商签订了 3000 吨棉花的出口合同。法国出口商按合同规定将 5000 吨棉花装到火车上，其中 3000 吨属于卖给进口商的棉花。待货物抵达目的地后，由货运公司负责分拨。出口商装货后及时发出了装运通知给进口商，但因火车在途中遇险，该批货物恰好损失了 3000 吨，剩余 2000 吨安全抵达目的地。进口商要求出口商交货，出口商宣称卖给进口商的 3000 吨棉花已全部丢失，而且按 CPT 合同，货物的一切风险已在装运地交至火车上时即转移给进口商，出口商对此损失不负任何责任。

请思考：

请根据《国际贸易术语解释通则 2020》分析出口商的做法是否正确。

6. CIP

CIP 贸易术语为 carriage and insurance paid to（named place of destination），即运费和保险费付至（指定目的地）。在 CIP 贸易术语下，卖方只要将货物送至托运人处就算完成了其在交付过程中的任务，后续产生的风险和费用都由买方承担。但卖方不仅要承担货物运送至指定目的地的费用，还要为货物投保并承担相关费用。CIP 贸易术语适用于包括多式联运在内的各种运输方式。

（1）卖方义务。

① 将货物安全送达托运人处，并支付货物到指定目的地的运费，还要为其投保。

② 在约定好的时间和地点将货物交给托运人，并及时通过电子邮件、电话等方式通知买方。

③ 当货物还未交付给托运人前，货物丢失、损坏等所有风险由卖方承担。

④ 取得官方出口证件并承担办理出口证件过程中产生的风险和费用，办理货物出口所需的海关手续，支付出口关税及其他相关费用。

⑤ 需要提供正规的发票、单据等凭证，或具有同等效力的电子凭证。

（2）买方义务。

① 查收卖方交付的货物和提供的收据凭证，确认无误后，按合同条款支付给卖方约定好的费用。

② 自货物交付给托运人的那一刻起，就要开始承担货物丢失、损坏的风险。

③ 取得官方进口证件并承担办理进口证件过程中产生的风险和费用，办理货物进口所需的海关手续，支付进口关税及其他相关费用。

◆ 思考与讨论：

以上 6 种贸易术语中，哪一种贸易方式卖方承担的责任最小？哪一种卖方承担的责任最大？

（三）其他几种国际贸易术语

除了上述常用的贸易术语外，《国际贸易术语解释通则 2020》还包括了 EXW、FAS、DAP、DPU 和 DDP5 种贸易术语。

1. EXW

EXW 为 EX Works（named place）的缩写，即工厂交货（指定地点）。EXW 表示在卖方的工厂交付货物，也就是说当卖方在自己的工厂或自己指定的地点把货物交付给买方后，交货行为随即完成。卖方不负责货物出口和货物运输。

采用 EXW 贸易术语交易时，卖方承担的风险、责任是最小的，费用是最低的，而买方以收到货开始便承担交易过程的全部风险。EXW 贸易术语适用于各种运输方式。

（1）卖方义务。

① 将货物在合同约定的时间、地点交付到买方手中。

② 在货物未交付之前，承担货物可能产生的所有风险及费用。

③ 提供票据凭证或具有相同效力的电子凭证。

（2）买方义务。

① 查收卖家交付的货物和提供的单据，在合同规定的时间和地点受领货物，确认无误后，按合同条款支付给卖家费用。

② 自接收货物后即承担可能出现的风险，且需要自行运输和投保。

③ 取得出口和进口许可证或其他官方批准证件，办理货物出口和进口的一切海关手续。

2. FAS

FAS 贸易术语为 free alongside ship（named port of shipment）的缩写，即船边交货（指定装运港）。卖方将货物送到买方指定的港口船只边即可完成交付，之后产生的风险和费用均由买方承担。买卖双方承担的风险和费用均以船边为界。若遇到船只无法靠岸的情况时，由卖方承担将货物从岸边运送到船边所需的费用及可能产生的风险。FAS 贸易术语适用于水上运输方式。

（1）卖方义务。

① 在合同规定的时间，将货物送至买方指定的港口船只旁边，并立即告知买方。

② 承担货物交至装运港船边的一切风险和费用。

③ 取得出口证件，承担办证过程中的一切风险和费用，办理货物出口所需的海关手续，支付出口相关税费。

④ 需要提供正规的发票、单据等凭证，或具有同等效力的电子凭证。

（2）买方义务。

① 订立从指定装运港口运输货物的合同，并将时间、地点和船只等信息告知卖方，并支付运输所需的费用。

② 按照合同规定的时间地点等信息查收货物，确认无误后支付给卖方货款。

③ 承担卖方交付货物后产生的一切费用和风险。

④ 取得进口许可证等官方进口证件，承担办证过程中的风险和费用，办理货物进口所需的海关手续。

3. DAP

DAP 贸易术语是 delivered at place（named port of destination）的缩写，即目的地交货（指定目的地）。卖方只需将货物送到买方规定的地点，不用卸货，将其交付于买方手中即代表交货完成。货物在交付至买家手中之前，货物产生的所有费用和风险都应由卖方承担，买方在收到货物后自费卸货。DAP 贸易术语适用于各种运输方式。

（1）卖方义务。

① 在合同规定的时间，将货物送至买方指定的地点，并立即告知买方。

②　签订货物运输合同，并承担运费。

③　承担货物交付前的一切费用和风险。

④　将货物运输出口并承办相关手续，缴纳相关费用。

⑤　需要提供正规的发票、单据等凭证，或具有同等效力的电子凭证。

（2）买方义务。

①　自卖方交付货物开始，货物产生的费用和风险均由买方承担。

②　取得进口许可证等官方进口证件，承担办证过程中的风险和费用，办理货物进口所需的海关手续。

③　查收卖方交付的货物和提供的单据，在指定地点接收货物，确认无误后，按合同条款支付给卖方约定好的费用。

4. DPU

DPU 贸易术语是 delivered at place unloaded（named port of destination）的缩写，即卸货地交货（指定目的地）。卖方将货物运送至买方指定的目的地卸货后完成交货，货物在交付至买家手中之前，货物产生的所有费用和风险都由卖方承担。DPU 贸易术语适用于所有运输方式。

（1）卖方义务。

①　在合同规定的时间，将货物送至买方指定的地点，并立即告知买方。

②　签订货物运输合同，并承担运费。

③　货物还未交付前产生的运费和风险均由卖方承担。

④　将货物运输出口并办理相关手续，缴纳相关费用。

⑤　提供正规的发票、单据等凭证，或具有同等效力的电子凭证。

（2）买方义务。

①　自卖方交付货物开始，货物产生的费用和风险均由买方承担。

②　取得进口许可证等官方进口证件，承担办证过程中的风险和费用，办理货物进口所需的海关手续。

③　查收卖方交付的货物和单据，在指定地点接收货物，确认无误后，按合同款支付给卖方约定好的费用。

5. DDP

DDP 是 delivered duty paid（named port of destination）的缩写，即完税后交货（指定目的地）。卖方将货物送达目的地之后，帮货物办理入境手续，并缴纳相应税款后，再将未卸货的货物交付给买方，即为交货完成。

（1）卖方义务。

①　买卖双方应签订合同，规定货物从卖方仓储所在地运至买方指定目的地的路线，且卖方承担全程运费。

②　在约定的时间内将货物运送至买方指定的某一国家的目的地，并交由买方处置。

③　货物还未交付前产生的运费和风险均由卖方承担。

④ 取得官方的出口和进口证件，承担办证过程中的风险和费用，办理货物出口和进口所需的一切海关手续，支付出口和进口关税及其他相关费用。

⑤ 需要提供正规的发票、单据等凭证，或具有同等效力的电子凭证。

（2）买方义务。

① 查收卖方交付的货物和提供的单据，在约定好的地点接受货物，确认无误后，按合同条款支付给卖方约定好的费用。

② 自卖方交付货物开始，货物产生的费用和风险均由买方承担。

③ 在卖方获取官方出口证件及为货物办理入境手续时给予帮助。

案例分析

湖北省随州市厉山镇某汽车车身股份有限公司自主研发制造的液化天然气低温储罐式集装箱计划实现量产。俄罗斯的进口商对这批集装箱很感兴趣，并有意进口。但是，随州市地处内陆，远离沿海港口岸。双方经过实地调研后认为，可以将液化天然气低温储罐式集装箱在湖北省随州市海关履行清关手续后，通过铁路运输经湖北省武汉市运抵位于上海市杨浦区的杨浦站，转运至港口后通过海运发往俄罗斯。

请思考：

在上述条件下，随州市液化天然气低温储罐式集装箱出口到俄罗斯选择哪个（些）贸易术语是合理的？为什么？

任务小结

通过本节的学习，学生应初步了解国际贸易交易磋商的方式、内容、程序以及常用贸易术语，能够按照口头或书面磋商方式与客户就商品的种类、数量、价格、交货地点、交货期、付款方式和运输方式、违约和索赔等内容进行详细的讨论，并达成共识。

数字资源2-6：
项目二 任务2 测验

技能实训

将 11 种贸易术语进行归纳对比，填写贸易术语对比表格（见表 2-1）。

表 2-1　贸易术语对比表

贸易术语	交货地点	风险转移	出口报关的责任、费用由谁承担	进口报关的责任、费用由谁承担	适用的运输方式
EXW					
FCA					
FAS					
FOB					
CFR					
CIF					
CPT					
CIP					
DAP					
DPU					
DDP					

任务 3　国际贸易合同的订立

任务描述

在国际贸易中，买卖双方经过交易磋商达成一致后，即可签订协议或合同，双方按照合同规定履行义务。正式的国际贸易合同受国家法律的保护和管辖，是对签约各方都具有同等约束力的法律性文件，是解决贸易纠纷，进行调节、仲裁与诉讼的法律依据。了解国际贸易合同的形式和内容，订立有效的国际贸易合同是交易双方履行合同义务的重要前提。

任务目标

（1）了解国际贸易合同的形式。
（2）掌握国际贸易合同有效成立的条件。
（3）掌握国际贸易合同的内容。

📈 一、国际贸易合同的形式

在国际贸易中，交易双方订立合同有以下几种形式。

（一）书面形式

从法律上讲，买卖双方经过磋商，一方发盘被另一方有效接受，交易即达成，合同即告成立。但是在实际业务中，按照一般习惯做法，买卖双方达成协议后，通常还要制作书面合同，将各自的权利和义务用书面条款的方式加以明确并签字，这就是书面合同的签订。采用书面形式订立的合同既可以作为合同成立的证据，又可以作为履行合同的依据，还有利于加强合同当事人的责任心，使其依约行事，即使履约中发生纠纷，也便于举证和分清责任，故书面合同是合同的一种主要形式。

国际贸易中，进出口贸易书面合同的名称和形式均无特定的限制。正式合同、确认书、协议书、订单和委托订购单均会使用书面合同，但是我国外贸业务中主要使用的是正式合同和确认书。

1. 正式合同

正式合同属于条款完备、内容全面的合同。条款完备表现在合同的内容包括交易的主要条件（商品名称、品质规格、单价、包装、装运港/地和目的港/地、交货期、付款方式、运输标志），以及商品检验、异议索赔、仲裁、不可抗力等条款。内容全面表现在对买卖双方的权利和义务以及发生争议后如何处理，均有全面的规定。由于该种合同具有上述特点，因此，大宗商品或成交金额较大的交易，多采用正式合同的形式，如进口合同（或购买合同）以及出口合同（或销售合同）等。

2. 确认书

确认书是一种简式合同，一般只包括主要的交易条件，诸如货物的质量、数量、包装、价格以及货款支付等，而对商品检验、不可抗力、仲裁条款则加以省略。这种简式合同用于金额不大、批数较多的小土特产产品和轻工产品，或者已经订有代理、包销等长期协议的交易。其中，由出口商出具的确认书称为"销售确认书"或"售货确认书"，由进口商出具的确认书称为"购买确认书"。

3. 协议书

协议书在法律上是"合同"的同义语。当买卖双方当事人把经协商达成一致的交易条件归纳为书面形式时，就称为"协议"。其内容中对买卖双方当事人的权利和义务做了明确、具体和肯定的规定，因此这样的协议就具有法律效力。

4. 订单和委托订购单

订单是指由进口商或实际购买者拟定的货物订购单。委托订购单是指由代理商或中间商拟定代理买卖货物的订购单。

（二）口头形式

采用口头形式订立的合同，称为口头合同，即指当事人之间通过当面的谈判或通过电话的方式达成协议而订立的合同。采用口头形式订立的合同，有利于节省时间、简便行事，对加速成交进程起着重要的作用。但是，只有口头协议，没有任何的文字凭证，一旦发生了争议，往往举证困难，不好分清责任。因此很多国家都不建议采用口头形式的合同，用口头磋商达成的交易，在取得口头协议后，应经双方合法代表正式签署书面合同。

（三）其他形式

其他形式是指上述两种形式之外的订立合同的形式，即以行为方式表示接受而订立的合同。例如，根据当事人之间长期交往中形成的习惯做法，或发盘人在发盘中已经表明受盘人无须发出接受通知，可直接以行为做出接受而订立的合同，均属此种形式。

二、国际贸易合同有效成立的条件

在交易磋商过程中，一方的发盘经另一方有效接受以后，合同即告成立。但在这里需要说明的是，合同成立与合同生效是两个不同的概念。合同成立后，并不意味着此项合同一定生效。根据各国合同法的规定，一项合同还须具备以下条件，才是一项有效的合同，才能受到法律的保护。

（一）当事人必须在自愿和真实的基础上达成协议

各国法律都认为，商订合同必须是双方自愿的，合同当事人的意思表示必须是真实的才能构成一项有约束力的合同，否则合同视为无效。《中华人民共和国民法典》（简称《民法典》）明确规定了自愿原则，当事人依法享有自愿订立合同的权利，任何单位或个人不得非法干预。此外，当事人在订立合同过程中应当遵循诚实信用原则，不得有欺诈、隐瞒等行为。一方以欺诈、胁迫的手段或者乘人之危，使对方在违背真实意思的情况下订立的合同，受损害方有权请求人民法院或者仲裁机构变更或者撤销。

（二）当事人应具有相应的行为能力

双方当事人应具有商订国际货物买卖合同的合法资格，具体的要求是：作为自然人，应该是成年人，并且需有固定住所，神志不清、未成年人等不具有签订合同的合法资格；作为法人，应是已经依法注册成立的合法组织，有关业务应当属于其合法单位的法定经营范围之内，负责磋商及签约者应当是其法人的法定代表人或其合法授权人。

（三）合同的标的和内容必须合法

合同的标的，是指交易双方买卖行为的客体。签订合同时，合同的标的和内容必须符合双方国家法律的规定，才是有效的合同。关于"合同内容必须合法"的解释，指许多国家的法律都规定合同内容不得违反法律，不得违反公共秩序或公共政策，以及不得违反良好的风俗或道德等。

（四）合同必须有对价或约因

英美法系认为，对价（consideration）是指当事人为了取得合同利益所付出的代价。大陆法系认为，约因（cause）是指当事人签订合同所追求的直接目的。按照英美法系和大陆法系的规定，合同只在有对价或约因时，才是法律上有效的合同，无对价或无约因的合同，是得不到法律保障的。

（五）合同形式必须符合法律规定的要求

世界上大多数国家和地区，只对少数合同才要求必须按法律规定的特定形式订立，而对大多数合同，一般不从法律上规定其应当采取的形式。我国《民法典》第四百六十九条规定：当事人订立合同，可以采用书面形式、口头形式或者其他形式。书面形式是合同书、信件、电报、电传、传真等可以有形地表现所载内容的形式。以电子数据交换、电子邮件等方式能够有形地表现所载内容，并可以随时调取查用的数据电文，视为书面形式。法律、行政法规规定采用书面形式的，应当采用书面形式。当事人约定采用书面形式的，应当采用书面形式。

三、国际贸易合同的内容

（一）国际贸易合同的结构

书面合同不论采取何种格式，其基本内容通常包括约首、基本条款和约尾三个部分。

1. 约首

约首在合同的开头，一般包括合同名称、合同编号、缔约双方名称和地址、电报挂号、电传号码等内容。

2. 基本条款

基本条款是合同的主体，其中包括品质规格、数量或重量、包装、价格、交货条件、运输、保险、支付、检验、索赔、不可抗力和仲裁等内容。

3. 约尾

约尾在合同的尾部，一般包括订约日期、订约地点和双方当事人签字等内容。

（二）国际贸易合同的主要条款

在国际贸易中，国际货物买卖合同内容不尽相同，大致包括以下主要条款。

1. 品质规格条款

货物品质规格条款的主要内容包括品名、规格和牌号。它是国际货物买卖合同中的重要条款。货物的品质规格是指货物所具有的外在质量与外观形态。在国际贸易中，商品的品质首先应符合合同的要求。如果卖方交付的货物品质与合同不符，买方有权拒收货物，并可以解除合同，要求损害赔偿。对于某些由国家制定了品质标准的货物，如食品、药品等的进出口，其品质还必须符合有关国家的规定。

2. 数量条款

国际货物买卖合同中的数量是指以一定的计量单位表示的货物的重量、个数、长度、面积、容积等的量。数量条款的基本内容有交货数量、计量单位、计量方法等。制订数量条款时应注意明确计量单位和度量衡制度，注意订明数量的机动幅度（又称"溢短装条款"即 more or less clause）。以及溢短装的计价方法。

3. 包装条款

包装是指为了有效保护货物的数量完整与品质完好，把货物装进适当的容器。包装条款的主要内容包括包装方式、规格、包装材料、费用和运输标志等。货物包装应与合同规定相符。《公约》第三十五条规定，卖方交付的货物必须与合同所规定的数量、质量和规格相符，并须按照合同所规定的方式装箱或包装。除双方当事人业已另有协议外，货物除非符合以下规定，否则即为与合同不符：货物按照同类货物通用的方式装箱或包装，如果没有此种通用方式，则按照足以保全和保护货物的方式装箱或包装。

4. 价格条款

价格是指每一计量单位的货值。价格条款的主要内容包括每一计量单位的价格金额、记价货币、指定交货地点、贸易术语与商品的作价方法等。

5. 装运条款

装运是将货物装上运输工具的行为。装运条款的主要内容包括装运时间、运输方式、装运港/地与目的港/地、装运方式（分批、转船）及装运通知等。根据不同的贸易术语，装运的要求是不一样的，应该依照贸易术语的规定来确定装运条款。

6. 保险条款

国际货物买卖中的保险是指买卖双方当事人中的一方按一定险别向保险人投保并交纳保险费，以便当货物在运输过程中受到损失时，从保险人处得到经济补偿。

保险条款的主要内容包括确定投保人及支付保险费、投保险别和保险金额等。在国际货物买卖合同中，保险责任、投保险别与保险金额的分担由当事人选用的贸易术语决定，因此投保何种险别及双方对保险有何特殊要求都应在合同中订明。

7. 支付条款

国际货物买卖中的支付是指用什么手段，在什么时间、地点，用什么方式支付货款及其从属费用。该条款主要包括支付手段、支付方式以及支付时间与地点等。支付手段，目前有货币与票据两种。支付方式主要有两类：一类是非银行信用支付方式，如直接付款与托收；另一类是银行信用支付方式，如信用证。支付时间不但涉及利息问题，而且对买卖双方尽快实现各自利益有重大关系。通常按交货（交单）与付款先后，可分为预付款、即期付款与延期付款等。

8. 检验条款

货物检验是指由货物检验机关对进出口货物的品质、数量、重量、包装、标记、产地、残损等进行查验分析与公证鉴定，并出具检验证明。货物检验的目的是为买卖双方交接货物、支付货款及进行索赔提供依据，所以检验条款也被称作索赔条款。检验条款的主要内容包括检验机构、检验权与复验权、检验与复验的时间与地点、检验标准与方法、检验证书等。

9. 不可抗力条款

不可抗力是指合同订立以后发生的，当事人订立合同时不能预见、不能避免、不可控制的意外事件，导致不能履约或不能如期履约的情形。遭受不可抗力的一方可由此免除责任，而对方无权要求赔偿。不可抗力条款的主要内容包括不可抗力的含义、范围，以及不可抗力引起的法律后果，双方的权利和义务，等等。

10. 仲裁条款

仲裁条款又称仲裁协议，是双方当事人愿意将其争议提交第三者进行裁决的意思表示。仲裁是国际贸易中解决争议时最常用的方法，并以双方订有仲裁协议为前提。仲裁条款的主要内容包括仲裁机构、适用的仲裁程序规则、仲裁地点及裁决效力，等等。

11. 法律适用条款

国际货物买卖合同是指在营业地分处不同国家的当事人之间所订立的货物买卖合同。由于各国政治、经济、法律制度的不同，就会产生法律冲突与法律适用问题，因而当事人应在合同中明确规定解决合同争议的法律适用条款或法律选择条款。

（三）国际贸易合同实例

销售合同书

SALES CONTRACT

卖方：武汉元福科技有限公司
The Seller：Wuhan Yuanfu Technology Co.，LTD
地址：中国湖北省武汉市江夏区藏龙大道 255 号
Address：No. 255 Canglong Avenue，Jiangxia District，Wuhan Hubei，China
电话 Tel：＋86-027-8888 666
电子邮箱 E-mail：8888 666@Yuanfu. net

传真 Fax：8888 666@Yuanfu.net

买方：澳大利亚伍尔沃斯公司

The Buyer：Australia Woolworths Co.，LTD

地址：澳大利亚新南威尔士州尼奥拉格林沼泽路 5 号

Address：No.5 Green Swamp Road，Nyora，New South Wales，2646 Australia

电话 Tel：＋61-8-8888 777

电子邮箱 E-mail：8888777@Woolworths.net

传真 Fax：＋61-8-8888 777

编号 No：XS150608

日期 Date：11 May，2023

买卖双方同意成交下列产品，订立条款如下：

The undersigned Seller and Buyer have agreed to conclude the following transaction（s）on terms and conditions as specified below：

货物描述 Specification and Description	型号 Model No.	单位 Unit	数量 Quantity	单价 Unit Price	总价 Total Amount
		（PCS）		CIF Botany，Australia	
2.5G 无线光学鼠标 2.5G Wireless notebook optical mouse	M-0511	PCS	3000	USD5.60/PC	USD16800.00
总计 Total			3000	USD5.60/PC	USD16800.00

1. 包装：每盒一只，内套塑料袋，每箱 50 只，共 60 箱，集装箱装运。

Packing：1 pc per polybag and inner color box，50 PCS/CTN，total 60 cartons，shipped by container.

2. 唛头（正唛和侧唛）：在每个出口包装箱上印刷正唛和侧唛。正唛用黑色字体印刷在箱子两侧，内容包括 Woolworths P.、合同号、目的港和箱号。侧唛用黑色字体印刷在箱子的另外两侧，内容包括毛重、净重、包装尺寸和货物产地。

Marks（Main & Side）：The main and side marks should be printed on each outer/export carton containing the goods shipped. Main marks printed in black ink must be fixed on two sides，including Woolworths P.，S/C No.，destination and Carton No.，Side marks printed in black ink must be fixed on other two sides，including G.W.，N.W.，carton size and original of goods.

3. 允许溢短装 More or Less：0.5%

4. 贸易术语：本合同使用的 FOB、CFR、CIF 术语系根据国际商会《国际贸易术语解释通则 2020》。

Incoterms：The terms FOB、CFR、CIF in the contract are based on INCOTERMS 2020 of the International Chamber of Commerce.

5. 装运时间：收到信用证 30 天内装船，允许转船。

Time of Shipment：Within 30 days after receipt of L/C，transshipment allowed.

装运港：中国武汉

Port of Shipment：Wuhan，China

目的港：澳大利亚波特尼

Port of Destination：Botany，Australia

6. 付款条件：2023 年 5 月 20 日前以电汇货款的 30％作为定金，余额以不可撤销的即期信用证支付，该信用证须于 2023 年 5 月 20 日前开到出口商，于装运日后 15 日内在中国议付有效。信用证必须注明允许转船。

Payment：30％ deposit remitted before 20 May，2023，balance by irrevocable sight L/C to reach the seller before 20 May，2023，and to remain valid for negotiation in China until 15 days after the time of shipment. The L/C must specify that transshipment is allowed.

7. 保险：按发票金额的 110％投保一切险，由出口商负责投保。

Insurance：Covering all risks for 110％ of invoice value to be effected by the Seller.

8. 数量/品质异议：如买方提出数量不符的索赔，凡属数量异议须于货到目的港之日起 15 天内提出，凡属品质异议须于货到目的港之日起 30 天内提出。

其中，品质索赔买方需提供国际公证机构或其他代表性或代理签发的检验证书，检验费及证书费由买方承担。

因保险公司、航运公司、其他运输机构或邮局负责的原因造成的货物不符，卖方不承担任何责任。

Quantity/Quality Discrepancy：In case of quantity discrepancy，claim should be filed by the Buyer within 15 days after the arrival of the goods at the port of destination，while for quality discrepancy，claim should be filed by the Buyer within 30 days after the arrival of the goods at the port of destination.

In case of quality discrepancy, the Buyer shall provide an inspection certificate issued by an international surveying institution or its authorized agent（or representative）institution. The inspection fees and certificate insurance fees shall be borne by the Buyer.

It is understood that the Seller shall not be liable for any discrepancy of the goods shipped due to causes for which the Insurance Company，Shipping Company，other Transportation Organization /or Post Office are liable.

9. 不可抗力：如果遭遇无法控制的事件或情况应视为不可抗力，包括但不限于火灾、风灾、水灾、地震、爆炸、叛乱、瘟疫、隔离。如受不可抗力影响的一方不能履行合同规定下义务，另一方应将履行合同的时间延长，所延长的时间应与不可抗力时间的时间相等。

在发生上述情况时，受影响的一方应立即通知另一方，并在15天内提供相应证明。

Force Majeure：For the purpose of this contract, force majeure means events or circumstances beyond a non-performing party's control, including but not restricted to fire, wind, flood, earthquake, explosion, rebellion, epidemic, and quarantine. Performance of contractual obligations impeded by force majeure shall be suspended during the period of delay caused by force majeure and shall be automatically extended, without penalty, for a period equal to the suspension.

Either party to a contract that is unable to perform the contract due to force majeure shall notify the other party immediately after the impediment occurs and shall provide corresponding proof within 15 days.

10. 适用法律：双方同意本合同管辖法律是中华人民共和国法律。

Applicable Law：Both parties agree that the governing law of this contract is the law of the People's Republic of China.

11. 通知：所有通知用中英文写成，并按照如下地址用传真/邮件/快件送达给各方。如果地址有变更，一方应在变更后5日内书面通知另一方。

Notices：All notice shall be written in Chinese and English and served to both parties by fax/e-mail/courier according to the following addresses. If any changes of the addresses occur, one party shall inform the other party of the change of address within 5 days after the change.

12. 争议解决：凡因本合同引起的或与本合同有关的任何争议，双方同意提交湖北省国际商事法律服务中心进行调解。一方当事人不愿意调解或调解不成的，提交中国国际经济贸易仲裁委员会湖北分会，按照申请仲裁时该会现行有效的仲裁规则进行仲裁。仲裁裁决是终局的，对双方均有约束力。

Dispute Resolution：Any dispute arising from or in connection with this contract shall be submitted to Hubei International Commercial Legal Service Center for mediation. If one party is unwilling to mediate or mediation fails, the dispute shall be submitted to China International Economic and Trade Arbitration Commission (CIETAC) Hubei Sub-Commission for arbitration which shall be conducted in accordance with the CIETAC's arbitration rules in effect at the time of applying for arbitration. The arbitral award is final and binding upon both parties.

13. 本合同由中、英文写成，两种文本具有同等效力。

This contract is written in Chinese and English. Both versions shall be equally authentic.

14. 本合同一式两份，自双方签字（盖章）之日起生效。

This contract is in two copies effective since being signed/sealed by both parties.

卖方：武汉元福科技有限公司

The Seller：Wuhan Yuanfu Technology Co.，LTD

买方：澳大利亚伍尔沃斯公司

The Buyer：Australia Woolworths Co.，LTD

任务小结

通过本节的学习，学生应初步了解国际贸易合同的订立形式，掌握国际贸易合同有效成立的条件和国际贸易合同的内容，能够按照双方磋商的结果订立有效的国际贸易合同，并按照合同内容履行义务。

数字资源 2-7：
项目二　任务 3　测验

技能实训

1. 甲公司与乙公司签订了一份国际货物买卖合同，合同中约定了品质规格、数量、包装、价格、装运、保险、支付、检验、不可抗力和仲裁等条款。在履行合同的过程中，甲公司交付的货物品质与合同不符，乙公司以此为由拒收货物，并要求解除合同、赔偿损失。甲公司则认为货物品质虽然与合同稍有不符，但不影响使用，乙公司无权拒收货物和解除合同。请根据国际贸易合同的相关规定，分析乙公司的做法是否合理，并说明理由。

2. 两个同学一组，分别作为国际贸易交易双方，模拟交易磋商过程的各个阶段，并撰写一份售货确认书。

任务 4　国际贸易出口合同的履行

任务描述

在跨境贸易中，买卖双方经过交易磋商达成协议或签订合同后，双方当事人必须履行合同规定的义务。履行合同是当事人双方共同的责任。按时、按质、按量履行合同的规定，不仅关系到买卖双方行使各自的权利和履行相应的义务，而且关系到企业乃至国家的对外信誉。买卖双方必须本着"重合同、守信用"的原则，严格履行合同。

任务目标

掌握国际贸易出口合同履行的基础知识。

一、国际货物买卖合同履行程序

我国出口合同大多采用 FOB、CIF 或 CFR 等贸易术语，以及信用证支付方式。比类合同的履行程序可分解为货、证、船、款四个板块，其中："货"即落实货物，包含备货和报检环节；"证"即落实信用证，包含催证、审证和改证环节；"船"即货物运输，包含租船订舱、报关、投保、发装运通知等环节；"款"即制单结汇，包含制单、审单、交单、结汇、核销和退税等环节。以 CIF 条件成交并以信用证支付方式为例，其合同履行程序如图 2-1 所示。

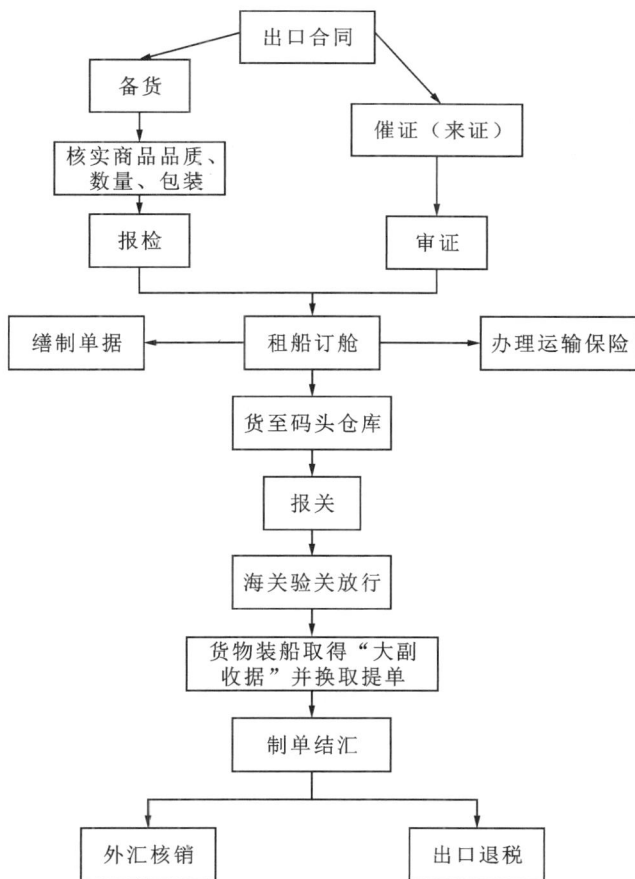

图 2-1　以 CIF 条件成交并以信用证支付的合同履行程序

二、出口合同的履行

（一）备货

备货工作是指卖方根据出口合同的规定，按质、按量地准备好应交的货物，并做好申请报验和领证工作。备货是进出口合同履行的第一步，也是一个重要的环节。

备货是进出口企业根据合同或信用证规定，向有关企业或部门采购和准备货物的过程。目前在我国有两种情况，一种是生产型企业，另一种是贸易型企业。

生产型企业备货是向生产加工或仓储部门下达联系单（有些企业称其为加工通知单或信用证分析单等），要求该部门按联系单的要求，对应交的货物进行清点、加工整理、包装、刷制运输标志，以及办理申报检验和领证等各项工作。联系单是进出口企业内部各个部门进行备货、出运、制单结汇的共同依据。

对于贸易型企业而言，如果该企业没有固定的生产加工部门，则要向国内相关生产企业联系货源，订立国内采购合同。

（二）报检

凡属国家规定检验的商品，或合同规定必须经进出口商品检验部门及其设在各地的进出口商品检验机构检验出证的商品，在货物备齐后，应向商品检验机构申请检验。只有取得检验合格证书，海关才准放行。经检验不合格的货物，一般不得出口。

（三）催证、审证和改证

对于信用证支付的合同，在合同履行过程中，卖方只有在看到信用证正本实物并加以审核确认无误后方可为买方发货，对信用证的掌握、管理和使用，直接关系到进出口企业的收汇安全。信用证的掌握、管理和使用，主要包括催证、审证和改证三项内容。

1. 催证

在合同履约过程中，买方应按照合同的规定时间开立信用证，但在实际业务中，常常会出现意外情况导致信用证无法及时办理，为了交易的顺利进行，卖方需要催促买方开立信用证。

2. 审证

信用证是依据买卖合同开立的，信用证内容应该与买卖合同条款保持一致。但在实际业务中，可能会因为工作疏忽、电文传递错误等各种原因，开立的信用证内容与合同条款不符。为确保合同顺利进行，避免我方遭受不应有的损失，应依据合同条款对信用证进行认真的核对与审查。

在实际业务中，银行和卖方应共同承担审证任务。其中，银行着重审核信用证的真实性、开证行的政治背景、资信能力、付款责任和索汇路线等方面的内容。卖方着重审核信用证内容与买卖合同是否一致。

3. 改证

银行和卖方在对信用证进行了全面细致的审核后，若发现问题，应根据问题的性质做出妥善处理。凡是术语不符合我国对外贸易方针政策，影响合同执行和安全收汇的情况，卖方必须要求买方通过开证行进行修改，并坚持在收到开证行修改信用证通知书后发货，以免造成工作上的被动和经济上的损失。

（四）租船订舱

卖方在根据出口合同的规定，按时、按质、按量备齐出口货物后，即应当向运输公司办理租船订舱手续。

租船订舱，是租船和订舱的合成词，在货物交付和运输过程之中，如货物的数量较大，可以洽租整船甚至多船来装运，这就是"租船"。如果货物量不大，则可以租赁部分舱位来装运，这就是"订舱"。

当卖方备妥货物，收到买方开具的信用证，并且经过审核无误后，能否做到船货衔接，按合同及信用证规定的时间及时将货物出运，主要取决于租船订舱这个环节。

（五）报关

报关是指进出口货物装船出运前，向海关申报的手续。凡是进出国境的货物，必须经由设有海关的港口、车站、国际航空站等，并由货物所有人向海关申报，经过海关放行后，货物才可提取或者装船出口。

目前，我国出口企业在办理报关时，可以自行办理报关手续，也可以通过专业的报关经纪行或国际货运代理公司办理。无论是自行报关还是委托第三方报关，都必须填写出口货物报关单，提供清单发票、合同、报检委托书、厂检单、纸箱包装单等单证后，向海关申报出口。

（六）装船

海关放行后，托运人或代理商可以凭盖有海关放行章的装货单，与有关港务部门和理货人联系，检查已发至码头的货物并做好装船准备工作，待轮船到达后，凭装货单装船。货物装船后，应在信用证规定的时间内，按信用证规定的内容向买方发出装船通知。

（七）投保

投保是投保人与保险人（一般是保险公司）订立保险合同，并按照保险合同支付保险费的过程。在国际货物买卖过程中，由哪一方负责办理国际货物运输保险，应根据买卖双方商订的价格条件来确定。例如：按 FOB/FCA 条件和 CFR/CPT 条件成交，保险应由买方办理；如按 CIF/CIP 条件成交，保险应由卖方办理。

货物在装船前，须及时向保险公司办理投保手续，填制投保单。货物的投保顺序一般是逐笔办理的。投保人在投保时应一一列明货物名称、保额、运输路线、运输工具、开航日期、投保险别等。

（八）制单结汇

制单结汇即制单和结汇，其中制单是指货物出口报关需要准备的单据，而结汇是指卖方收到外汇后，带着出口货物报关单的出口结汇联，或者其他外汇合法收入的证明材料，到银行将外汇兑换成人民币的过程。

卖方将货物出口装运后，应根据信用证的要求缮制各种单据，并在信用证规定的有效期和交单期内，将单据及有关证件提交给银行结汇，并及时办理出口收汇核销和退税手续。

知识拓展

数字资源 2-8：
出口结汇的方式

（九）收汇核销

出口收汇核销，是指国家外汇管理部门在每笔出口业务结束后，对出口是否安全、及时收取外汇以及其他有关业务情况进行监督管理的业务。

有出口收汇货物的单位，应该到当地外汇管理部门申领经过外汇管理部门加盖"监督收汇"章的出口收汇核销单。出口方应该在一定时间期限内，凭银行签章的出口收汇核销单、出口货物报关单、外汇水单等单证到外汇管理部门进行出口收汇核销工作。外汇管理部门通过对报关网络记录、报关单证的检查核对，认为该笔业务的出口、收汇等事宜属实后，便同意出口方的外汇核销，即认定该笔业务已经完成。

知识拓展

出口收汇核销单是指由国家外汇管理局制发，出口单位凭以向海关出口报关、向外汇指定银行办理出口收汇、向国家外汇管理局办理出口收汇核销、向税务机关办理出口退税申报的有统一编号及使用期限的凭证。

（十）出口退税

出口退税是将出口货物在国内生产和流通过程中按税法规定缴纳的增值税和消费税退还给出口企业，使出口商品以不含税的价格进入国际市场。它是国际贸易中通常采用的，并为各国所接受的一种鼓励出口货物公平竞争的税收措施。

⚙ **视野拓展**

数字资源 2-9：
出口退（免）税视同收汇管理新规定

1. 享受退税的出口货物范围

对出口的凡属于已征或应征增值税、消费税的货物，除国家明确规定不予退（免）税的货物和出口企业从小规模纳税人购进并持普通发票的部分货物外，均在出口货物退（免）税的货物范围以内，应予以退还已征增值税和消费税，或免征应征的增值税和消费税。准予退（免）税的出口货物，除另有规定者外，必须同时具备以下四个条件。

（1）必须是增值税和消费税征收范围内的货物。

增值税和消费税的征收范围，包括除直接向农业生产者收购的免税农产品以外的所有增值税应税货物，以及烟、酒、化妆品等十余类列举征收消费税的消费品。

（2）必须是报关离境出口的货物。

所谓出口，即输出关境，包括自营出口和委托代理出口两种形式。凡在国内销售、不报关离境的货物，除另有规定者外，不论出口企业是以外汇还是以人民币结算，也不论出口企业在财务上如何处理，均不得视为出口货物予以退税。

（3）必须是在财务上做出口销售处理的货物。

出口货物只有在财务上做出口销售处理后，才能办理退（免）税。也就是说，出口退（免）税的规定只适用于贸易性的出口货物，而对非贸易性的出口货物，如捐赠的礼品、个人在国内购买并自带出境的货物（另有规定者除外）、样品、展品、邮寄品等，因其一般在财务上不做销售处理，故按照现行规定不能退（免）税。

（4）必须是已收汇的货物。

按照现行规定，出口企业申请办理退（免）税的出口货物，必须是已收外汇的货物。此外，生产企业（包括有进出口经营权的生产企业、委托外贸企业代理出口的生产企业、外商投资企业等，下同）申请办理出口货物退（免）税时必须增加一个条件，即申请退（免）税的货物必须是生产企业的自产货物（外商投资企业经省级外经贸主管部门批准收购出口的货物除外）。

2. 出口退税的基本程序

办理出口退税的程序如下。

（1）申请。

出口企业应在货物报关出口之日起 90 日内，向退税部门申报办理出口货物退（免）税手续。出口企业要提供出口货物退（免）税申报表及相关资料，同时附送出口货物报关单（出口退税联）、出口收汇核销单（出口退税专用联）、增值税专用发票（抵扣联）、出口货物外销发票等凭证。

（2）上报。

由出口企业所在地主管出口退税业务的税务机关进行审核，对于符合条件和要求的，税务机关上报上级税务机关。如申报资料不准确、纸质凭证不齐全，则退税部门不予接受该笔出口货物的退（免）税申报。

（3）批复。

税务机关接到退税通知后，签发税收收入退还书，一式五联，其中第一联应交申请出口退税企业，企业凭此进行账务处理。

任务小结

通过本节的学习，学生应初步了解出口合同履行的程序，能够严格按照合同的规定，根据法律和惯例的要求，圆满履行合同。

数字资源2-10：
项目二　任务4　测验

技能实训

设置一个模拟的海关报关大厅场景，将学生分成若干小组，每组代表一个出口企业，准备模拟的出口合同、货物清单、发票、装箱单等文件，以及报关所需的各种表格和指南，模拟出口报关流程。

数字资源2-11：
外贸出口报关业务流程

跨境电商概述

📝 项目目标

◆ 知识目标

(1) 了解跨境电商的概念。
(2) 熟悉跨境电商的业务流程。
(3) 掌握跨境电商的模式分类。
(4) 了解我国跨境电商的发展历程与发展现状。
(5) 掌握跨境电商与国内电子商务、传统国际贸易的区别。

◆ 能力目标

(1) 能够按照不同标准对跨境电商进行分类。
(2) 能独立区分跨境电商与传统国际贸易。
(3) 能通过数据分析跨境电商发展的现状及趋势。

◆ 素质目标

(1) 了解中国创造，树立民族自信，增强爱国情怀。
(2) 强化合规意识，遵守国际惯例，提高职业素养。
(3) 树立诚信交易理念，提高职业道德，拒绝假冒伪劣。
(4) 拓宽国际视野，知机遇、知风险。

导入案例

2020年初，突如其来的疫情打乱了全球经济发展的步伐，国际交流与贸易受阻，世界经济和国际贸易投资受到巨大冲击。2020年4月召开的国务院常务会议指出，近年来我国跨境电商进出口规模持续快速增长，成为外贸发展新亮点。当前传统外贸受到疫情的较大冲击，必须更大发挥跨境电商独特优势，以新业态助力外贸克难前行。

会议决定，在已设立59个跨境电商综合试验区（简称综试区）的基础上，再新设46个跨境电商综试区。推广促进跨境电商发展的有效做法，同时实行对综试区内跨境电商零售出口货物按规定免征增值税和消费税、企业所得税核定征收等支持政策，研究将具备条件的综试区所在城市纳入跨境电商零售进口试点范围，支持企业共建共享海外仓。

在国家政策的支持下，中国跨境电商在2020年跨境出口额屡创新高，成为对外贸易发展的新增长引擎。海关总署数据显示，2020年全国跨境电商进出口规模达1.69万亿元，增长31.1%。其中出口1.12万亿元，增长40.1%；进口0.57万亿元，增长16.5%。全年通过海关跨境电商管理平台验放进出口清单达24.5亿票，同比增长63.3%。

请思考：

（1）什么是跨境电商？

（2）跨境电商为什么能够助推消费回暖？

任务1　跨境电商认知

⚙️ 任务描述

随着互联网和电子商务在国际贸易中的迅速发展，传统的国际贸易方式受到了极大的挑战，而新的国际贸易方式——跨境电商，在"一带一路"倡议和"互联网＋"行动的带动下，一直保持着高速度和高利润的迅猛发展态势，成为推动经济转型发展的重要产业。

⚙️ 任务目标

（1）掌握跨境电商的概念。

（2）理解跨境电商与国内电子商务的区别。

（3）理解跨境电商与传统国际贸易的区别。

（4）熟悉跨境电商的业务流程与业务主体。

一、跨境电商的概念

跨境电子商务（cross-border e-commerce）简称跨境电商，是指分属不同关境的交易主体，通过电商平台达成交易、进行电子支付结算，并通过跨境物流及异地仓储送达商品，从而完成交易的一种国际商业活动。跨境电商作为一种国际贸易新业态，打破了国家或地区之间有形或无形的壁垒，因其具有减少中间环节、节约成本等优势，在全世界范围内迅猛发展。

知识拓展

数字资源 3-1：
关境与国境

广义的跨境电商泛指对外贸易电子商务的活动，即分属不同关境的交易主体通过电子商务的手段，将传统进出口贸易中的展示、洽谈和成交环节进行电子化、数字化和网络化，并通过跨境物流运输商品，最终达成交易的跨境进出口贸易活动。

狭义的跨境电商相当于跨境网络零售，即分属不同关境的交易主体借助互联网，通过各种电商平台完成交易，采用邮政快件、邮政小包等方式通过跨境物流运送交易商品，进行跨境支付结算，最终将商品送达消费者手中，从而完成交易的一种国际商业活动。

◆ **思考与讨论：**

海外代购属于跨境电商吗？

二、跨境电商与国内电子商务

跨境电商与国内电子商务的区别主要体现在交易主体、业务环节、交易环境、交易规则、支付收款、物流运输、面临的风险等方面，如表 3-1 所示。

表 3-1　跨境电商与国内电子商务的区别

项目	跨境电商	国内电子商务
交易主体	分属不同关境	同一关境内
业务环节	更复杂，涉及海关、税收、外汇结算、跨境物流等	相对简单
交易环境	不同的文化习俗、消费习惯等	差异相对较小
交易规则	知识产权、不同国家/地区的法规、不同的平台规则	境内电商平台规则和相关法律法规
支付收款	涉及外汇结算	境内支付收款方式
物流运输	跨境物流、路途远、用时长	境内物流、路途近、用时相对较短
面临的风险	供货风险、运输风险、汇率风险及法律风险	面临的风险较小

跨境电商与国内电子商务相比，呈现出如下特点。

（一）全球性

跨境电商打破了不同国家和地区之间的限制，买家可以通过互联网购买全球各地的商品和服务，卖家也可以通过互联网将商品和服务销往全球各地。

（二）业务环节复杂

完整的跨境电商业务流程包括通关、检验检疫、外汇结算、出口退税等环节，并通过国际物流运输方式进行运输，相较于国内电子商务更为复杂。

（三）交易主体差异大

跨境电商的消费者分布在全球各地，其消费行为、文化心理和生活习俗差异较大。跨境电商企业在开展国际流量引入、海外推广营销、海外品牌建设等活动时要对海外消费者的行为有深刻的了解、精准的把握，并要具备"本地化"思维。

（四）易发生交易风险

目前，侵权风险是跨境电商交易中面临的主要风险。国内中小型企业普遍缺乏知识产权意识，部分中小型企业存在以假货和仿品牟利的情况，而发达国家的知识产权保护较为严格，这就容易引发知识产权纠纷。

（五）交易规则更多、更细、更复杂

跨境电商平台涉及国内及国外的各个平台，不同的平台有自己的规则，国外平台及其规则更是十分复杂。企业不仅要遵守平台规则，还要遵守国际上的双边和多边贸易协定，了解各国进出口关税细则及政策的变化，另外对进出口形势也要有一定的分析预测能力。

◆ 思考与讨论：

淘宝与天猫国际有何区别？

三、跨境电商与传统国际贸易

跨境电商与传统国际贸易的区别主要体现在交流方式、运作模式、订单类型、价格利润、商品类目、规模和增长速度、交易环节、支付收款、物流运输等方面，如表 3-2 所示。

表 3-2　跨境电商与传统国际贸易的区别

项目	跨境电商	传统国际贸易
交流方式	通过互联网平台交流，间妾接触	面对面，直接接触
运作模式	借助互联网电商平台	基于商务合同
订单类型	小批量、多批次、订单分散、周期相对较短	大批量、少批次、订单集中、周期长
价格利润	价格实惠，利润率高	价格高，利润率低
商品类目	商品类目多、更新速度快	商品类目少、更新速度慢
规模和增长速度	面向全球市场，规模大，增长速度快	市场规模大，但由于受地域限制，增长速度相对缓慢
交易环节	简单（生产商→零售商→消费者，或生产商→消费者），涉及的中间商较少	复杂（生产商→贸易商→进口商→批发商→零售商→消费者），涉及的中间商较多
支付收款	电汇、信用证、互联网第三方支付等，支付方式更加多样	电汇、信用证等
物流运输	通过邮政小包、专线物流、海外仓等进行运输	通过空运、集装箱海运、铁路运输完成

跨境电商与传统国际贸易相比，呈现出如下特点。

（一）高频化

相较于传统国际贸易而言，跨境电商的交易频率相对更高。一方面，由于跨境电商实现了单个企业之间或单个企业与个人之间的直接交易，且产品类目多、更新速度快，因此，跨境电商的单笔订单大部分是小批量的，甚至是单件的，这在一定程度上提高了跨境电商交易的频率。另一方面，随着互联网等技术在贸易领域的广泛应用，贸易信息的透明度逐步提升，借助各种跨境电子商务交易平台，买家可以轻松、便捷地在全球范围内找到物美价廉、信誉良好、货源稳定的供应商，而卖家也可以在最短的时间内找到合适的买家，并简化传统国际贸易的运作环节，这就提高了跨境交易的效率，进而增加了跨境交易的频次。

（二）直接化

传统国际贸易主要由一国（地区）的进/出口商通过另一国（地区）的出/进口商集中进/出口大批量货物，然后货物通过境内流通企业的多级分销，最后送达有进/出口需求的企业或消费者的手中。而跨境电商可以通过电子商务交易与服务平台，实现多国（地区）之间、企业与最终消费者之间的直接交易，进出口环节少、时间短、成本低、效率高。

（三）多边化

传统的国际贸易主要表现为两国（地区）之间的双边贸易，即使有多边贸易，也是通过多个双边贸易实现的，呈线状结构。跨境电商交易过程中的信息流、商流、物流、资金流已经从传统的双边逐步向多边方向演变，形成网状结构。跨境电商可以通过 A 国（地区）的交易平台、B 国（地区）的支付结算平台、C 国（地区）的物流平台，实现不同国家（地区）之间的直接贸易。跨境电商从线状逐步进入网状时代，中小企业不再单纯依赖单向交易或跨国大企业的协调，而是形成相互动态连接的生态系统。

（四）数字化

跨境电商的数字化表现在两个方面：一是跨境电商通过互联网实现信息传递，交易活动各个环节的信息多以无纸化的方式呈现，交易双方通过即时通信工具或电子邮件等方式实现信息的无纸化发送和接收；二是随着网络信息技术的发展，音乐作品、影视作品、计算机软件等数字化商品的品类和交易量快速增长，此类商品通过跨境电商进行交易的趋势也更加明显。

（五）透明化

跨境电商不仅可以通过电子商务交易和服务平台实现跨国企业之间、企业和最终消费者之间的直接交易，而且在跨境电商模式下，供需双方的贸易活动可以采用标准化、电子化的合同、提单、发票和凭证。各种相关单证可以在互联网上瞬间传递，提高了贸易信息的透明度，减少了信息不对称带来的贸易风险。这无疑削弱甚至取代了传统国际贸易形式的地位，使国际贸易供应链更加稳定畅通，形成了制造商和消费者的"双赢"局面。

四、跨境电商的业务流程

跨境电商分为进口和出口两个方向。其中跨境电商出口流程是境内生产商、制造商等卖家将销售的商品在跨境电商平台上进行展示，境外的买家在平台上选购，买家在线下单并完成支付后，跨境电商企业将商品交付给物流企业进行投递，经过两次（出口地和进口地）海关商检后，最终送达消费者或企业手中。有的跨境电商企业直接与第三方综合服务平台合作，让第三方综合服务平台代办物流、通关、商检等一系列环节，从而完成整个跨境电商交易过程。跨境电商进口的流程与出口的流程方向相反，其他内容则基本相同（见图 3-1）。

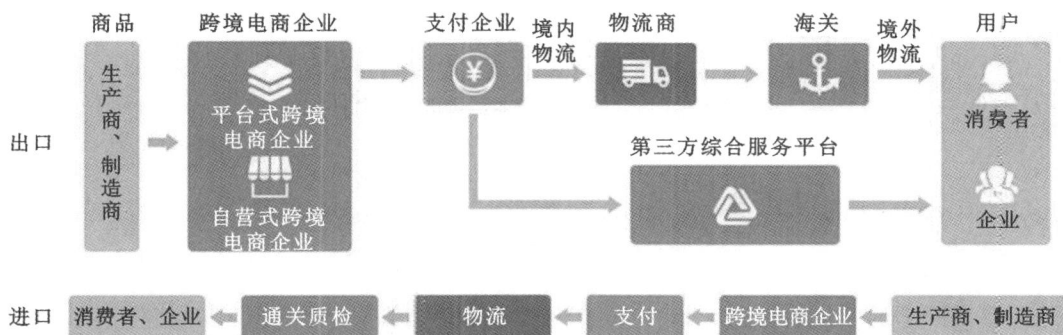

图 3-1 跨境电商进出口涉及的主要环节及流程

五、跨境电商的业务主体

（一）跨境电商卖家

从出口角度来看，目前跨境电商的卖家主要分为以下四类。

第一类是转型从事跨境 B2C（或 B2B2C）业务的传统外贸企业。这类企业因传统外贸业务逐渐萎缩而不得不开拓新的销售渠道。传统外贸企业从事国际贸易业务，对国外市场的需求、贸易规则等方面都较为了解，同时具备相对较好的外贸业务开展能力，因此转型跨境电商相对容易，是跨境电商卖家的主要来源。

第二类是转型做跨境电商的国内电商卖家。由于目前国内电商市场竞争日益激烈，电商卖家利润微薄，而快速发展的跨境电商行业一度成为国内电商卖家转型的新方向。但是，由于消费习惯、品牌认知、产品标准等方面的差异，国内电商企业转型为跨境电商仍然面临不少困难。

第三类是开展了跨境电商业务的产品生产企业。由于跨境电商能够有效打破渠道垄断、减少中间环节、节约交易成本、缩短交易时间，因此，这类产品生产企业期望通过"互联网＋跨境贸易"模式来拓展广阔的境外市场，获取更丰厚的利润，打造国际化品牌。

第四类是跨境电商领域的创新创业者。跨境电商作为互联网和国际贸易相融合所形成的新型业态，是创新创业者的乐土。在大众创业、万众创新的政策支持下，与跨境电商相关的科创园、创业园、电商园、众创空间、孵化器等载体不断涌现，为创业者提供了良好的平台和服务支持。以高校学生为主要代表的青年群体，成为跨境电商领域创业的主要力量。

（二）跨境电商平台企业

跨境电商平台企业主要为跨境电商卖家和境外消费者提供信息展示和在线交易等服务。根据平台服务类型的不同，跨境电商平台一般可以分为信息服务平台和交易服务平台。而根据经营主体类型的不同，跨境电商平台又可以分为开放型平台、自营型平台，以及"自营＋开放"混合型平台。开放型平台主要为跨境电商卖家和消费者提供信息服务和交易服务，帮助跨境电商卖家有效地、低成本地开展跨境贸易活动，如全球速卖通等。自营型平台则是平台企业对其经营产品进行统一生产（或采购），在平台上进行产品展示、在线交易，并通过物流配送将产品送达国外最终消费群体，如环球易购等。"自营＋开放"混合型平台包括自营型平台和开放型平台两种模式，如亚马逊等。

（三）金融支付企业

跨境电商由于涉及跨境转账，其支付过程与国内电商采用的支付宝、微信支付、网银等支付方式差别较大。不同的跨境支付方式有不同的金额限制和到账速度，总体来看，跨境支付方式有两大类：一种是线上支付，包括各种电子账户支付方式和国际信用卡，由于线上支付手段通常有交易额的限制，所以比较适合小额的跨境零售；另一种是线下汇款模式，比较适合大金额的跨境 B2B 交易。

（四）物流运输企业

受制于地理、通关等因素，跨境电商的物流环节与国内电商的有较大的不同，物流运输企业为跨境电商的物流提供服务。目前常用的国际物流模式中，B2C 企业主要以商业快递（如 DHL、UPS、TNT、FedEx 等）、邮政渠道（如中国邮政）、自主专线（如中东专线 Aramex、中俄专线 ZTO Express）等方式为主，B2B 企业主要以空运、海运和各式联运为主。

（五）第三方综合服务企业

跨境电商第三方综合服务企业主要包括综合服务企业和 IT、营销、代运营企业。综合服务企业通常以电子商务公共服务平台为载体，为中小企业提供进出口代理、通关、物流、退税、融资等全套外贸一站式外包服务，如世贸通、快贸通、易单网等。IT、营销、代运营企业主要为跨境电商企业提供跨境电商的系统构建、技术支持、产品线运营、多渠道营销推广等服务。

任务小结

通过本节的学习，学生应对跨境电商的概念有了初步的了解，熟悉跨境电商与国内电子商务和传统国际贸易的区别，了解跨境电商的业务流程与业务主体，建立起对跨境电商的基础认识。

技能实训

任务：阅读快科技文章《"中国制造"被送达全球，全球好货被运抵中国》
思考：（1）为什么中国商品越来越受到全球消费者的欢迎？
（2）为什么海外品牌纷纷进入中国市场？

任务 2　跨境电商的模式分类

⚙ 任务描述

　　跨境电商作为一种以互联网为载体的新型对外贸易方式，正在重塑中小企业国际贸易的链条。了解跨境电商的模式分类，选择适合企业自身发展情况的跨境电商模式具有重要的现实意义。

⚙ 任务目标

（1）掌握跨境电商的模式分类。
（2）熟悉不同跨境电商模式的特点和代表性平台。

📊 一、按商品流动方向分类

（一）进口跨境电商

　　进口跨境电商是指境内的消费者在跨境电商平台上购买境外的商品，通过跨境物流送达商品、完成交易的一种国际商业活动。

传统的进口跨境电商模式是海淘，境内消费者直接在境外的电商网站上购买商品，拥有海外转运仓库的转运公司代消费者收货，并通过国际物流将商品运送到境内港口，再由境内物流公司将商品运输到消费者手中。

目前，我国进口跨境电商的主要模式是保税进口模式和直购进口模式。

保税进口模式是指卖家预先将海外商品整批运至境内海关监管场所——保税区，消费者下单、支付后，海关核对三单（订单、运单、支付单），商品从保税区直接发出，在海关等监管部门的监管下实现快速通关，商品以个人包裹形式，由境内物流公司配送到消费者手中。保税进口模式具有保税区特殊监管的政策优势，采取"整批入区、B2C邮快件缴纳行邮税出区"的方法，大大降低了进口商品的价格，同时也缩短了消费者下单到收货的时间。

直购进口模式是指境内个人购买者在指定的跨境电商网站上订购海外商品，并进行网上申报和计税，确定订单后，商品由快件邮递等渠道直接从境外寄递进境，通过电子商务公共服务平台和通关管理系统实现交易。与传统的海淘模式相比，直购进口模式符合国家的相关政策，其清关过程更为透明，消费者信息更清晰，商品来源与服务也更加安全。

保税进口模式和直购进口模式是进口跨境电商的两种平行模式，适用于不同类型的跨境电商企业。其中，直购进口模式更适合代购及商品品类宽泛的企业，可以直接从境外发货，具有品类多样化的优势。保税进口模式在价格和时效上具有优势，适用于品类相对集中、备货量大的企业。

目前，代表性的进口跨境电商平台主要有考拉海购、天猫国际、京东国际、唯品国际、洋码头、小红书等。

◆ 思考与讨论：

请思考并总结三种进口跨境电商模式的区别（见表3-3）。

表 3-3　三种进口跨境电商模式的区别

项目	传统海淘	直购进口	保税进口
交易规模			
适用对象			
发货地点			
物流模式			
监管特点			

（二）出口跨境电商

出口跨境电商是指境内卖家借助跨境电商平台与境外买家达成交易、进行支付结算，并通过跨境物流送达商品、完成交易的一种国际商业活动。

目前代表性的出口跨境电商平台较多，主要有全球速卖通、亚马逊、eBay、Wish、阿里巴巴国际站、敦煌网、环球资源网等，也包括一些新兴的区域性平台，如 Lazada、Shopee 等。

二、按交易主体属性分类

（一）跨境电商 B2B 模式

跨境电商 B2B（business to business）模式又称在线批发，是外贸企业之间通过互联网进行产品、服务及信息交换的一种商业模式。跨境电商 B2B 企业所面对的最终客户是企业或集团客户，并提供企业、产品、服务等的相关信息。

目前，中国跨境电商市场交易规模中，跨境电商 B2B 模式市场交易规模占总交易规模的 80％左右，代表性的平台有阿里巴巴国际站、敦煌网、环球资源网、中国制造网等。

（二）跨境电商 B2C 模式

跨境电商 B2C 和跨境电商 C2C 模式统称为在线零售。跨境电商 B2C（business to customer）模式是跨境电商企业针对个人消费者开展的网上零售活动。跨境电商 B2C 企业面对的最终用户是个人消费者，并针对最终用户以网上零售的方式售卖商品。

目前，跨境电商 B2C 模式市场交易规模在中国跨境电商市场交易规模中所占的比重不断上升，代表性的平台主要有全球速卖通、亚马逊、米兰网、Temu、Shopee 等。

（三）跨境电商 C2C 模式

跨境电商 C2C（customer to customer）模式是从事外贸活动的个体卖家直接面向个人消费者在线销售商品或服务的商业模式。

目前，我国跨境电商出口以 B2B 模式和 B2C 模式为主，进口以 B2C 模式为主。部分跨境电商 B2C 模式平台允许个体工商户或个人创业者开店销售商品，代表性的跨境电商 C2C 模式平台主要有 Wish、eBay 等。

除上述三种交易主体之外，跨境电商 F2C 模式也日渐兴起。F2C（factory to consumer）是指从工厂到消费者，即工厂借助互联网平台直接将商品销售给个人消费者。跨境电商 F2C 模式使消费者在线向工厂下订单成为可能，是 B2C 模式的升级版。

三、按运营方式分类

（一）平台运营

平台运营跨境电商是指平台型企业在线搭建线上商城，整合物流、支付、运营等服务资源，吸引跨境电商卖家入驻开店，并为其提供跨境电商交易服务。平台以收取卖家佣金及增值服务费为主要盈利模式。平台型跨境电商企业采用轻资产运作模式，经营重点在于售前引流、招商及平台管理等，售后只在一定程度上参与物流和服务，以完善线上入驻卖家的不足。

由于资金和营销推广能力等诸多因素的限制，入驻平台往往是中国企业进入跨境电商领域的第一选择。目前，代表性的跨境电商开放型平台有阿里巴巴国际站、敦煌网、全球速卖通、eBay、亚马逊等。

（二）自建网站运营

自建网站运营跨境电商又称自营型跨境电商，是指从事外贸业务活动的企业自建跨境电商网站，整合供应商资源，以较低的价格采购商品，然后在网站上出售，以获取商品差价为盈利模式。自建网站运营跨境电商企业需要参与整个销售流程的运作，包括选品、供应商选择、物流与售后服务等多个环节。

目前，代表性的自营型跨境电商平台有 DX、米兰网、考拉海购、京东国际、小红书等。

从长期发展趋势看，平台运营跨境电商和自建网站运营跨境电商两种模式的融合度日益增强。在跨境电商平台开设网店的企业做到一定规模后，囿于无法从平台获取客户数据，往往选择自建网站；而一些做独立网站的跨境电商企业同样也会选择在流量大的平台上开设店铺。

（三）跨境电商代运营

跨境电商代运营服务商主要业务是为运营经验不足的中小型外贸企业提供各类跨境电商服务，如市场调查、平台建设、店铺运营、海外营销解决方案等。跨境电商代运营服务商根据企业的实际情况，通过提供一站式电商解决方案，帮助企业建立定制的个性化电商平台。

目前，代表性的跨境电商代运营服务商有海比电商、锐意企创（Enterprising & Creative）等，其盈利模式是赚取企业支付的服务费用。

四、按平台服务类型分类

（一）信息服务平台

信息服务平台的功能主要是传递供应商和采购商的商品和服务信息，提供网络撮合服务，促成供应商和采购商完成交易。

目前，代表性的信息服务平台有阿里巴巴国际站、环球资源网、中国制造网等。

（二）在线交易平台

在线交易平台的业务比较全面，不仅提供企业、商品和服务等各方面信息的展示，还覆盖了整个购物环节。采购商可以在平台上完成搜索、洽谈、下单、支付、物流、评价等一系列流程。代表性的在线交易平台有全球速卖通、亚马逊、eBay、Wish、敦煌网、米兰网等。

（三）综合服务平台

综合服务平台为企业提供境外商标注册代理、通关、物流、海外仓、结算、退税、保险、融资等一系列服务，其代表性企业有阿里巴巴一达通（外贸综合服务）、Payoneer（支付结算）、递四方（物流仓储）、卓志（跨境供应链）、店小秘（跨境 ERP）等。

五、按涉及的行业范围分类

（一）垂直跨境电商

垂直跨境电商可按品类或地域归类，主要针对某一个行业或细分市场深化运营。品类垂直跨境电商主要专注于某一类商品的运营，代表性平台如 Mumzworld（母婴类商品）、Newegg（电子产品）、Etsy（手工艺品）、Wayfair（家居用品）、ManoMano（DIY和园艺）等。地域内垂直跨境电商则是专注于某一地域的商品运营，代表性平台如 Ozon（俄罗斯）、Jumia（非洲）、Falabella（南美洲）、eMAG（中东欧）、Allegro（波兰）等。

（二）综合跨境电商

综合跨境电商主要是展示与销售多种品类商品，涉及多个行业，代表性平台有全球速卖通、亚马逊、eBay、Wish、敦煌网等。

任务小结

通过本节的学习，学生应初步了解不同的跨境电商平台，正确区别跨境电商平台的不同类型，并掌握其特点，为更好地开展跨境电商打下坚实的基础。

数字资源 3-4：
项目三　任务 2　测验

技能实训

根据跨境电商的不同模式，选取各模式下的典型平台（网站），浏览平台（网站），了解其特点，归纳总结其优势和劣势，并完成表 3-4。

表 3-4　跨境电商平台对比分析

跨境电商类型		平台名称	优势	劣势
按商品流动方向分类	进口跨境电商			
	出口跨境电商			
按交易主体属性分类	跨境电商 B2B 模式			
	跨境电商 B2C 模式			
	跨境电商 C2C 模式			
按运营方式分类	平台运营			
	自建网站运营			
	跨境电商代运营			
按平台服务类型分类	信息服务平台			
	在线交易平台			
	综合服务平台			
按涉及的行业范围分类	垂直跨境电商			
	综合跨境电商			

任务 3　我国跨境电商的发展

任务描述

　　跨境电商作为"互联网＋外贸"时代下的新兴业态，经历了从无到有、从小到大的一系列发展过程。按照时间顺序，我国跨境电商的发展历程可分为信息服务、在线交易、全产业链服务到规范化发展四个阶段。

任务目标

（1）掌握我国跨境电商不同发展阶段的特点。

（2）了解我国跨境电商的发展现状。

（3）了解我国跨境电商的发展趋势和面临的挑战。

一、我国跨境电商的发展历程

（一）跨境电商 1.0 阶段（1999—2003 年）

　　在跨境电商 1.0 阶段，跨境电商平台的主要商业模式是网上展示、线下交易的外贸信息服务模式。跨境电商平台的主要功能是为企业信息及产品提供网络展示平台，并不在网上涉及任何交易环节。

此时跨境电商平台的盈利模式主要是向在平台上进行信息展示的企业收取会员费（如年服务费等）。在 1.0 阶段的发展过程中，跨境电商平台逐渐衍生出为供应商提供"一条龙"的信息流增值服务，如竞价推广、咨询服务等。

跨境电商 1.0 阶段典型的代表平台是阿里巴巴国际站、环球资源网、中国制造网、EC21、Kellysearch 等。在 1.0 阶段，跨境电商平台在功能上的不足之处主要聚焦于商品供需信息服务，无法实现在线交易与资金支付，对于跨境电商产业链的整合仅局限于信息流环节的整合。

（二）跨境电商 2.0 阶段（2004—2012 年）

2004 年，随着敦煌网的创立，跨境电商进入了 2.0 阶段。在这一阶段，跨境电商平台开始摆脱纯信息黄页的展示模式，将线下交易、支付、物流等服务全部实现电子化，逐步发展成为在线交易平台，形成 B2B 平台和 B2C 平台两种模式。

相比 1.0 阶段，2.0 阶段的跨境电商更能体现电子商务的本质，借助于电商平台，通过整合服务、资源，跨境电商有效打通了上下游供应链。

在 2.0 阶段，跨境电商平台实现了后向收费模式，将"会员收费"改成以收取"交易佣金"为主，即按成交金额来收取一定比例的佣金，同时还通过平台的营销推广服务、支付服务、物流服务等获得增值收益，从而实现了营收的多元化。

（三）跨境电商 3.0 阶段（2013—2018 年）

得益于中央及地方各级政府的高度重视，跨境电商行业的规范和优惠政策相继出台，2013 年是跨境电商转型发展非常重要的一年，跨境电商全产业链的商业模式都发生了变化。在 3.0 阶段，主要的跨境电商平台的服务全面升级，承载能力更强，实现了线上服务和线下服务融合的全产业链服务。

跨境电商 3.0 阶段的行业发展特征还表现在：第一，参与主体多样化，除了小微型的草根企业、个体商户和外贸电商等群体外，大量的产品生产商、传统外贸企业也开始转型开展跨境电商业务；第二，跨境电商平台销售的产品由二手货源向一手货源和好商品转变，品牌化经营趋势明显；第三，跨境电商卖家对产业链各环节的服务产生极大需求，跨境电商平台企业开始提供营销、通关、商检、物流、仓储、支付、融资等一站式服务，并涌现出阿里巴巴一达通、融易通等一批大型跨境电商综合服务商；第四，主要平台模式由 C2C、B2C 模式向 B2B、M2B 模式转变，B 类买家渐成规模，中大额交易成为平台主要交易形式；第五，得益于智能手机的普及和移动网络环境的改善，用户的移动购物体验获得较大提升，跨境用户的移动购物习惯逐渐形成。跨境移动电商的快速发展，促进了 Wish 等知名跨境移动电商平台的出现。

（四）跨境电商 4.0 阶段（2019 年至今）

2019 年是跨境电商的转型之年，自此跨境电商进入规范化发展时期。2018 年国际局势出现了很多变化，包括美国发动贸易战、欧美市场的 VAT（增值税）相关政策、

《中华人民共和国电子商务法》的发布等，更多供应商也从后端走向前端。在 2018 年这一"洗牌年"，有很多企业在跨境电商领域跃跃欲试。2019 年，更多企业和品牌选择进入跨境电商领域，跨境电商平台也在不断提升服务能力，国内产品逐渐向品牌化和品质化发展。到了 2020 年，线上消费逐渐替代线下消费成为主流趋势。收入的提高使消费者对商品的品质和品类的需求不断提升，而跨境物流运输网络的日益发达，使跨境网购走向常态化。大型跨境电商开始整合供应链，同时跨境电商供应链各环节趋向融合。精细化运营成为主流，新零售、直播营销等创新模式持续渗透。

二、我国跨境电商的发展现状

（一）我国跨境电商市场现状

1. 跨境电商进出口规模保持高速增长

近年来，在传统贸易增长缓慢甚至出现下滑的背景下，跨境电商行业实现了快速发展，并保持着高速增长态势。海关统计数据显示，2022 年，我国跨境电商市场规模达 15.7 万亿元，比 2021 年的 14.2 万亿元同比增长 10.56%（见图 3-2）。

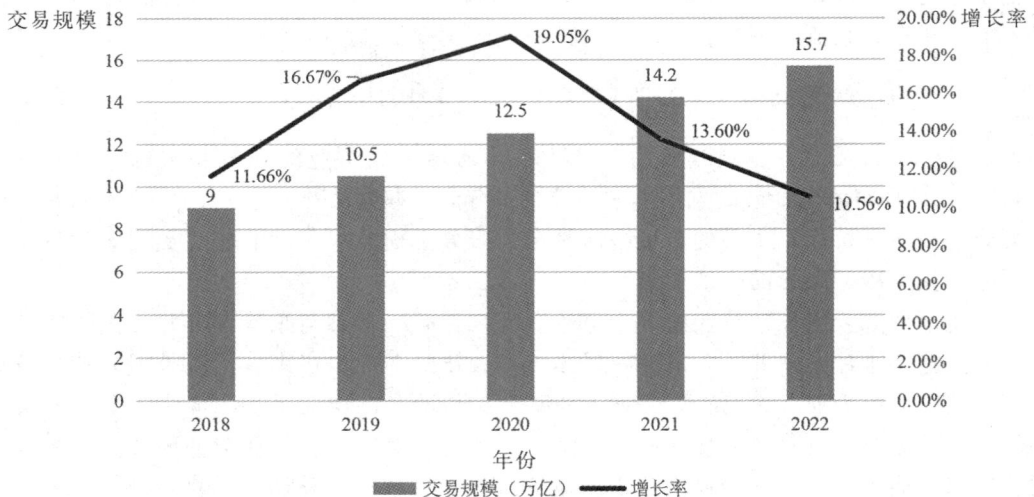

图 3-2　2018—2022 年中国跨境电商交易规模及增长率
（资料来源：商务部、海关总署、粤贸研究院）

2. 跨境电商进出口结构

根据商品流向，跨境电商可分为出口跨境电商和进口跨境电商，我国跨境电商行业以出口为主导。2022 年中国跨境电商出口占比达到 77.25%，进口比例 22.75%。跨境电商进出口结构总体相对稳定，但随着进口市场的不断扩大，市场占比也在不断提升。一方面，由于我国制造业在成本及规模上具有较大优势，同时受到"一带一路"倡议及资本市场的推动，目前我国跨境电商以出口为主。另一方面，由于国内消费者对海外优质商品需求增长强劲，在政策保持利好的情况下，进口跨境电商市场仍保持平稳增长（见图 3-3）。

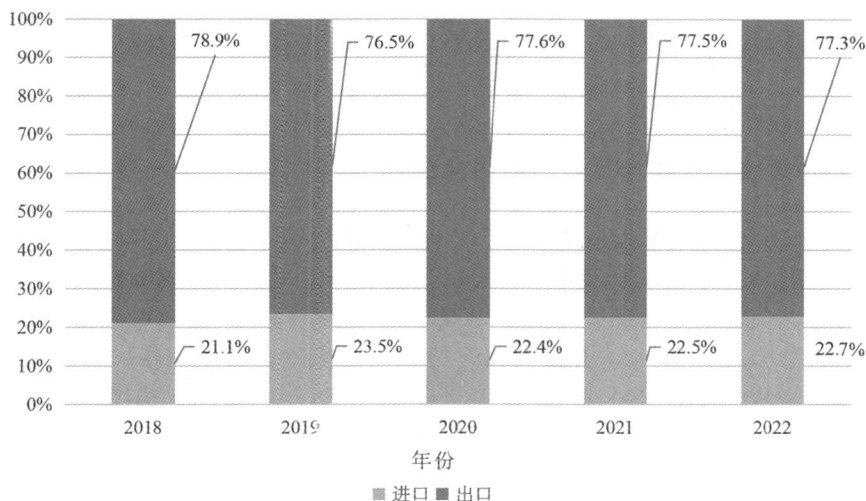

图 3-3　2018—2022 年中国跨境电商进出口结构
（资料来源：商务部、海关总署、网经社）

3. B2B 成为跨境电商的主要交易模式

在交易模式方面，目前我国跨境电商以 B2B 模式为主，2022 年中国跨境电商的交易模式中，B2B 模式占比达 75.6%，B2C 模式占比 24.4%（见图 3-4）。但从发展趋势来看，近年来 B2C 模式占比逐年提升。随着我国跨境电商行业规模的扩大以及覆盖范围的拓展，未来 B2C 交易规模将会逐渐扩大。

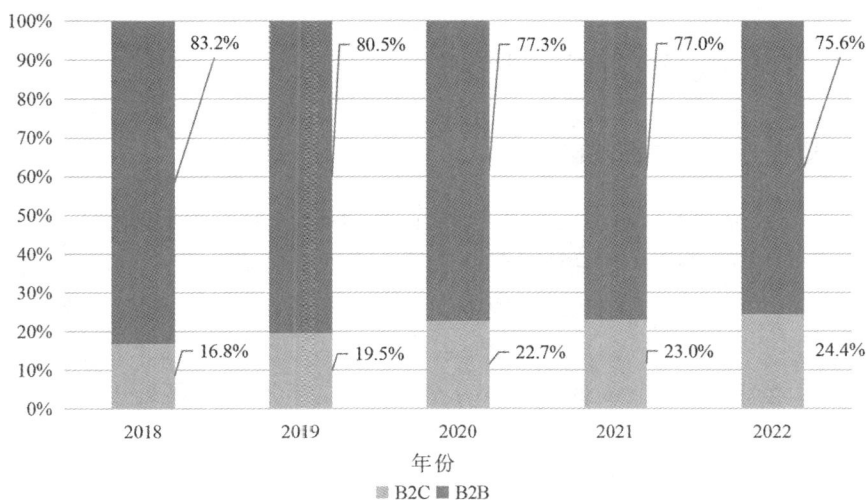

图 3-4　2018—2022 年中国跨境电商交易模式结构
（资料来源：商务部、海关总署、网经社）

4. 跨境电商贸易伙伴日益多元化

从贸易伙伴看，2023 年，中国内地跨境电商出口额排名前十的国家（地区）分别为美国、中国香港、日本、韩国、越南、印度、俄罗斯、德国、荷兰、马来西亚，进口额排名前十的国家（地区）分别为中国台湾、美国、韩国、日本、澳大利亚、俄罗斯、巴西、德国、马来西亚、越南。

5. 跨境电商发展区域格局呈现东强西弱

跨境电商行业具有明显的区域性特征，其发展水平与区域经济发展水平、地理位置及交通等因素密不可分。从国内区域来看，东部沿海仍是我国跨境电商的集聚区。2022 年，我国跨境电商进出口总额排名前五的省份为广东、山东、浙江、福建、江西，占跨境电商进出口总额的 69.7%。中西部地区的跨境电商发展增速较快。2022 年，我国跨境电商进出口增速排名前五的省份为云南、青海、河北、内蒙古、四川。

国内跨境电商企业主要分布于深圳、广州、上海、北京和杭州等电商发达的地区（见表 3-5）。上述地区具有较强的政策支持、较为先进的互联网技术、较为发达的物流体系、较强的市场需求，从而吸引了大量的跨境电商企业聚集。

表 3-5 "北上广深杭"地区跨境电商企业

地区	跨境电商企业
深圳	递四方、Shopee、有棵树、通拓科技、兰亭集势、PatPat、行云集团、赛维时代等
广州	卓志集团、洋葱集团、Payoneer、Skyee 等
上海	eBay、Wish、Temu、55 海淘、豆沙包等
北京	至美通、亚马逊全球开店、敦煌网、京东国际、宝贝格子等
杭州	阿里巴巴、连连国际、全球速卖通、联络互动、子不语、PingPong 等

（二）我国跨境电商的主要特征

1. 跨境电商出口加速品牌出海

品牌战略已经成为各大跨境电商平台发展、帮助中国中小企业提升竞争力的重要条件。一是在 B2C 领域，国内跨境电商平台依托自身优势协助企业打造品牌。如 2021 年全球速卖通推出"G100 出海计划"，旨在帮助中国企业和中国品牌充分发挥供应链优势，在海外市场建立品牌心智，拓展新市场、新用户。2022 年全球速卖通继续推出"国货出海计划"，这是针对品牌商家打造的一个全新赛道，目的是帮助中国优质供给以更高层次的品牌形象走向世界。二是在 B2B 领域，在全球贸易新形势下，海外采购需求发生新变化，品牌孵化成为跨境电商 B2B 发展的焦点。如 2021 年阿里巴巴国际站发布"数字化出海 4.0"计划，旨在孵化初创品牌和优势品牌，打通品牌数字化出海之路。2022 年底，阿里巴巴国际站首次发布品牌 To B 数字化出海方法论，将整合全站资源，重点扶持一批有竞争力的优质供给，为其量身定制一整套品牌出海解决方案，计划在未来一年，孵化出 100 个 B 类跨境标杆品牌。

2. 跨境电商进口持续优化全球供应链

随着线上购物的快速渗透，中国跨境电商进口加快优化全球供应链，进一步满足居民对美好生活的向往。一是通过中国国际进口博览会搭建的大舞台和以天猫国际为代表的进口跨境电商平台，为全球品牌和中小企业进入中国市场、服务中国消费者搭建"央车道"，积极引进全球新品牌，丰富跨境电商进口商品。海外品牌一边参展，一边在天猫"双 11"等活动中获得销售额的增长。2022 年 11 月 1 日至 3 日，天猫国际上有 750 个海外品牌销售额同比增长超 100％。二是 eWTP（世界电子贸易平台）与全球节点分布国家的合作注重贸易均衡和可持续发展，通过政策创新为中国消费者引入更丰富的海外商品。如马来西亚猫山王榴梿在 eWTP 和中马两国政府的推动下，实现了以整颗连壳形式出口到中国。

3. 跨境电商渠道日渐多元化

随着大型跨境电商平台流量红利的减弱，企业加速利用新技术创新业务模式，跨境电商渠道也愈加多元化。一方面，在跨境电商的流量呈碎片化趋势、建站工具逐渐成熟、避免平台规则限制等因素的作用下，越来越多的企业投入独立站的建设中，跨境电商独立站逐渐兴起。另一方面，一些国外社交媒体平台、短视频平台、直播平台等也相继推出电商功能，吸引国内跨境电商企业入驻。此外，一些跨境电商平台和传统展会企业还创新打造线上线下融合的"云展会"平台，帮助外贸企业获得海外订单，这将为跨境电商的发展创造新的赛道。

4. 海外仓成为保障跨境供应链畅通的重要力量

跨境直邮模式曾因疫情影响遭遇严重阻碍，相比之下，海外仓模式因具有提前备货、配送时效高、本土化服务、供应链保障等优势，受到越来越多跨境卖家的欢迎，海外仓规模实现迅速增长。商务部数据显示，截至 2021 年底，我国海外仓的数量已经超过 2000 个，总面积超 1600 万平方米，业务范围辐射全球，其中北美、欧洲、亚洲等地区海外仓数量占比近 90％。海外仓成为支撑跨境电商发展、拓展国际市场的新型外贸基础设施。与此同时，企业还利用海外仓在品牌推广、多元化服务、本土化经营等方面积极探索，实现物流效率和购物体验的双重优化，提升中国产品和企业的形象，助力中国品牌更好地扎根当地。例如：一些企业利用配套建设的海外展示中心，协助中小企业开展品牌宣传活动；一些企业布局"门到门"业务，在海外市场实现尾程配送"两日达"或者"三日达"；还有企业提供售后维修服务，帮助部分跨境电商商品实现二次销售，降低因退货产生的成本。

5. 跨境电商合规化进程加快

在标准体系和平台规则的共同作用下，中国跨境电商合规化进程不断提速。一是中国政府高度重视，跨境电商标准体系初步形成。2021 年以来，中国积极推进跨境电商标准化建设，截至 2023 年 4 月，跨境电商领域国家、行业、地方、团体和企业标准共计40 余项。二是数字平台企业积极作为，通过数字技术为中小外贸企业搭建一站式数字化合规解决方案。如 eWTP 合规平台帮助跨境出口商家解决贸易政策解读并提供全球 175个地区海关编码查询及转换、原产地判定、智能计税、目的国市场分析、检验检测和认证咨询机构、标准化技术机构等第三方服务机构集成等服务，帮助中小企业降低合规成本，引导中小企业通过跨境电商合规出海。

📈 三、我国跨境电商的发展趋势和面临的挑战

（一）跨境电商面临的挑战

1. 疫情暴露供应链抗风险短板

2020 年，全球突发疫情，对全球经济造成了一定的影响。疫情期间，大量的跨境电商企业面临着订单量下降、退货率上升、货源紧张、物流成本上升等问题，一些资金能力有限、运营水平不高、服务意识不强的跨境电商企业被淘汰出局。受疫情期间订单下降、退货、交货履约不及时等综合因素的影响，部分跨境电商企业在电商平台上的排名及流量出现普遍性下滑，这对"后疫情"时代的企业运营提出了非常大的挑战。从总体上看，无论是货源紧张、订单减少、物流链条不畅、经营模式单一，还是融资渠道受阻，这些跨境电商企业在疫情中暴露出的短板，凸显了整个行业的供应链抗风险能力的不足，疫情进一步加速了跨境电商出口行业的洗牌，如何提升供应链的风险防控能力成为值得跨境电商企业关注的新挑战。

2. 贸易摩擦增加企业经营风险

当下国际政治环境日益复杂，单边主义和贸易保护主义盛行，贸易摩擦逐步升级，部分地区国际贸易环境持续恶化，为电商国际合作和跨境电商发展带来一定的不确定性。如：自 2020 年 7 月 31 日特朗普政府威胁封杀 TikTok 到 2020 年 8 月 5 日宣布扩大"净化网络计划"，中国四家在美电信运营商面临关停风险，TikTok、微信等多家中国信息服务商遭遇美国政商两界的双重围堵；印度政府大范围禁用中国企业所开发的应用程序，自 2020 年 6 月以来，先后 4 次强制 267 个中国应用程序下架，其中不乏多款跨境电商类应用，如全球速卖通、ClubFactory、Shein 等。这些打压和限制中国领先技术和科技企业发展的行为，给我国电商企业的全球化发展带来了一定的风险。

3. 行业规范化依然面临挑战

作为新兴业态，跨境电商蓬勃发展，但涉及知识产权、数据安全、平台垄断等领域的规范性问题频发，行业合规性依然面临挑战。从国际来看，根据美国贸易代表办公室公布的《2024 年假冒和隐私恶名市场名单》，美国将 38 个在线市场和 33 个实体市场列

入恶名市场，其中包含敦煌网、淘宝、拼多多、抖音商城等多家中国电商企业。亚马逊在法国因涉嫌违法收集用户隐私推送广告被罚款 3500 万欧元，在美国被裁定存在垄断行为，还面临来自欧盟、英国等地区的反垄断调查的压力。从国内来看，假冒伪劣、虚假宣传、"霸王条款"等问题依然考验着国内跨境电商平台的诚信经营与正当竞争水平。随着各国针对数字经济领域的监管愈加严格，跨境电商合规化运营迫在眉睫，企业应注重知识产权保护，加速合规性审查，推动跨境业务健康、持续发展。

 视野拓展

数字资源 3-5：
跨境电商卖家的"合规新挑战"

4. 跨境电商人才缺口制约行业发展

跨境电商在快速发展的同时，逐渐暴露出缺乏综合型外贸人才的问题，主要体现在两个方面。一方面是外语语种多样化对外贸人才提出了挑战。由于英语是全球使用最广泛的语言，因此以往跨境电商都以英语为主要沟通语言。随着跨境电商销售市场的多元化，一些新兴市场如巴西、俄罗斯、阿拉伯、印度等地显现出巨大的发展潜力，而这些非英语国家市场的开拓和服务需要更多小语种人才的参与。另一方面是跨境电商对人才的综合能力要求高。除了语言能力外，跨境电商人才还应了解国际市场、交易流程、文化和消费习惯差异等，同时还需要熟悉平台的交易规则、操作流程和技巧，甚至还要了解市场营销、计算机网络、供应链管理、数据分析、视觉设计等知识，而具备这些综合能力的人才极其稀缺，巨大的人才缺口势必会制约行业的发展。

（二）跨境电商的发展趋势

1. 跨境电商数字化服务市场潜力巨大

近年来，以云计算、大数据、人工智能、区块链为代表的数字技术快速发展，推动跨境电商快速迭代创新，还催生了跨境电商服务新领域，如跨境支付服务、海外仓服务、跨境电商语言服务、跨境数据服务等。疫情的发生，虽导致各领域中小外贸企业遭受了一定的冲击，但同时也加速了中国外贸数字化转型的进程，激发了企业对跨境电商数字化服务的需求。此外，民营企业是中国最大的外贸主体，而在民营企业中，绝大多数都是中小企业，基于传统经营模式的中小外贸企业整体数字化程度低，在疫情中暴露出来的经营短板，正是跨境电商数字化服务的发力点，这将为跨境电商数字化升级服务市场提供极大的空间。

视野拓展

数字资源3-6：
    数字化时代的跨境贸易

2. 跨境电商 B2B 模式迎来新机遇

近年来，跨境电商 B2B 领域利好政策频出，截至 2023 年 2 月，跨境电商综试区已扩至 165 个，自第三批综试区创建以来，国务院明确要求综试区建设要努力在跨境电商 B2B 模式相关环节的技术标准、业务流程、监管模式和信息化建设等方面探索创新，研究出台更多支持措施。海关总署更是为跨境电商 B2B 出口增列了专门监管方式并配套通关便利化措施，实质性推动跨境电商 B2B 模式健康快速发展。在市场层面，跨境电商相关的海关通关、跨境物流、海外仓、支付结算、代运营、海外营销、人才培训等专业服务也快速发展，跨境电商服务生态日趋完善，跨境电商 B2B 模式将迎来新的发展机遇。

3. "新国货"品牌模式向海外复制驶入快车道

得益于我国网络零售市场的发展和新一代信息技术的应用，目前已经有一批高品质、高颜值的"新国货"品牌快速崛起，逐步形成了"品牌电商化"的发展模式。以李子柒、花西子等品牌为代表，正在加速向海外"复制"，为更多中国品牌出海提供了良好示范，也带动越来越多的"新国货"借力跨境电商，走上"国内打造＋海外复制"的品牌出海之路。从国际来看，疫情导致全球经济衰退，海外很多国家会迅速进入消费分级的阶段，不同的消费群体对于新产品、新模式、新品牌的需求将迎来井喷式爆发增长。同时，中国的供口在全球结构性市场中的地位得到进一步加强，国货出海将迎来重要的窗口期。

任务小结

通过本节的学习，学生应初步了解我国跨境电商的发展历程、发展现状、未来新格局、新规则和新趋势，从而更好地开展跨境电商业务。

数字资源3-7：
    项目三　任务3　测验

技能实训

1. 调研收集最新一年的跨境电商官方数据，包括但不限于跨境电商进出口交易规模、跨境电商 B2B 交易规模、跨境电商 B2C 交易规模等，分析总结我国跨境电商发展的最新趋势和特点。

2. 中国电商出海 20 年征程，从 B2B 模式的环球资源，到 B2C 模式的第一中概股兰亭集势，再到市值估值千亿美元的 D2C 模式第一独角兽 Shein，经历三代进化，一路"打怪"升级。

任务：观看硅谷 101 视频《从环球资源到 Shein，聊聊中国电商出海 20 年那些事》。

思考：如今当红的电商平台面临的机遇和挑战有哪些？

数字资源 3-8：

从环球资源到 Shein，聊聊中国电商出海 20 年那些事

3. 合规已成为跨境电商出口领域广受关注的重要议题。跨境电商出口合规是指企业在实施跨境电商出口活动时要符合国内外相关法律法规、行业标准、平台规则、企业章程及规章制度等。近年来，我国政府相关部门和跨境电商平台分别在政策、实践等方面开展了合规探索，推动我国跨境电商出口在环节监管、产品认证、市场秩序等领域的合规建设取得了较好成效，助力我国跨境电商出口高质量发展。

任务：阅读商务部《中国跨境电商出口合规发展报告》。

思考：跨境电商面临的法律与合规风险有哪些？如何规避？

数字资源 3-9：
《中国跨境电商出口合规发展报告》

项目四
跨境电商主流平台

项目目标

◆ 知识目标

（1）了解跨境电商代表型平台。

（2）掌握不同跨境电商平台的特点、区别。

（3）掌握不同跨境电商平台的入驻条件。

◆ 能力目标

（1）能够根据企业业务需求选择合适的渠道开展跨境电商业务。

（2）能够根据各跨境电商平台的入驻要求准备相应的资料，并完成账号注册、认证与入驻。

◆ 素质目标

（1）具有遵规守纪的意识，能够遵守跨境电商相关法律法规，懂得合法使用信息资源和开展商务活动。

（2）遵守跨境电商平台规则，具备诚信服务、德法兼修的跨境电商运营职业素养。

（3）培养勇于探索的创新精神和善于解决问题的实践能力。

　　武汉必凯尔救助用品有限公司是一家典型的传统外贸公司，以汽车急救用品为主要出口业务。疫情发生后，该公司传统出口渠道受到重创，线下海外订单几乎被"腰斩"，公司陷入绝境。危急时刻，公司高层决定转战跨境电商。该公司在了解到跨境电商基本知识后发现，传统外贸公司转行跨境电商，可以选择自建网站销售，也可以选择在第三方跨境电商平台上开店。目前主流的跨境电商平台有很多，各平台有不同的特点，该公司应如何做出选择？入驻平台又需要提交哪些资料呢？

　　请思考：
　　（1）目前主流的跨境电商平台有哪些？
　　（2）自建网站销售与在第三方平台上开店有何区别？企业应如何选择？

任务 1　跨境电商 B2C 平台

任务描述

　　第三方跨境电商平台是跨境电商产业链的重要组成部分。对于卖家来说，选择合适的跨境电商平台进行深耕细作是拓展网络销售渠道、扩大商品市场占有率的重要策略。跨境电商行业中的各大平台都有自己的特点，应详细了解主流跨境电商 B2C 平台的特点、规则及入驻要求。

任务目标

　　（1）了解全球速卖通、亚马逊、eBay、Wish、Shopee 和 Lazada 等主流跨境电商 B2C 平台的基本情况。
　　（2）掌握根据不同平台的特点选择合适的店铺类型和商品类别开店。
　　（3）掌握主流跨境电商 B2C 平台的入驻要求和入驻流程，选择合适的跨境电商平台开店。

一、全球速卖通

（一）平台简介

　　全球速卖通（AliExpress）是阿里巴巴为了帮助我国中小企业接触境外买家，实现小批量、多批次快速销售，拓展利润空间，而全力打造的融订单、支付、物流于一体的外贸在线交易平台，被广大卖家称为"国际版淘宝"。

全球速卖通创建于 2009 年，正式上线于 2010 年 4 月，经过多年的发展，全球速卖通已拥有近 20 个语言分站，覆盖全球 200 多个国家和地区的海外买家，涵盖服装服饰、手机通信、鞋包、3C 产品、家居、饰品等几十个一级行业类目，销售的商品备受海外消费者的喜爱，已成为全球较大的在线交易平台之一（见图 4-1）。

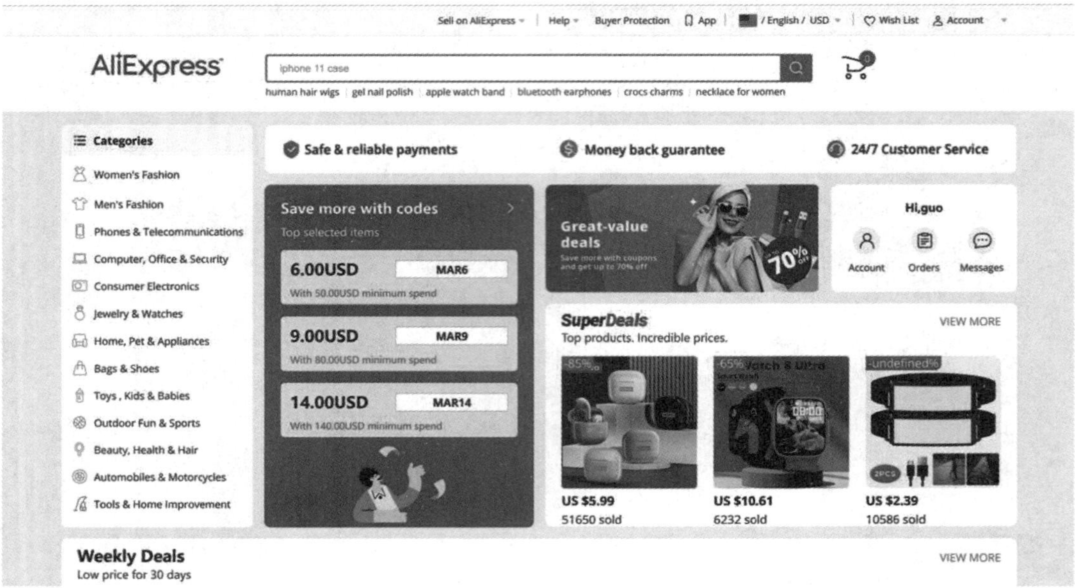

图 4-1　全球速卖通官网首页

（二）平台特点

1. 进入门槛低，交易活跃

全球速卖通平台对卖家没有企业组织形式和资金的限制，进入门槛低。卖家可以直接面向全球 200 多个国家和地区的客户，既可以与客户进行沟通和交流，又可以发布推广自己的商品。

2. 交易流程简便

卖家无须具备企业外贸资质，无须亲自进行进出口报关，将进出口报关交由物流企业后，卖家进行简单操作即可完成交易。

3. 后台操作简单，适合新手卖家

全球速卖通是阿里巴巴集团系列平台产品之一，后台页面整洁、操作简单，便于新人上手。另外，阿里巴巴搭建了非常优质的社区和客户培训系统，通过社区和阿里巴巴的培训，即使是跨境电商新手也可以快速入门。

4. 侧重于新兴市场

全球速卖通侧重于新兴国家（地区）市场，其 75％ 的海外市场分布在俄罗斯、巴西、美国、西班牙、土耳其等地。

（三）收费标准

1. 技术服务年费

全球速卖通卖家入驻平台须缴纳技术服务年费，各经营大类的技术服务年费有所不同。资费标准参见表《速卖通 2018 年度各类目技术服务费年费及考核一览表》。

2. 交易佣金

全球速卖通采用佣金制度，卖家需要按照销售额的一定比例向平台支付佣金。佣金费率根据不同的产品类别而有所不同，一般在 5％ 到 8％ 之间。交易佣金于卖家的销售额中自动扣除。

3. 广告推广费用

卖家可以通过全球速卖通平台进行广告投放。广告推广费用是根据广告的点击量或展示量计算的，费用由卖家自行设定。

4. 交易手续费

交易手续费是指卖家在全球速卖通平台上进行交易时所需要支付的费用。手续费通常根据购买价和货币种类的不同而不同，一般情况下，手续费为购买价的 0.1％。

5. 存储费用

全球速卖通平台提供的仓储服务需要收取相应的存储费用。当卖家在平台上选择仓储服务并将产品寄存到平台的仓库中时，需要按照一定的规则支付相应的存储费用。

拓展阅读

数字资源 4-1：
《全球速卖通 2018 年度各类目技术服务费年费及考核一览表》

（四）店铺类型

全球速卖通店铺分为官方店、专卖店、专营店三种类型，各店铺类型的特点如表 4-1 所示。卖家可以根据自己拥有或代理品牌的情况按需选择申请店铺类型，不同的店铺类型将享有不同的权益，尤其是品牌官方店，则有机会享受品牌搜索提示和品牌直达专区权益，有利于提高店铺产品的曝光度。店铺类型每30天可修改一次。

表 4-1　全球速卖通店铺类型及其特点

项目	官方店	专卖店	专营店
店铺类型介绍	卖家以自有品牌或由权利人独占性授权（仅商标为 R 且非中文商标）入驻全球速卖通开设的店铺	卖家以自有品牌（商标为 R 或 TM 状态且非中文商标），或者持他人品牌授权文件在全球速卖通开设的店铺	经营 1 个及以上他人或自有品牌（商标为 R 或 TM 状态）商品的店铺
单店铺可申请品牌数量	仅 1 个	仅 1 个	可多个
平台允许的店铺数	同一品牌（商标）仅1 个	同一品牌（商标）可多个	同一品牌（商标）可多个
店铺名称	"品牌名＋official store（默认店铺名称）"或"品牌名＋自定义内容＋official store"	品牌名＋自定义内容＋store	自定义内容＋store
二级域名	品牌名（默认二级域名）或"品牌名＋自定义内容"	品牌名＋自定义内容	自定义内容

（五）入驻要求

（1）全球速卖通仅允许卖家以企业身份开店，须通过企业支付宝账号或企业法人支付宝账号在全球速卖通完成企业身份认证。

（2）卖家若拥有或代理品牌，可根据品牌资质，选择经营品牌官方店、专卖店或专营店。部分类目必须拥有商标才可经营。

（3）卖家须缴纳技术服务年费，各经营大类的技术服务年费有所不同。经营到自然年年底，拥有良好的服务质量及不断壮大经营规模的优质店铺都将有机会获得年费返还奖励。

拓展阅读

数字资源4-2：
　全球速卖通入驻流程

📈 二、亚马逊

（一）平台简介

亚马逊（Amazon）创建于1994年，是美国较大的电商公司之一，并且是世界上较早开展电商业务的公司之一。亚马逊最初只经营书籍的网上销售业务，其现在的经营业务范围则相当广泛。亚马逊不仅是全球商品品种较多的网上零售商之一，还曾是全球第二大互联网企业。亚马逊及其销售商为客户提供数百万种独特的全新、翻新及二手商品，如图书、影视产品、音乐产品、数码产品、家居园艺类产品、婴幼儿用品、食品、服饰、珠宝、营养品、个人护理用品、体育用品、玩具、汽车及其他工业产品等。截至2025年初，亚马逊已向中国卖家于放20个海外站点，能将商品配送至全球200多个国家和地区，链接数亿活跃用户及500多万个的企业机构买家，并且每个站点都各具潜力。在开拓初期，中国卖家需要选定目标站点，明确自己的选品和成本，做好万全的前期准备。亚马逊美国站首页如图4-2所示。

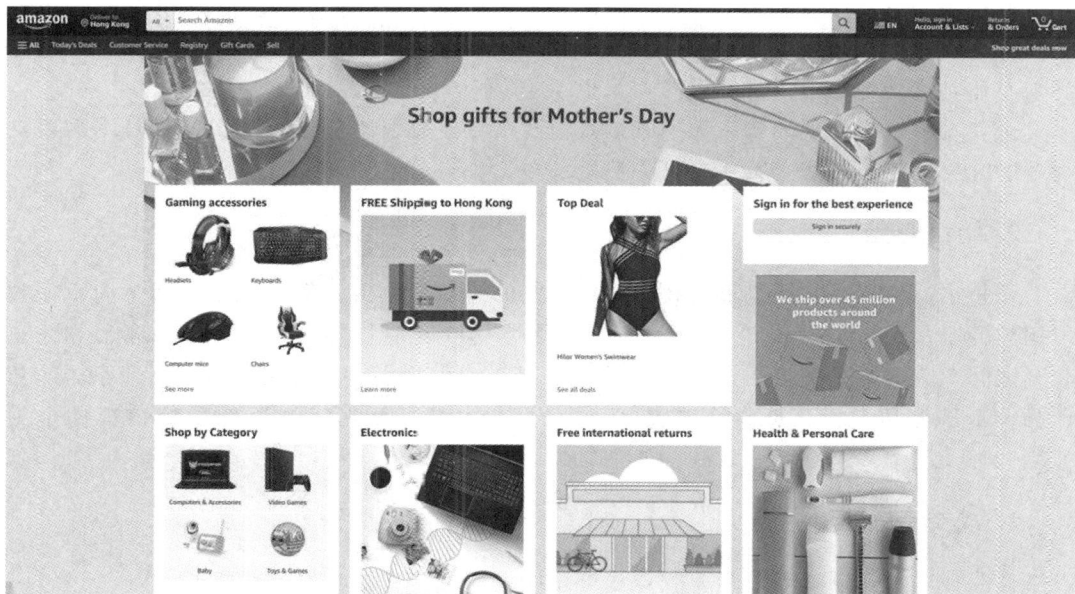

图4-2　亚马逊美国站首页

（二）平台特点

1. 品牌和流量优势

亚马逊在很多国家都是非常受欢迎的电商网站，卖家入驻亚马逊平台更容易赢得消费者的信任。在流量方面，截至2023年，亚马逊能将商品配送至200多个国家和地区，全球活跃用户超过3亿，在很多国家，亚马逊的流量排名都相当靠前。

2. 优质客户资源

亚马逊有高质量的 Prime 会员以及亚马逊企业购业务客户资源，目标是为企业及机构客户提供更丰富的选品和便利的采购体验。

3. 服务优势

作为国际性的电商网站，亚马逊为中国卖家提供了全球化的出口跨境电商配套服务以及中国本土化的服务，结合中国卖家的特点和需求助力中国卖家出海。

（三）收费标准

第三方卖家在亚马逊平台售卖商品，需要向平台支付相应的费用。根据站点的不同，亚马逊的收费标准也有所不同。以美国站为例，亚马逊的费用包括月租费、销售佣金、成交手续费、运费及广告费用等。

1. 月租费

亚马逊为第三方卖家提供两种销售计划，即专业卖家（professional sellers）销售计划和个人卖家（individual sellers）销售计划。若计划每月销售超过 40 种物品，可选择参与专业卖家计划；若每月销售的物品少于 40 种，可选择参与个人卖家计划。

个人卖家销售计划的卖家无须缴纳月租费，专业卖家销售计划的卖家每月则需要支付 39.99 美元的月租费（第一个月免费）。

2. 销售佣金

每售出一件商品，亚马逊会按照销售金额的一定比例或一笔最低销售佣金向卖家收取销售佣金，两者取其高进行收费。不同品类收取的销售佣金率不同，一般在 3%～45% 之间，大多数品类为 15%，比如箱包、鞋靴、太阳镜、办公用品、图书、家居园艺产品、厨具等品类，其佣金率都是 15%。不同品类商品规定的每件最低销售佣金为 0.3～2 美元。

3. 成交手续费

商品成功售出后，亚马逊将收取成交手续费。成交费的收费标准如下。
（1）专业卖家：无须支付。
（2）个人卖家：每件商品 0.99 美元。

4. 运费

关于配送运费，卖家可以选择使用亚马逊物流（FBA）服务或自己配送商品，这将会产生不同的物流成本。对于使用 FBA 服务的卖家来说，则需要按照 FBA 的相关标准来支付费用。

知识拓展

亚马逊物流

亚马逊物流全称为 fulfillment by Amazon（FBA），是指卖家将商品批量发送至亚马逊运营中心之后，由亚马逊负责帮助卖家存储商品，当商品售出后，由亚马逊完成订单分拣、包装和配送，并为这些商品提供买家咨询、退货等客户服务，帮助卖家节省人力、物力和财力。对于中国卖家而言，可将商品配送至海外亚马逊仓库，并由亚马逊完成后续配送及售后服务。

FBA 服务的基本费用由仓储费和配送费组成，同时还提供多种可选付费增值服务，帮助卖家减轻运营压力。

5. 广告费用

广告费用包括站内推广费用和站外推广费用。站内推广形式包括发放优惠券、发放广告、参加平台活动等；站外推广形式包括找"网红"合作、deal（促销）网站推广等。

（四）卖家账户类型

在亚马逊平台上，卖家账户主要分为三大类型，即亚马逊供应商平台（Amazon vendor central，简称 VC）账户、亚马逊卖家平台（Amazon seller central，简称 SC）账户，以及亚马逊商业卖家（Amazon business seller，简称 AB）账户。其中，亚马逊商业卖家账户也可以理解为亚马逊卖家平台账户的升级版。

1. 亚马逊供应商平台账户

亚马逊供应商平台账户是亚马逊为拥有品牌的制造商和分销商创建的，卖家需要收到亚马逊的邀请后方可入驻。

在亚马逊供应商平台账户上，卖家主要承担供应商的角色，而亚马逊就是卖家的经销商。卖家将商品直接销售给亚马逊，亚马逊购买和存储卖家的商品，并负责商品的定价、运送、退货和客户服务等。商品在亚马逊金牌服务中自动注册，并显示为"亚马逊销售"（sold by Amazon）。目前，亚马逊的自营商品大多来自亚马逊供应商平台账户。亚马逊供应商平台账户的特点如表 4-2 所示。

表 4-2　亚马逊供应商平台账户的特点

特点	具体表现
入驻方式	亚马逊供应商平台相对来说比较封闭，基本是邀请入驻制。如果没有获得亚马逊的邀请，是不能申请入驻的，但亚马逊供应商平台在商品上传数量上没有限制，且全面支持"A+"页面

特点	具体表现
商品定价	商品页面由亚马逊设计，亚马逊会通过其自动化系统为卖家的商品制定价格，所以在第三方销售平台上的商品价格可能低于卖家自己的定价。卖家的利润在一定程度上会有所减少，这是因为卖家的销售是与中间人（亚马逊）进行的，而不是直接面向终端客户
推广工具	卖家可以访问亚马逊营销服务（Amazon marketing services，AMS），这项服务为卖家提供了许多功能，如赞助商品广告服务、标题搜索广告、商品展示广告等，帮助卖家进行商品推广宣传。在亚马逊供应商平台上，卖家还可以获得季节性礼品指南、闪电交易、A界面、品牌商店等服务
物流系统	亚马逊负责库存和订单处理，物流部分相对简化。第三方销售平台每周都会提供批量订单，然后交付给亚马逊分销中心，这意味着卖家不需要处理每个客户的订单。同时，卖家也不能用发到亚马逊的库存来处理来自其他第三方销售渠道的订单
客服	卖家使用亚马逊供应商平台时，亚马逊会负责所有客户服务，以及涉及欺诈等的问题

2. 亚马逊卖家平台账户

亚马逊卖家平台账户是指零售商作为第三方卖家在亚马逊上销售商品，亚马逊在这里是第三方平台，这属于B2C模式。对于中国商品而言，亚马逊卖家平台账户有"自注册"和"全球开店"两种入驻方式。

注册为亚马逊卖家平台账户后，卖家不仅可以为商品定价，而且可以随时调整商品价格，还可以使用亚马逊的赞助商品广告服务。卖家需要管理库存，可以选择渠道进行分配，也可以使用FBA服务。

在亚马逊卖家平台账户中，卖家在商品定价上享有更多的自主权，而且可以更好地管理库存，访问后台"帮助中心"，在商品页面上添加信息时也非常方便。然而，卖家在销售时可以使用的促销工具较少，若卖家不选择FBA服务，则需要自己处理所有的物流问题，包括库存、运输、退货等。

亚马逊供应商平台账户与亚马逊卖家平台账户的对比如表4-3所示。

表4-3　亚马逊供应商平台账户与亚马逊卖家平台账户的对比

项目	亚马逊供应商平台账户	亚马逊卖家平台账户
申请方式	由亚马逊邀请	自注册（通过官网链接直接注册）、全球开店（通过招商经历渠道注册）
账户类型	亚马逊供货商	第三方经营卖家
卖家名称显示	亚马逊	卖家店铺名称
广告位	AMS广告位，亚马逊所有广告位	卖家广告位

项目	亚马逊供应商平台账户	亚马逊卖家平台账户
商品售价	由亚马逊决定	由卖家决定
物流选择	FBA	自发货、FBA
开店收费	2%佣金，4%～10%弹性成本，3%～15%市场开发费用，2%～3%物流损耗费用，1%～2%商品损耗费用	8%～20%品类费用，专业计划卖家店铺月租费用
结款时间	30～90 天	14 天

3. 亚马逊商业卖家账户

亚马逊于 2015 年发布了亚马逊企业购计划，面向企业及机构买家提供一站式商业采购站点。在亚马逊注册专业销售账户的卖家可通过卖家平台轻松添加亚马逊企业购功能，成为亚马逊商业卖家账户。卖家在亚马逊企业购开店，可以使用亚马逊商城的专属定价，多样选择，实现便捷地接触 B2B 买家。

亚马逊企业购计划可为卖家提供相关功能，提高卖家在亚马逊企业购上的销量。这些功能包括：

① 能够提供仅供企业买家购买的商品；

② 变更搜索内容，更轻松地找到卖家的商品；

③ 简化大批量商品购买流程的定价和付款功能；

④ 从参加亚马逊税务豁免计划的卖家处购买符合条件的商品将自动免税；

⑤ 申请质量、多样性和所有权资格认证，以便让卖家的企业脱颖而出，吸引更多企业买家；

⑥ 分级销售佣金，大批量采购可享受优惠；

⑦ 可上传图文版商品文件，如 CAD 图纸、用户指南等。

（五）卖家销售计划类型

亚马逊第三方卖家可以选择专业卖家销售计划和个人卖家销售计划两种开店模式，这两种计划的主要区别体现在费用结构和功能使用权限上。以美国市场为例，个人卖家销售计划账户没有月租费，但需要支付交易佣金，而专业卖家销售计划账户则需要支付月度的订阅费。个人卖家销售计划与专业卖家销售计划的主要区别如表 4-4 所示。

表 4-4　个人卖家销售计划与专业卖家销售计划的主要区别

主要区别	个人卖家销售计划	专业卖家销售计划
销售数量限制	可以上传少于 40 件的商品	可以上传超过 40 件的商品
批量操作	无	有
订单数据报告	无	有

主要区别	个人卖家销售计划	专业卖家销售计划
是否有机会获得黄金购物车	无	有
创建促销等其他商品细节服务	无	有
费用	零月租费＋ 每件商品 0.99 美元＋ 其他费用	39.99 美元月租费＋其他费用

拓展阅读

数字资源 4-3：
　　亚马逊卖家注册指导（卖家自注册）

三、eBay

（一）平台简介

eBay，又被称为易贝、电子湾等，是一个成立于 1995 年的跨境电商平台，目前在全球拥有 37 个独立站点及门户网站，覆盖中国、美国、英国、法国等 200 多个国家和地区，截至 2024 年，eBay 的活跃用户数维持在 1.3 亿左右，支持全球 20 多种语言。eBay 平台的运作模式类似于国内的淘宝 C 店，主要针对个人及中小型企业卖家，以 B2C 垂直销售模式为主。eBay 平台首页如图 4-3 所示。

（二）平台特点

1. 配置专业客服

对于卖家来说，eBay 平台配置了专业的客服，卖家可采取电话联系或者网络会话的形式与平台进行沟通交流。

2. 低门槛

相较于在亚马逊平台开店，卖家在 eBay 平台开店的门槛较低。

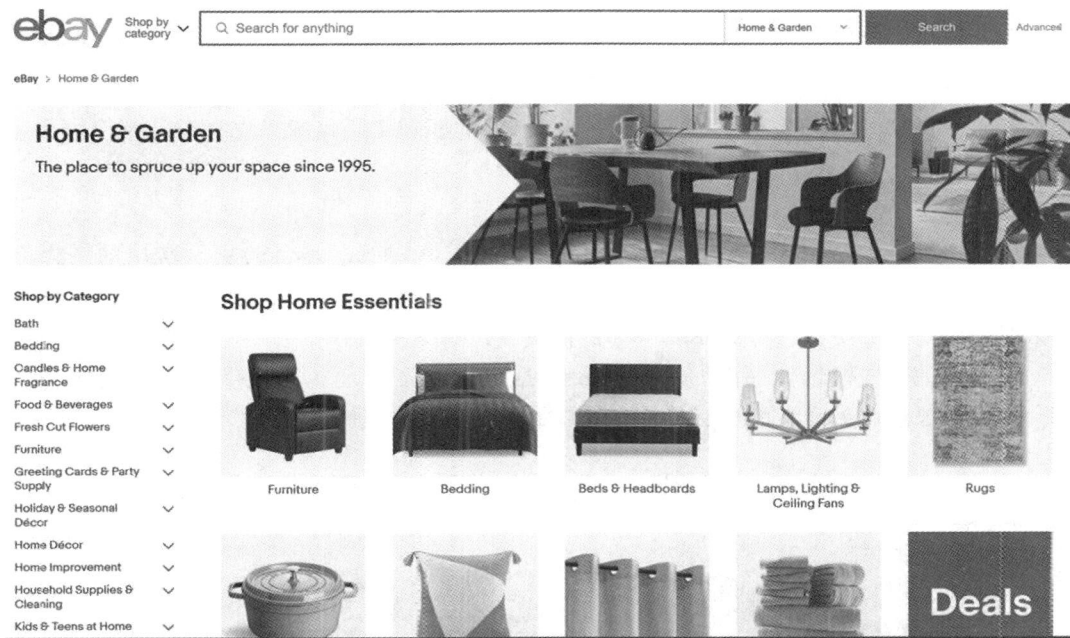

图 4-3　eBay 平台首页

3. 定价方式多样

eBay 平台有多种定价方式，包括无底价竞标、有底价竞标、定价出售、一口价成交等。

（三）卖家账号类型

eBay 平台上的卖家账号分为个人账号和企业账号，个人账号是以个人的名义注册账号，而企业账号则是以公司的名义注册账号，卖家可以根据自身需要注册适合自己的账号。如果卖家只是出售个人物品，或者售卖商品的数量很少，可以选择注册个人账号；如果卖家想要全身心运营 eBay 店铺，销售大量商品，可以选择注册企业账号。

卖家注册个人账号后，可以将其升级为企业账号。

拓展阅读

数字资源 4-4：
eBay 个人卖家账号注册流程

（四）卖家销售方式

eBay 平台为卖家提供了三种销售商品的方式，即拍卖销售方式、一口价销售方式和"拍卖＋一口价"销售方式。卖家可以根据自己的需要和实际情况来选择商品销售方式。

1. 拍卖销售方式

拍卖即通过竞拍的方式销售商品，价高者得，这是 eBay 平台的卖家常用的销售方式。卖家通过设置商品的起拍价格和在线时间对商品进行拍卖，商品下线时出价最高的买家就是该商品的中标者，商品以中标价格卖出。

采取这种方式销售商品时，卖家需要根据自己设定的起拍价缴纳一定比例的刊登费。此外，根据商品最后的成交价格还需要缴纳一定比例的成交费（见图 4-4）。

图 4-4　eBay 平台拍卖销售方式

（1）拍卖销售方式的优势。

为商品设置较低的起拍价，能够更好地激发出买家踊跃竞拍的兴趣，通过连番竞拍也可以为卖家带来不错的利润。此外，拍卖的销售方式还可以增加商品的搜索权重，在商品的搜索排序中，即将结束拍卖的商品可以在"即将结束/ending soonest"的商品搜索排序中获得较靠前的排名。

（2）适宜卖家选择拍卖销售方式的情况。

遇到下列情况时，卖家可选择拍卖销售方式来销售商品。

① 卖家自己无法确定商品确切的价值，但又希望快速售出商品，可以采取拍卖销售方式借助 eBay 市场决定商品的价格。

② 所售的商品非常独特、平时难以买到，能够引起买家的竞争。

③ 目前正在使用拍卖刊登方式，并且有着较高的成交率（商品通常在刊登后就能售出）。

④ 在 eBay 平台上销售商品，但没有最近成交的情况下，可以借助拍卖销售方式使商品按照"即将结束/ending soonest"的排序提高商品搜索排名。

2. 一口价销售方式

一口价销售方式就是以定价的方式来销售商品，这种销售方式能够方便买家非常快捷地购得商品（见图 4-5）。

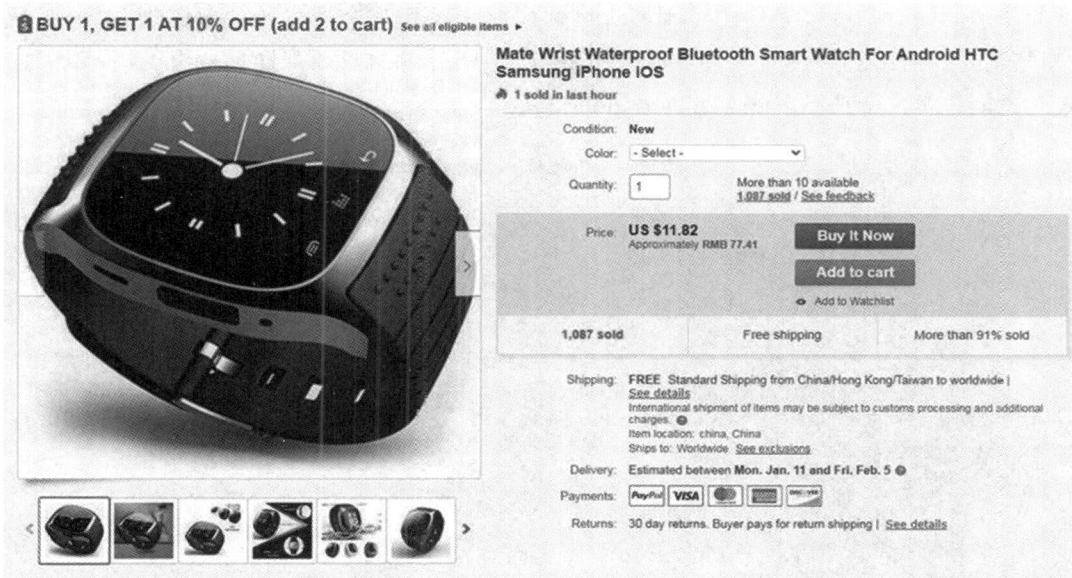

图 4-5　eBay 平台一口价销售方式

（1）一口价销售方式的优势。

采取一口价的销售方式可以享受很多优惠，具体表现在以下几点。

① 成交费用低。采用一口价销售方式，卖家可根据自己设定的商品价格支付刊登费，商品成交后只需缴纳较低比例的成交费。

② 商品充分展现。采用一口价销售方式，卖家可设置商品的在线时间最长达 30 天，能够让商品得到充分展示。

③ 有议价功能。采用一口价销售方式可以免费为销售的商品设置议价功能，若商品最后成交的价格为议价后的价格，按照成交额支付一定的成交费即可。

④ 一次性刊登。商品数量较多时可采用"多数量商品刊登"的方式，一次性完成全部商品的销售刊登，操作简单、便捷。

⑤ 操作省时省力。以一口价销售方式刊登 eBay 店铺中热卖的库存商品，还可以使用预设的商品描述和商品说明，大大节省了卖家的刊登时间，也简化了卖家的刊登工序。

（2）适宜卖家选择一口价销售方式的情况。

遇到下列情况时，卖家可以选择一口价销售方式销售商品。

① 卖家非常清楚所售商品的价值，或者对商品的价值有清晰的预估，希望从商品上获得相应的价值。

② 卖家希望自己销售的商品能获得更长时间的展示，以供买家选择和购买。

③ 卖家所要销售的商品有多个，而且可以整合到一次刊登中。

④ 卖家销售的商品有大量库存，且希望尽量减少刊登费。

3. "拍卖＋一口价"的销售方式

"拍卖＋一口价"的销售方式就是卖家在销售商品时选择拍卖销售方式，在设置最低起拍价的同时，再根据自己对商品价值的评判来设置一个满意的"保底价"，也就是一口价。这种方式能够综合拍卖和一口价的优势，让买家根据自身需要灵活选择购买方式，也能为卖家带来更多的商机（见图 4-6）。

图 4-6　eBay 平台"拍卖＋一口价"销售方式

卖家遇到下列情况时，可以考虑选择"拍卖＋一口价"的销售方式来销售商品。

① 所销售的商品种类较多，想尽可能地吸引更多不同需求的买家。

② 希望提升销量，增加买家对库存商品的需求，通过"拍卖＋一口价"的方式让更多买家了解自己的店铺和其他销售商品。

（五）平台收费标准

eBay 平台会根据卖家的使用情况收取相应的费用，站点不同，费用构成也有所不同。下面以 eBay 美国站点为例，详细讲解 eBay 平台的收费标准。

1. 非店铺卖家收费标准

非店铺卖家是指只在 eBay 美国站点刊登商品进行销售，而没有在站点开设店铺的卖家。eBay 美国站点会向非店铺卖家收取两种类型的基础费用：一种是卖家创建的商品刊登时收取的刊登费；另一种是商品售出时收取的成交费。

（1）刊登费。

卖家在 eBay 平台上刊登商品时，eBay 平台会向卖家收取刊登费。刊登费是根据产品的售价、刊登形式、卖家刊登商品时选择的商品分类、卖家刊登商品是否使用升级功能以及卖家的账号表现来决定。

卖家每月最多有 250 条免费的刊登条数，卖家只需要为超出的商品刊登条数支付刊登费。超出了免费的刊登条数后，卖家需要额外支付刊登费，以 eBay 美国站点为例，每条刊登费用 0.05～0.3 美元不等，具体费用按照是否订阅店铺以及店铺等级而有差别。

（2）成交费。

当卖家的商品售出时，eBay 平台会向卖家收取成交费（final value fee）。成交费是按照商品销售总额（即买家支付的金额）缴纳一定比例的金额，再加上每笔订单 0.3 美元的固定费用来计算的。销售总额包括物品价格、任何处理费、买家选择的运送服务费、销售税以及任何其他适用的费用等。

📇 拓展阅读

数字资源 4-5
　eBay 基础费用明细

2. 店铺卖家收费标准

店铺卖家是指在 eBay 平台上订购 eBay 店铺的卖家。在 eBay 美国站点，店铺卖家需要缴纳店铺订购费，其他费用结构则与非店铺卖家相同，主要包括刊登费和成交费。如果卖家在刊登商品时使用了特色功能，还需要缴纳商品刊登特色功能费。

在 eBay 美国站点，卖家所订购的店铺类型不同，每月需要支付的店铺订购费也有所不同，店铺附带的福利也有差异，具体收费标准如表 4-5 所示。卖家在首次订购时，可以选择每月或每年自动续订，无论选择哪种续订形式，eBay 都会按月收取店铺订购费。

表 4-5　eBay 美国站点店铺订购费收费标准

店铺类型	每月店铺订购费（美元）	
	每月续订	每年续订
初级（starter）	7.95	4.95
基础（basic）	27.95	21.95
精选（premium）	74.95	59.95
超级（anchor）	349.95	299.95
企业（enterprise）	目前无法使用	2999.95

在 eBay 平台上订购 eBay 店铺，主要包括以下好处。

① 拥有可自定义的在线店铺，可以通过 news letter、优惠券、打折促销等市场营销活动展示品牌并建立客户忠诚度。

② 每月更多的商品免费刊登条数，降低前期成本。

③ 降低成交费率，与非店铺卖家的费率相比，店铺卖家的成交费用最多可节省 50%。

知识拓展

订阅不同级别的店铺附带的福利有一定的差异，具体可见表 4-6。

表 4-6　订阅不同级别的店铺的福利差异

		starter	basic	premium	anchor	enterprise
price	yearly subscription	S 4.95	$ 21.95	$ 59.95	$ 299.95	$ 2999.95
	monthly subscription	$ 7.95	$ 27.95	$ 74.95	$ 349.95	—
fee	free fixed price insertions	250/mo	350/mo	1000/mo	10000/mo	100000/mo
	free auctions in collectibles and fashion	250/mo	250/mo	500/mo	1000/mo	2500/mo
	additional fixed price insertion	$ 0.30	$ 0.25	$ 0.10	$ 0.05	$ 0.05

		starter	basic	premium	anchor	enterprise
fee	additional auction insertion	$0.30	$0.25	$0.15	$0.10	$0.10
	final value fee cap	$750.00	$350.00	$350.00	$250.00	$250.00
	final value fee	2%~12.20%	1.5%~12.20%	1.5%~12.20%	1.5%~12.20%	1.5%~12.20%
benefits	insertion fee credits for auction-style items that sell		√	√	√	√
	promotions manager	√	√	√	√	√
	markdown manager	√	√	√	√	√
	subscriber discounts	√	√	√	√	√
	store home page	√	√	√	√	√
	link to eBay store on listings	√	√	√	√	√
	selling manager pro			√	√	√
	terapeak sourcing insights		√	√	√	√

四、Wish

（一）平台简介

Wish 是一个专注于移动购物的跨境电商 B2C 平台，由工程师 Peter Szulczewski 和 Danny Zhang 于 2011 年在美国创立。Wish 平台根据用户喜好，通过精确的算法推荐技术，将商品信息推送给对其感兴趣的用户。Wish 平台主张以亲民的价格给消费者提供优质的产品。

Wish 平台的销售类目包括服饰、3C 配件、母婴、家居等。卖家在选择经营类目时可考虑即将被拓展的类目，可避免激烈竞争，为自己赢取更多的机会。在选品时卖家需要注意，因为 Wish 的技术判断在同一个页面或同一个推送下基本不出现重复或相似度高的产品，所以卖家在选择所销售的商品时需要尽量考虑到差异化。

（二）平台特点

1. 独特的智能推荐算法

Wish 是一款根据用户喜好，通过精确的算法推荐技术，将商品信息推送给感兴趣用户的移动购物 App。Wish 平台会根据买家在注册时填写的基本信息，以及买家后续的浏览、购买行为，为买家贴上标签，并且会根据买家的行为不断地更新标签，以多维度的标签推算买家可能感兴趣的商品，选择相应的商品信息以瀑布流的形式推送给买家，从而促成交易。Wish 平台依靠独特的智能推荐算法，将卖家的商品精准地推送到有需求的买家面前，节省了买家搜索、浏览网站的时间，方便、省时，符合大众的消费习惯。在一定程度上，Wish 平台可以给每个商品公平匹配的流量导入，卖家不再依赖广告和低价引流，给初创业者以新的机会。

2. 以瀑布流的形式展示商品

基于移动端的特性，Wish 平台在商品展示上与其他跨境电商平台有很大的区别。Wish 平台采取了瀑布流的形式展示商品，商品图片能够不断地自动加载到页面底端，买家在 Wish 平台上浏览商品时无须翻页，就能不断地看到新的商品图片。

3. 对商品图片质量要求较高

Wish 平台并不十分看重关于商品的描述，而更加看重对商品的展示，对商品图片的质量要求较高，因此卖家在 Wish 平台上销售商品时要注重对商品图片的展示。

（三）收费标准

卖家在 Wish 平台上开店销售商品需要支付相应的费用。Wish 平台的费用主要包括以下几项。

1. 店铺预缴注册费

卖家在 Wish 平台上新注册的店铺需要缴纳 2000 美元的店铺预缴注册费。如果卖家选择关闭账户，或者卖家的账户在注册过程中被关闭，卖家可以要求 Wish 平台退回店铺预缴注册费。如果卖家在运营过程中出现严重违规的情况，其账户会被暂停，店铺预缴注册费将会被扣除且不予退还。

2．平台佣金

商品售出后，Wish 平台将从每笔交易中按一定的百分比收取佣金，即平台在卖家卖出商品之后收取这件商品收入（售价＋邮费）的 15％作为佣金。

3．其他费用

Wish 平台的其他费用主要包括提现手续费、广告费用、物流运费、平台罚款等。例如，卖家如果使用 Wish 物流项目（fulfillment by Wish，FBW）、产品推广（product boost）等，均须支付相应的费用。

拓展阅读

数字资源 4-6
Wish 店铺入驻流程

五、Shopee

（一）平台简介

Shopee 成立于 2015 年，业务覆盖了新加坡、马来西亚、菲律宾、泰国、越南、巴西、墨西哥、哥伦比亚、智利等十余个市场，同时在中国深圳、上海和香港等地区设立了跨境业务办公室。母公司 Sea 成立于 2009 年，为首间于纽交所上市的东南亚互联网企业。2024 年 Shopee 总订单量达 209 亿，同比增长 33％，增势强劲。根据权威移动数据分析平台 data.ai 报道，Shopee 在 2022 年度全球购物类 App 中，平均月活跃用户数增速位居前三，并囊括东南亚及巴西市场的购物类 App 平均月活跃用户数增速第一。同时，Shopee 品牌影响力广泛，入榜 2024 年 Kanta BrandZ 东南亚最具价值零售品牌第一。Shopee 马来西亚站点如图 4-7 所示。

（二）平台特点

1．专注于移动端

Shopee 专注于移动端，是顺应了东南亚地区电商移动化的发展趋势。

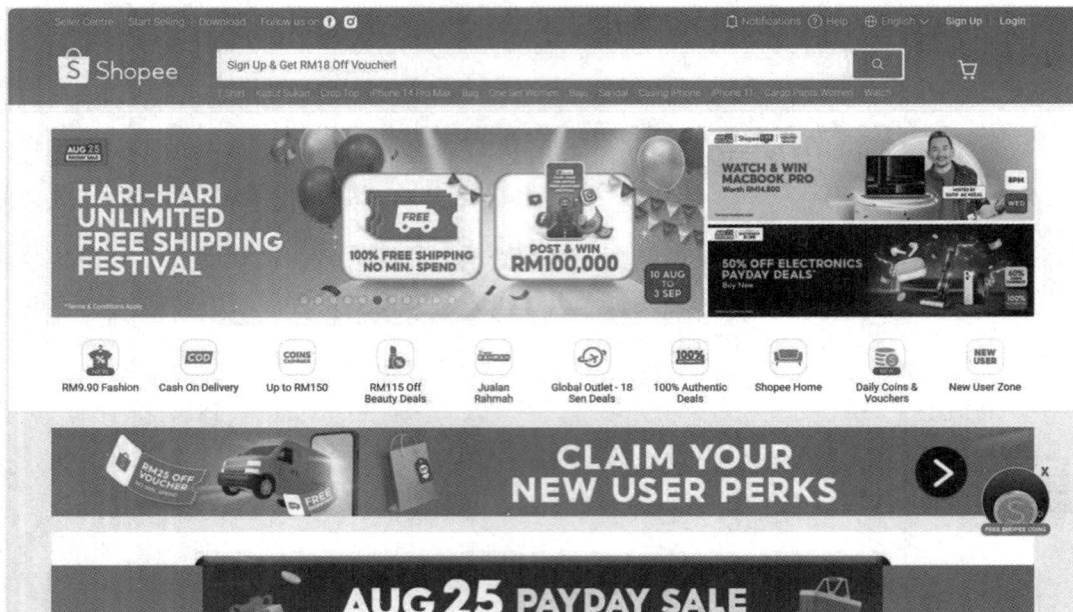

图 4-7　Shopee 马来西亚站点

2. 市场前景广阔

东南亚市场是 Shopee 的主要市场之一，东南亚市场人口基数大，具有较大的人口红利。同时，随着互联网技术的发展和智能手机在东南亚地区的普及，人们对网购的需求和理解日益加深，这为 Shopee 带来了庞大的用户基础。

3. 具有高度的社交性

Shopee 具有很强的社交性质，其中的即时聊天功能能够让买卖双方及时沟通，不仅能为买家提供更好的服务体验，还能有效帮助卖家提高店铺转化率，降低退单率和纠纷率，提高重复购买率。

此外，Shopee 还具有社交分享功能，卖家和买家可以将商品分享在各种社交媒体平台上，以扩大商品的传播范围。Shopee 设有"关注"功能，买家可以在 Shopee 上关注自己喜欢的卖家，及时了解到卖家更新的商品和最新推出的优惠活动。

（三）招商标准

Shopee 将入驻平台的卖家分为跨境电商卖家、内贸电商卖家、无电商经验卖家三种类型，卖家可根据自身的电商平台销售经验选择以不同类型的卖家身份入驻 Shopee 平台。

1. 跨境电商卖家

跨境电商卖家是指在其他跨境电商平台上已经开设了自己的店铺，具有一定跨境经验的卖家。这类卖家入驻 Shopee 平台须满足以下条件。

① 拥有中国内地或香港注册的合法企业营业执照或个体工商户营业执照。

② 经营的产品须符合当地出口要求及目标市场的进口要求，如 3C 电子产品须具备 CCC 认证等。

③ 具有一定跨境电商经验及所经营店铺的产品数量达 100 款以上。Shopee 平台要求入驻卖家提供目前正在经营的跨境电商平台店铺链接及近 3 个月的流水证明。跨境电商平台包括目前主流的欧美、东南亚、拉美等地的跨境电商平台。

2. 内贸电商卖家

内贸电商卖家是指拥有国内电商平台开店经验的卖家。这类卖家入驻 Shopee 平台须满足以下条件。

① 须拥有中国内地或香港注册的合法企业营业执照或个体工商户营业执照。

② 主营产品符合当地出口要求及目标市场的进口要求，如 3C 电子产品须具备 CCC 认证等。

③ 须有一定的内贸电商经验及所经营店铺的产品数量达 50 款以上。Shopee 平台要求入驻卖家提供目前正在经营的内贸电商平台店铺链接及近 3 个月的流水证明。内贸电商平台包括目前主流的内贸电商平台，如天猫商城、京东等，新兴的社交电商、直播电商平台暂时不支持入驻。

3. 无电商经验卖家

无电商经验卖家是指没有其他任何电商平台开店经验的卖家。Shopee 平台要求此类入驻卖家须拥有中国内地或香港注册的合法企业营业执照，持个体工商户营业执照的无经验卖家暂不支持入驻。Shopee 平台对于无电商平台运营经验的卖家，如传统外贸类型卖家、传统内贸类型卖家，或其他具备产业带优势的无经验电商卖家，可免内、外贸电商店铺流水入驻平台。

（四）收费标准

1. 卖家保证金

入驻 Shopee 平台目前免年费、免服务费，但在开店后需要缴纳 3000 元人民币作为卖家保证金以获得销售权。卖家保证金将在卖家确认退店后退还至原账户。

2. 产品类目佣金

佣金是 Shopee 平台向卖家收取的费用。佣金会从单笔订单的支付金额中扣除。佣金计算方式为：佣金＝订单金额（不包括买家支付运费）×佣金费率。

为了激励卖家提高订单量，Shopee 平台依据卖家每个月的订单表现，调节下一月的佣金费率。依据卖家上个月的订单表现，Shopee 平台会根据订单总额将其划分为 3 个等级，订单总额达到一定标准后，卖家将享有更低的佣金费率。每一个等级对应的佣金费率将适用下个月 16 号开始后的一个月。佣金费率的计算规则如表 4-7 所示。

表 4-7　Shopee 平台佣金费率

	等级	上月已完成订单总金额（不含订单运费）	费率（适用于所有站点）
佣金费率	1 级	≥100 万美元	5%
	2 级	≥50 万美元	5.5%
	3 级	<50 万美元	6%

示例：卖家 A 在 2020 年 12 月 1 号至 2020 年 12 月 31 日已完成订单总额为 120 万美元，则 2021 年 1 月 16 日至 2021 年 2 月 15 日的佣金费率为 5%。

知识拓展

Shopee 平台新卖家免佣政策

为了鼓励卖家入驻 Shopee，卖家在平台首次开店后的前三个月内，Shopee 将免收该卖家的佣金。免佣期从卖家在平台开设首个店铺的日期开始计算，为期 3 个月。

示例：卖家 B 于 2023 年 1 月 1 日在 Shopee 马来西亚站点开设了第一家店铺，那么该卖家在马来西亚站点和其他站点的所有店铺将于 2023 年 4 月 1 日开始被收取佣金。

3. 交易手续费

交易手续费是支付给交易结算服务商的手续费，包括通过银行转账以及用储蓄卡、银行信用卡和 Shopee 币支付等方式。交易手续费的计算方法为：交易手续费＝订单总支付（使用优惠券或 Shopee 币后，包含买家支付运费的金额）× 交易手续费率。例如，卖家完成了一笔 100 美元的订单，交易手续费率为 2%，这笔交易手续费就为：100×2%＝2 美元。在结算单笔订单的支付金额时，交易手续费会从支付金额中扣除。

4. 服务费

服务费是当卖家报名参加各站点活动（如返现活动、免运活动）时，Shopee 平台向卖家附加收取的佣金。服务费的计算方法为：服务费＝订单金额×活动费率。具体的活动费率取决于卖家类别和活动类别。在结算单笔订单的支付金额时，服务费会从支付金额中扣除。

知识拓展

返现活动

返现活动又称 CCB（coin cash back），即用户通过领取返现券，下单后可享受一定比例的 Shopee 币返点。Shopee 币是针对买家的一种奖励，可在未来的订单中抵扣金额。

免运活动

免运活动又称 FSP（free shipping program），即平台统一设置门槛的包邮活动。

六、Lazada

（一）平台简介

Lazada 成立于 2012 年，是东南亚地区领先的电子商务平台，其主要在印度尼西亚、马来西亚、菲律宾、新加坡、泰国和越南等国家开展业务，致力于为消费者提供来自东南亚中小企业、当地和国际品牌的丰富多样的产品。Lazada 自 2016 年成为阿里巴巴集团东南亚旗舰电商平台，并得到了阿里巴巴一流的技术基础设施的支持，淘宝平台高质量商家相继入驻，其经营模式逐渐多样化。平台主要经营 3C 电子、家居用品、玩具、时尚服饰、运动器材等产品，SKU（最小存货单位）超过 3 亿个。Lazada 马来西亚站点如图 4-8 所示。

图 4-8　Lazada 马来西亚站点

（二）平台特点

1. 本土化策略

Lazada 深入了解东南亚各国的市场需求和消费者行为，并采取针对性的本土化策略。例如，针对不同国家的语言、货币和支付方式，Lazada均提供了相应的支持，使消费者能够更加便捷地在平台上进行购物。这种本土化策略让Lazada在东南亚市场更具亲和力，吸引了更多的消费者。

2. 社交化营销

Lazada注重社交化营销，通过与社交媒体平台的合作，将商品推广到更广泛的消费者群体中。例如，Lazada与Facebook、Instagram等社交媒体合作，开展社交购物活动，让消费者在互动分享中提高购买意愿。此外，Lazada还通过自己的社交电商平台LazMall，打造线上购物社区，加强消费者之间的互动。

3. 移动端优势

Lazada在移动端的发展优势明显，其移动应用程序在东南亚市场广受欢迎。Lazada针对移动端用户提供了丰富的功能和优惠活动，如移动专属优惠券、手机闪购等，吸引了大量移动端用户。据统计，Lazada超过一半的订单来自移动端，这使得Lazada在移动电商领域占据了绝对的优势。

4. 品牌合作与独家销售

Lazada积极与知名品牌合作，开展独家销售活动。通过与品牌商家的战略合作，Lazada能够提供更具价格优势和高品质的商品，提升了消费者的购买意愿。此外，Lazada还通过定期举办品牌日活动，加强与品牌商家的合作关系，提升品牌和平台的影响力。

5. 消费者保障政策

Lazada重视消费者的权益保障，推出了一系列消费者权益保障政策。例如，Lazada承诺7天无理由退货，为消费者提供售后服务支持，保障消费者的购物体验。此外，Lazada还通过信誉评级制度和商家审核机制，确保商家诚信经营，提高消费者的购物体验。

6. 多元化支付方式

Lazada支持多种支付方式，为消费者提供更加便捷的支付体验。在Lazada平台上，消费者可以选择信用卡、借记卡、支付宝等多种支付方式，满足了不同消费者的支付需求。此外，Lazada还支持货到付款和银行转账等线下支付方式，为消费者提供更多的选择。

（三）店铺类型

Lazada店铺分为三种类型：品牌卖家、通卖家（本土卖家）以及跨境卖家。Lazada店铺类型及入驻要求见表4-8。

表 4-8　Lazada 店铺类型及入驻要求

店铺类型	定义	入驻要求
品牌卖家	Lazada 品牌商城 LazMall 的商家	必须是企业卖家，有企业营业执照；品牌所有者或授权经销商，享有各项 Lazada 商城专属营销活动；享有更高的搜索排序；额外的卖家工具；商品卖出后才需要负担手续费
普通卖家	本土卖家，需要提供本土的手机号、身份证、银行卡等才能开店；Lazada 可以提供完整的行销、系统、资金和物流等健全体系帮助卖家运营。	企业或个人卖家；卖家须自行备货及出货；低成本快速开店
跨境卖家	国内到 Lazada 开店的卖家，为顾客提供来自海外卖家的各式商品。目前面向中国、韩国或者日本等国招商	提供我国营业执照，自有货源且备货在国内；拥得各种卖家工具；商品卖出后才需要负担手续费

（四）收费标准

Lazada 主要收取以下几类费用。

1. 保证金

保证金的金额根据卖家所在地区和经营品类的不同而有所不同。东南亚地区的 Lazada 店铺的保证金通常在几百到几千元人民币不等。若卖家经营结束且无违规行为，保证金将在一定条件下全额退还；若有违规，平台会从保证金中扣除相应金额作为违约金。

2. 平台佣金

平台佣金是 Lazada 主要的收入来源之一。不同类目的商品，其佣金费率不同，一般在 1%～8% 之间。电子产品、家居用品、玩具等品类通常为 5%；时尚、美妆、运动器材等品类为 6%；食品、饮料等品类为 7%；部分特殊品类可能高达 15%。

3. GST 费用

GST 费用是商品与服务税（goods and services tax），是增值税的一种。Lazada 在东南亚地区 6 个国家均有站点，各国的 GST 费率不同，马来西亚为 6%，新加坡为 7%，泰国为 7%，印度尼西亚为 10%，菲律宾为 12%，越南为 10%。

4. 账务处理费

平台针对每笔订单成交总金额统一收取 2% 的收款手续费。

5. 物流运费

平台推荐卖家发货使用官方物流 LGS 全球配送方式。国内运费根据卖家所选物流公司收费标准而定，国际运费按实际重量或体积重量计费（取价高者）。

6. 提现手续费

如果卖家使用 Payoneer 提现，会收取一定的提现手续费，提现手续费费率大约为 1.2%。

7. 广告费用

Lazada 为卖家提供了多种营销工具和服务，如 sponsored products、sponsored brands 等。sponsored products 的平均 CPC（按点击付费）价格在 0.05～0.4 美元之间，而 sponsored brands 的 CPM（按展示计费）价格则在 0.2～2 美元之间。

拓展阅读

数字资源 4-7：
Lazada 入驻开店条件及流程

任务小结

通过本节内容的学习，学生应对全球速卖通、亚马逊、eBay、Wish、Shopee 和 Lazada 这几个主要的跨境电商 B2C 平台有较为详细的了解，能够为企业选择合适的跨境电商平台提供参考依据。

数字资源 4-8：
项目四　任务 1　测验

技能实训

实训任务1：开通全球速卖通平台店铺

【实训目标】

熟悉全球速卖通平台入驻要求，掌握全球速卖通入驻开店流程。

【实训情境】

武汉必凯尔救助用品有限公司通过对比不同跨境电商平台的特性，结合自身业务范围及需求，决定入驻全球速卖通平台，开通一家主营汽车急救用品的品牌官方店。

【实训任务】

登录全球速卖通仿真实训系统，根据提供的武汉必凯尔救助用品有限公司注册认证信息及营业执照等资料，体验全球速卖通入驻开店流程。

实训任务2：开通亚马逊北美站点店铺

【实训目标】

熟悉亚马逊北美站点入驻要求，掌握亚马逊入驻开店流程。

【实训情境】

新时代下正是青年人干事创业的大好舞台，青年是推动党和人民事业发展、国家和民族发展、人类和平与发展的"生力军"，更是国家前进的支柱力量。李林是一名跨境电商专业的在校大学生，通过一年的专业学习后，他树立了成为一名跨境电商领域企业家的奋斗目标。为了实现这一目标，李林决定在亚马逊平台开店创业，通过实际行动培养企业家才能。

【实训任务】

登录亚马逊仿真实训系统，根据提供的资料，开通一家亚马逊北美站点店铺。

任务2 跨境电商B2B平台

任务描述

在政策拉动、市场需求驱动及数字技术进步等多重力量的共同作用下，许多传统外贸企业纷纷开始转向跨境电商B2B业务，通过打开国际市场、拓展销售渠道、提升订单量，为企业创造更多利润。目前国内主流的跨境电商B2B平台主要有阿里巴巴国际站、敦煌网、环球资源网、中国制造网等。了解不同跨境电商B2B平台的特点、服务内容、收费标准、会员体系与入驻条件，有助于企业选取合适的平台，顺利开展跨境电商B2B业务。

任务目标

（1）了解阿里巴巴国际站、敦煌网、环球资源网、中国制造网的平台特点。

（2）掌握阿里巴巴国际站、敦煌网、环球资源网、中国制造网的收费标准。

（3）掌握阿里巴巴国际站、敦煌网、环球资源网、中国制造网的入驻条件。

一、阿里巴巴国际站

（一）平台简介

阿里巴巴国际站是阿里巴巴集团帮助中小型企业拓展国际贸易的出口营销推广平台，是目前全球领先的跨境电商 B2B 平台，服务于全世界数以千万计的采购商和供应商。阿里巴巴国际站专注服务于全球中小型企业，平台买卖双方可以在线更高效地找到适合彼此的合作伙伴，并更快、更安心地达成交易。此外，阿里巴巴国际站外贸综合服务平台提供的一站式通关、退税、物流等服务，让外贸企业在出口流通环节也更加便利和顺畅。

中小型企业通过阿里巴巴国际站贸易平台，向海外买家展示、推广自身的产品，进而获得贸易商机和订单。阿里巴巴国际站首页如图 4-9 所示。

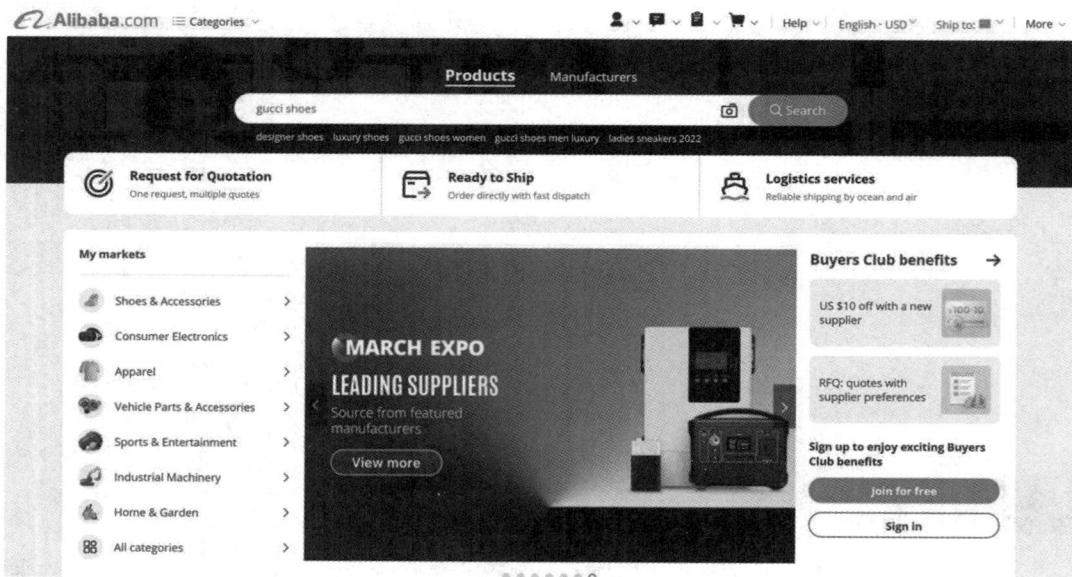

图 4-9　阿里巴巴国际站首页

（二）平台特点

阿里巴巴国际站是出口企业拓展国际贸易的重要平台之一。与其他跨境电商 B2B 平台相比，阿里巴巴国际站具有以下特点。

1. 访问量大，在境外颇具知名度

阿里巴巴国际站成立于 1999 年，是阿里巴巴集团的第一个业务板块，现已成为极具实力的跨境电商平台之一。阿里巴巴国际站平台上的产品品类超过 5900 种，销售范围覆盖全球 200 多个国家和地区。阿里巴巴国际站平台上注册的会员数量超过 1.5 亿，拥有 2000 多万活跃的境外采购商，每天能产生近 30 万笔询盘订单。

近年来，阿里巴巴国际站在境外的知名度进一步上升，经过 20 多年的发展，其已成为阿里巴巴集团的支柱业务之一。

2. 功能完善，服务系统化

阿里巴巴国际站不仅能为卖家提供一站式的店铺装修、商品展示、营销推广、生意洽谈等服务和工具，还能为卖家提供较新的行业发展趋势及交易数据信息，帮助卖家寻找更多的商机。此外，阿里巴巴国际站还为卖家提供了专业、系统的培训，帮助卖家全方位提高运营能力。

3. 大数据优势明显，形成数字化格局

借助阿里云、达摩院等一系列阿里系数字分析工具，阿里巴巴国际站能够为卖家提供客观、详细的行业动态数据分析，帮助卖家实现更加精准的营销。

（三）平台会员体系

阿里巴巴国际站的会员体系主要分为两种，一是出口通，二是金品诚企。这两种会员体系，与国内的电商平台类比，出口通类似于淘宝或者 1688 的诚信通这类平台入门级店铺，金品诚企类似于天猫或者 1688 的超级工厂这类平台高级店铺。

1. 出口通会员

出口通会员（gold supplier）是阿里巴巴国际站推出的基础会员产品，通过面向海外买家展示产品制造能力和企业实力进而获得贸易商机与订单的付费会员服务。出口通会员能够享受到国际站的基础权益，如：不限量的商品发布；多媒体商品表达（包括短视频、店铺直播等权益）；RFQ 报价权益；店铺数据效果分析；专属服务；等等。目前出口通基础会员的年费为 29800 元。

2. 金品诚企会员

金品诚企会员（verified supplier）是经过阿里巴巴国际站平台权威实力验真的优质供应商，通过线上线下结合的方式，平台对商家的企业资质、商品资质、企业能力等全方位实力进行认证验真和实力透传。除享有出口通会员服务，金品诚企会员还将享有专属营销权益和专属营销场景，平台帮助会员企业赢得买家信任，并为其匹配优质买家。目前金品诚企会员的年费为 80000 元。

（四）平台服务内容

阿里巴巴国际站提供的服务内容主要包括以下几种。

1. 商机获取服务

（1）顶级展位。

顶级展位是阿里巴巴国际站为卖家提供的品牌营销工具，旨在帮助卖家提升品牌曝光和产品销量。卖家可通过购买关键词获得展示位置，将商品展示在关键词搜索结果的第一页第一位，顶级展位还带有专属的皇冠标志和"Top sponsored listing"字样，如图 4-10 所示。通过顶级展位，卖家可以将商品和企业信息以视频、文字和图片等富媒体形式全方位地展现在买家面前，顶级展位是展示企业品牌实力的有效推广模式。

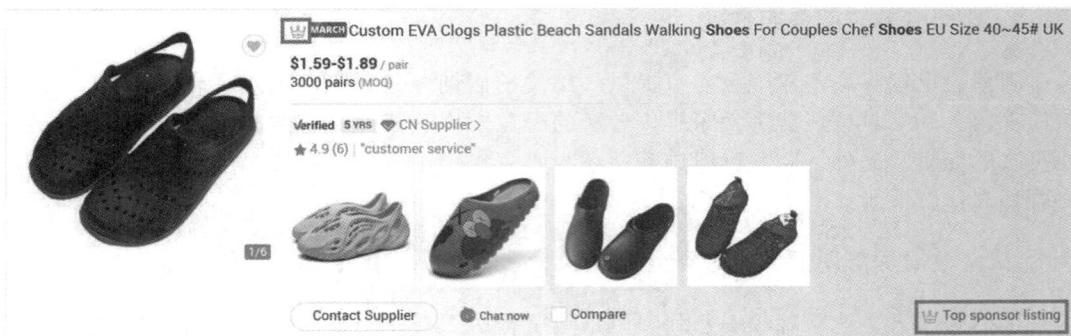

图 4-10　PC 端顶级展位效果

（2）外贸直通车。

外贸直通车（pay for performance，P4P）是阿里巴巴国际站为卖家提供的一种按照效果付费的精准网络营销服务。卖家开通此服务后，其商品信息会在买家搜索或浏览的黄金位置得到推荐。外贸直通车的所有展示都是免费的，只有当买家产生点击时才付费。

（3）明星展播。

明星展播是阿里巴巴国际站为卖家提供的专属展示机会，旨在助力品牌实现海量曝光。阿里巴巴国际站每月面向全网开放 80 个优质展位，卖家可以在营销中心页面自助竞价"搜索结果"首页的焦点展示位，竞价成功后可以在次月获得品牌展示机会。

2. 交易履约服务

在交易履约方面，阿里巴巴国际站为卖家提供了跨境供应链解决方案，保障交易能够安全、可靠地进行。

（1）信用保障服务。

信用保障服务是阿里巴巴根据每个供应商在国际站上的基本信息和贸易交易额等信息，对供应商进行综合评定并给予其一定的信用保障额度，用于帮助供应商向买家提供跨境贸易安全保障的一种服务。

信用保障服务是阿里巴巴在对广大卖家们进行评估后计算出一个担保额度，一旦买卖双方交易过程中在资金、交期或质量等方面出现问题，阿里巴巴将会在额度范围内根据合同约定为卖家背书，给买家保障。平台通过展示卖家的交易等级、交易评价等数据，并结合展示靠前等方式，全方位、多维度地展示享有信用保障服务卖家的综合实力，从而促成订单的快速转化。

信用保障服务是为卖家量身定制的跨境收款解决方案，提供了安全、低成本和高效的收款渠道，轻松收款，从而提升资金周转效率。

（2）外贸综合服务。

外贸综合服务是阿里巴巴国际站通过互联网技术优势为外贸企业提供快捷且低成本的通关、收汇、退税以及配套的外贸融资和国际物流服务。通过电子商务手段，阿里巴巴国际站解决了外贸企业在流通环节的服务难题。

（3）国际物流服务。

阿里巴巴国际站联合菜鸟网络打造了货物运输平台，为卖家提供海运拼箱、海运整柜、国际快递、国际空运、集港拖车、中港运输、中欧铁路和海外仓等跨境货物运输及存储中转服务。

（4）金融服务。

阿里巴巴国际站为卖家提供了包括超级信用证、网商流水贷、备货融资等在内的企业跨境交易一站式金融解决方案（见表4-9），助力卖家提升接单能力、缓解资金压力、加速资金周转效率，获取更多商机和利润。

表 4-9　阿里巴巴国际站为卖家提供的金融解决方案

金融解决方案	简介
超级信用证	一站式服务，专业把控信用证贸易风险，提供信用证资金融通
网商流水贷	阿里巴巴国际站联合网商银行打造的中小企业信用融资，申请流程简单，额度高，利率低，最快 3 分钟即可到账
备货融资	阿里巴巴联合网商银行推出的一款基于信用保障订单的低息短期贷款服务，帮助出口商解决备货期间的生产、采购资金需求，提升企业接单能力

（5）支付结算服务。

阿里巴巴国际站除了为买家提供信用证、承兑交单、付款交单、电汇、西联汇款（Western Union）、速汇金（MoneyGram）等支付方式外，还为买家提供了一种全新的支付方式——Pay Later。目前，Pay Later 已对美国区域的买家开放。买家在使用 Pay Later 支付时，第三方金融机构将直接垫付资金给卖家，买家可获得最长 6 个月的贷款期，卖家可安全快速收款。

3. 业务管理服务

在业务管理服务方面，阿里巴巴国际站为卖家提供了客户通和数据管家两种工具，帮助卖家以数据为驱动提升管理绩效，全面洞察商业先机。

（1）客户通。

客户通是阿里巴巴国际站为卖家打造的专业的客户关系管理工具。该工具通过精准匹配，赋能卖家实现更加有效的客户管理，构建端到端的买卖数据闭环。

（2）数据管家。

数据管家是阿里巴巴国际站为卖家提供的数据化管理工具。该工具通过数据沉淀与分析，为卖家提供关键词分析、商品采购与供应指数变化、买家行为分析等信息，帮助卖家实现数据化运营。

（五）收费标准

1. 会员年费

阿里巴巴国际站的会员年费分两种情况：一是基础会员，即出口通会员，年费为29800元/年，需要法人身份证、营业执照、真实经营地址等；二是高级会员，即金品诚企会员，为80000元/年，需要达到一定实力门槛。

2. 增值服务费用

增值服务费用主要包括针对会员推出的外贸直通车、顶展、问鼎、橱窗等推广费用。

（六）入驻条件

目前，阿里巴巴国际站只接受我国市场监督管理局（原工商局）注册的做实体产品的（包括生产型和贸易型的）企业入驻，暂不接受如物流、检测认证、管理服务等服务型企业入驻。此外，离岸公司和个人也无法入驻。企业类型符合后，阿里巴巴国际站还需要通过实地认证才能确认是否与其进行合作。实地认证需要以下资料。

（1）企业客户提供：企业营业执照信息（包含企业中英文名称、营业执照照片、企业注册地址等）、企业对公账户信息（包含企业对公账户开户行、开户名、对公账号等）、企业经营地址信息（包含企业经营地址及经营场地证明）、认证人信息（包含认证人的姓名、联系方式、身份证号码、职位、部门等）。

（2）客户经理上门采集：客户经理上门拍摄企业客户的办公及生产环境照片，认证信息确认书需要企业客户盖章确认。

二、敦煌网

（一）平台简介

敦煌网（DHGATE）是全球领先的跨境电商 B2B 在线交易服务平台，其致力于为跨境电商产业链上的中小企业提供店铺运营、流量营销、仓储物流、支付金融、客服风控、关检汇税、业务培训等全链路赋能，帮助中国制造对接全球采购，帮助中小企业实现"买全球，卖全球"的梦想。敦煌网自成立以来，已经在品牌、技术、运营、用户四大维度上建立起了难以复制的竞争优势。

截至 2022 年底，敦煌网已拥有 254 万以上累计注册供应商，年均在线产品数量超过3400 万，累计注册买家超过 5960 万，覆盖全球 225 个国家及地区，提供 100 多条物流线路和 10 多个海外仓，在北美洲、拉丁美洲、欧洲等地设有全球业务办事机构。敦煌网的首页见图 4-11。

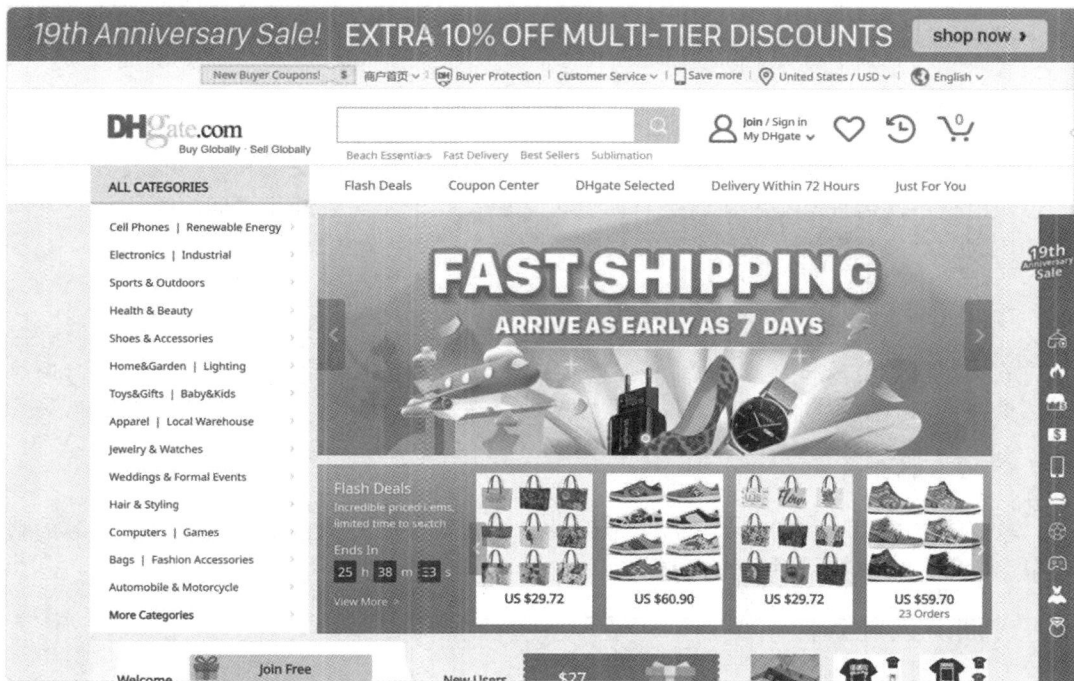

图 4-11 敦煌网首页

（二）平台特点

1. 多元化专业产品矩阵

敦煌网打造了覆盖跨境贸易全链条的产品体系，包含敦煌外贸等交易服务、国际能源代理等产业赋能项目、众筹等创新模式，以及线下运营支持服务，构建起"选品—交易—履约—售后"的完整生态，为用户提供全方位的跨境电商解决方案。

2. 快速的支付体系

敦煌网的支付体系采用了国际先进的技术与资金系统，可以提供更加安全、快速、便捷的支付选项，以满足用户的线上、线下支付需求。

3. 其他服务

敦煌网跨境电商还提供了微信支付咨询、多元渠道推广、平台合作、线上抓取物流信息等服务，为用户提供更加便捷的跨境电商体验。

（三）收费标准

1. 年费

敦煌网采用年费制，每年需要支付一定的店铺租金。店铺租金根据不同店铺等级和主营类目而定，一般在几千元到数万元之间。开店时，卖家需要选择合适的店铺等级和主营类目，以确定店铺租金的具体金额。

2. 保证金

敦煌网要求卖家交纳一定金额的保证金，用于保障交易的安全和顾客权益。保证金的金额根据不同店铺等级和主营类目而定，一般在几千元到数万元之间。当店铺正常运营并达到一定交易额后，保证金可以退还或用于支付店铺租金等费用。

3. 交易手续费

敦煌网对每笔交易收取一定比例的手续费，手续费的具体金额根据店铺类型、商品类别等因素而有所不同。一般来说，敦煌网的交易手续费在1％到5％之间。

4. 增值服务费用

敦煌网还提供一些增值服务，如网站设计、品牌推广、广告投放等。这些服务的费用根据服务内容和执行时间进行收取。

（四）入驻条件

敦煌网目前支持的入驻店铺类型包括大陆企业、香港企业和个体工商户。卖家注册入驻前应先准备以下材料：

① 个体工商户提供个体工商户营业执照，企业提供企业营业执照；
② 公司法人代表身份证照片和法人代表手持身份证的照片；
③ 产品 SKU 数量不低于 100；
④ 未注册过敦煌网的手机号和邮箱。

为了让消费者可以放心购物，同时保证平台内店铺的商品质量和服务水平，敦煌网针对卖家制定了严格的要求，具体如表 4-10 所示。

表 4-10　敦煌网开店要求

开店要求	详细描述
商家资质	个人或企业须提供身份证或营业执照等资质证件，并进行实名认证
商铺品质	商品质量和服务水平必须符合敦煌网的要求；商品质量必须优良、符合国家质量标准，不含有危害公共安全和健康的物品
店铺规模	店铺所经营的产品种类和质量应当符合敦煌网的要求，必须达到一定规模，并具有一定的市场竞争力

三、环球资源网

（一）平台简介

环球资源网作为专注于国际贸易领域、国际公认的多渠道跨境电商 B2B 平台，致力于为全球的采购商和供应商提供一个高质量、可信赖的交易平台（见图 4-12）。作为一个全球性的平台，环球资源网的目标是为用户提供一个能够轻松拓展全球业务的数字化解决方案。环球资源网在全球 200 多个国家拥有超过 1400 万注册买家及用户，社群覆盖全球前 100 大零售商中的 97 强。该平台通过线上和线下的贸易展览、专业杂志、电子媒体和社交网络等多种渠道，为全球的买家和供应商提供广泛的市场推广服务，其凭借高效服务与可靠资讯，在采购流程中赢得了用户的高度赞誉。

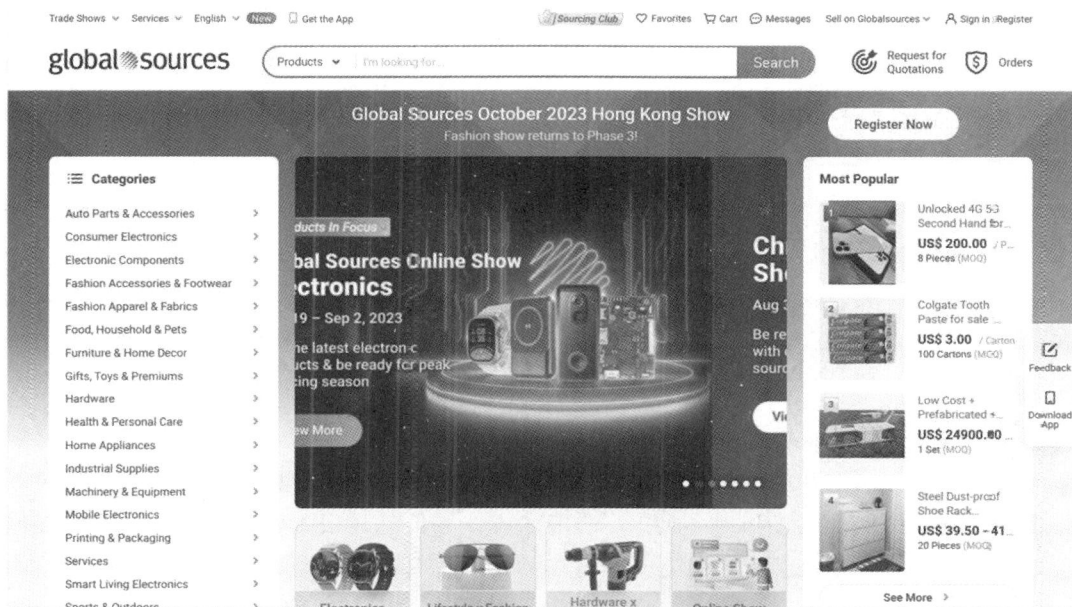

图 4-12　环球资源网首页

（二）平台特点

1. 多元化的市场推广渠道

环球资源网通过线上和线下多种渠道，为采购商和供应商提供广泛的市场推广服务。这些渠道包括专业的贸易展览、专业杂志、电子媒体、社交网络等。

2. 精准的市场分析

环球资源网凭借其丰富的行业知识和广泛的市场覆盖，为采购商和供应商提供精准的市场分析，帮助他们更好地了解行业趋势和商业机会。

3. 定制化的商业解决方案

环球资源网根据不同的行业需求，为采购商和供应商提供定制化的商业解决方案。这些方案包括贸易融资、物流和关务咨询等服务，从而帮助采购商和供应商解决各种贸易难题。

4. 高效的交易平台

环球资源网通过数字化手段，为采购商和供应商提供了一个高效的交易平台。在这个平台上，买卖双方可以轻松地发布商品信息、查询供应商信息、进行在线交易等。

5. 专业的服务团队

环球资源网拥有一支专业的服务团队，服务团队具备丰富的行业知识和经验，能够为采购商和供应商提供专业的咨询服务和解决方案。

（三）收费标准

1. 会员费

环球资源网的会员费用根据不同的套餐和服务级别进行收取，套餐包括黄金套餐、白金套餐、钻石套餐等。会员费用涵盖了在平台上展示商品、询盘接收、在线交易等功能，同时还提供专业培训、市场分析、行业资讯等服务。

2. 展位费用

在环球资源网上开店需要购买展位，以便商品在平台上获得更好的展示和推广。展位费用因不同的展位位置和大小而异，一般来说，展位越显眼，费用越高。重要的展位可以获得更多的曝光机会，吸引更多的潜在客户。

3. 交易费用

交易费用根据每笔交易的金额来收取，具体的费率根据交易额和会员级别来确定，一般在交易额的3％至5％之间。如果购买的是套餐服务，可能会有一定的优惠。

4. 物流费用

如果需要将商品运送到买家手中，还需要考虑物流费用。环球资源网提供全球物流服务，供应商可以选择与平台合作的物流公司或自己合作的物流公司，具体费用则根据商品的重量、体积以及运输距离来确定。

5. 营销费用

为了提高商品的曝光率，可能需要进行一定的营销活动。环球资源网提供各种营销工具和服务，如关键词广告、定向广告、专业培训等。这些服务的价格根据供应商的需求和预算来确定，也可以选择通过社交媒体自主营销、SEO（search engine optimization，搜索引擎优化）等方式来推广商品。

四、中国制造网

（一）平台简介

中国制造网（Made-in-China.com）创立于 1998 年，由焦点科技股份有限公司开发及运营。作为全链路外贸服务综合平台，中国制造网致力于为中国供应商和海外采购商挖掘全球商机，为双方国际贸易的达成提供一站式外贸服务。中国制造网现已成为中国外贸企业走向国际市场的重要桥梁和海外采购商采购中国商品的重要网络渠道。

在信息展示服务的基础之上，中国制造网还为会员企业提供了精准营销推广、通关、物流、退税、外汇、金融、培训等全链路外贸服务，赋能国内外贸企业，为其拓展国际市场、获取贸易机会提供全程保障。中国制造网国际站首页如图 4-13 所示。

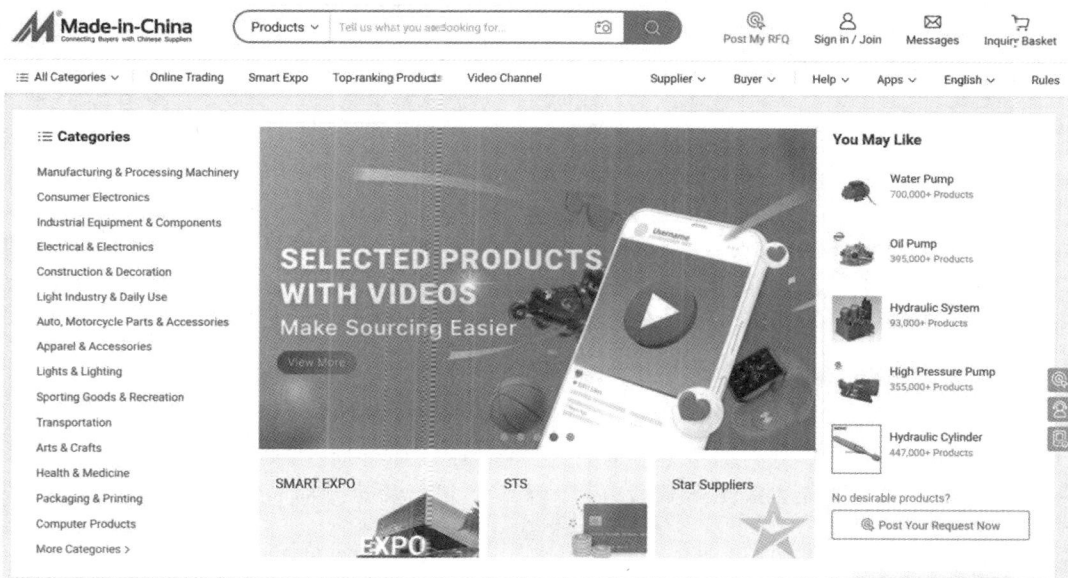

图 4-13　中国制造网国际站首页

（二）平台特点

1. 固定排名模式

与其他平台对比，中国制造网无直通车、竞价排名服务，其提供的推广关键词服务，是以买断方式获得网站首页前十名固定排名权益一整年。推广关键词费用分为 A＋类 16000 元/年、A 类 12000 元/年、B 类 8000 元/年、C 类 4000 元/年四个等级，企业可根据自身发展的实际需求自由搭配。

2. 实地认证服务

中国制造网推出实地认证服务，是由第三方认证机构对供应商的生产贸易能力、品质管理能力等各方面能力进行审核与评估，并出具国际通用权威认证报告。实地认证服务帮助供应商提升了市场竞争力，获得更多真实的展示机会。供应商的生产贸易情况能得到真实全面的反映，因此受到了采购商的青睐和喜欢。

3. 一对一的询盘方式

中国制造网是采取一对一询盘方式的平台，这样的询盘方式使采购商的询盘更具有针对性，采购商有购买意向，供应商回盘率高，因此成单概率较高，成单时间较短。

4. 完善的线上线下推广体系

中国制造网在线上与全球 20 余家知名搜索引擎合作，使更多的采购商能够通过搜索引擎入口链接到中国制造网。此外，中国制造网还与国外大型贸易网站、商会开展合作，如西班牙贸易网站、荷兰中华总商会等。中国制造网在线下每年参加近百场国内外知名贸易展会，深入采购商群中开展宣传，并派发供应商光盘、行业杂志等。

（三）收费标准

1. 会员年费

中国制造网会员体系分以下几类。

（1）金牌会员：年费为 31100 元/年，可上传 1000 条商品信息，支持自主编辑多种语言信息；拥有独立的展示厅，可以自定义编辑和上传视频，设置多个自定义栏目；包含国际知名权威检验认证公司（SGS、BV 等）的第三方审核服务，审核认证后获得全球唯一序列号的认证报告、专有认证标识和定制奖牌。

（2）钻石会员：年费 59800 元/年，可上传 3000 条商品信息，主打产品数量为 10 个，还包含认证、拍摄、展示升级等服务；同样包含国际知名权威检验认证公司的第三方审核服务；流量曝光大约是基础会员的 1.5 倍，进一步提升商品的推广效果。

2. 广告营销费用

中国制造网的广告营销方式主要是固定排名模式，该模式依据推广关键词服务按年收费，按照不同级别分为每年 4000、8000、12000 或 16000 元，是以买断方式获得网站首页前十名固定排名权益一整年。广告展示位置包括首页展台、行业展台、聚焦、精品橱窗等。

（四）入驻条件

中国制造网的入驻条件如下。

（1）可入驻的卖家群体：合法注册的大陆公司、香港公司或个体工商户，以及个人在家办公的 soho。

（2）入驻需要提供的资料：经营普通产品，提供有效的营业执照即可；对于特殊敏感产品，比如医疗、化工、电子烟等，需要提供特定的资质材料。

（3）入驻行业要求：中国制造网主要服务于实体产品的国际贸易，因此各类制造业企业，如机械、电子、化工、轻工、纺织、服装、家居、建材等行业的企业均可入驻；除了实体产品行业外，提供与国际贸易相关服务的企业也可以入驻中国制造网平台，如认证机构、国际物流企业等。对于某些特殊行业，如医药、食品、军警、化工等，平台则会设置更高的入驻门槛和更严格的资质审核。

任务小结

通过本节内容的学习，学生应对阿里巴巴国际站、敦煌网、环球资源网和中国制造网这四个主要的跨境电商 B2B 平台有了较为详细的了解，并能够为企业选择合适的跨境电商平台提供参考依据。

数字资源4-9：
项目四　任务2　测验

技能实训

实训任务：开通阿里巴巴国际站店铺

【实训目标】

熟悉阿里巴巴国际站的入驻要求，掌握阿里巴巴国际站店铺的开通认证流程。

【实训情境】

浙江镁星进出口公司是一家专注于箱包用品及旅游用品的设计、生产、销售一体化的企业，为了扩大销售市场，公司决定入驻阿里巴巴国际站平台，开通一家主营箱包用品及旅游用品的品牌官方店。

【实训任务】

登录跨境电商 B2B 数据运营学习平台，进入"体验国际站开通流程"模块，根据提供的浙江镁星进出口公司注册认证信息及营业执照等资料，完成店铺的开通认证操作。

任务3　其他跨境电商平台

任务描述

除了在知名的跨境电商平台上面向全球开店销售商品外，外贸企业也可以选择在区域性跨境电商平台上开店销售商品，或自建跨境电商网站销售商品，还可以为其他跨境电商企业提供外贸综合服务。了解不同类型的跨境电商平台，有利于企业拓展商业模式，扩大业务范围。

任务目标

（1）了解跨境电商自建站的概念与优势。
（2）熟悉跨境电商自建站方式和工具。
（3）了解主要的外贸综合服务平台。
（4）了解全球区域性跨境电商平台。

一、跨境电商自建站

（一）概念

跨境电商自建平台，即跨境电商自建站，是指跨境电商卖家自建的具备商品展示、交易结算等功能的电商平台。这类电商平台通常为拥有配套物流与支付服务体系的跨境电商 B2C 网站。

（二）自建站优势

在第三方跨境电商平台规则限制多、无法获取客户资源、比价竞争激烈等不利因素的影响下，越来越多的跨境电商商家选择自建外贸网站，在网站上介绍产品品牌、展示和销售产品，并和客户在线沟通。通过自建站，商家可以直接对接客户，与客户沟通，了解客户需求，并且能通过客户的反馈来改善自己的网站、产品和服务，有利于提升客户体验，增加交易机会，还可以在自建站上通过图片、视频、推文等多种形式更加充分地展示产品，不受平台规则限制。一个专业的外贸网站能够提升商家的品牌信誉，增加客户信任，提高客户黏性，使商品拥有更强劲的竞争力。

（三）自建站方式

目前，自建站的建站方式包含以下三类。

（1）SaaS 建站。建站系统供应商将应用软件统一部署在自己的服务器上，跨境电商商家根据自己的需求向其订购不同的服务及服务时长。这类自建站工具包括 Shopify、XShoppy、Ueeshop、Shoptago、Shoplazza 等。

（2）开源建站。供应商开放源代码，跨境电商商家可进行二次开发，以完善自己需要的功能。这类自建站工具包括 WooCommerce、Magento、WordPress、Opencart 等。

（3）自主开发。跨境电商商家不依赖于任何建站平台，利用自有或外包技术团队自主开发自建站。

（四）自建站工具

基于多年的发展，跨境贸易的需求明显增长，越来越多的企业也将发展重点转到了自建站上，国内外跨境贸易电商自建站越来越多地涌入市场。以下介绍较受欢迎的三种自建站工具。

1. Shopify

Shopify 是由 Tobi Lütke 创办的加拿大电商软件开发商，总部位于加拿大首都渥太华。作为一站式 SaaS 模式的电商服务平台，Shopify 为电商商家提供了搭建网店的技术和模板，以及管理全渠道的营销、售卖、支付、物流等服务。商家在 Shopify 上注册账户，选择网站模版，上传商品图片并添加商品描述，设置价格和物流选项，添加收款方式，短时间内就能生成一个美观且可靠的自建站。

优点：① 省心建站，无须具备较高的编程技术。Shopify 为商家提供了上百种精选电商主题模板，卡片式操作，无须较高的编程技术和设计能力，商家一键应用模版便可快速拥有一个体现品牌调性，且安全、稳定、高速的跨境电商自建站。

② 强大应用生态，满足多种业务需求。Shopify 具备丰富多元的应用市场，成熟完善的服务生态，为商家提供选品供应、引流获客、物流履约、功能拓展、客户管理等多种工具与服务。

③ 一站式工作台，打通 Facebook、Google 等海外主流营销平台，简洁易用的中文操作界面，能够轻松管理网店运营的一切事务。

缺点：价格较高，除了需要支付基础费用套餐之外，还需要支付部分插件费和功能费。

2. BigCommerce

BigCommerce 是一家诞生于美国的，为中小企业提供在线销售平台的 SaaS 电商平台。和 Shopify 类似，BigCommerce 的应用技术门槛较低。

优点：① 员工账号数量多，在 BigCommerce 上，商家可以设置较多的员工账号，没有数量限制，且可以根据不同的职位划分不同的员工账号权限。

② 信用卡交易收取费用较低。BigCommerce 基础版本的信用卡交易所收取的费用比 Shopify 要少，因此成交量高时，其在费用方面的优势更加明显。

缺点：平台上免费模板少，高级主题模版价格高，没有 POS 功能，并且对商家的计划提供了销售限制。

3. WooCommerce

WooCommerce 是一个基于 WordPress 的可定制的开源电商插件，具备完善的购物流程和营销工具，可以轻松构建线上商店，管理和宣传商品和服务，让线上营销更加富有成效。将 WooCommerce 插件添加到任何 WordPress 网站并在几分钟内建立一个新商店，便能免费获得开箱即用的安全付款、可配置的运输选项等。

优点：WooCommerce 插件本身是免费的，WordPress 上还有大量的插件，能够灵活满足商家的各种需求，且插件一次性购买即可。WooCommerce 是一个完全可定制的平台，商家可使用 WooCommerce Marketplace 的官方扩展程序添加功能并扩展商店的功能。使用 WooCommerce 移动应用程序可随时随地管理业务，如创建产品、处理订单并实时关注关键统计数据等。

缺点：商家在使用 WooCommerce 建立店铺前，需要寻找托管的服务器安装 WordPress，安装和配置 WooCommerce，并设置主题配置详细参数。虽然 WordPress 强大的生态圈可以保证用户能够找到相关教程，但是其操作对于技术新手来说并不容易。随着网站需求的增加，店铺后期的管理和运维需要更多的技术知识，商家可能最终需要另外雇佣开发运维人员。

数字资源 4-10：
自建站与跨境电商平台对比分析

二、外贸综合服务平台

（一）概念

外贸综合服务平台是指具备对外贸易经营者身份，接受国内外客户委托，依法签订综合服务协议，依托综合服务信息平台，代为办理包括报关报检、物流、退税、结算、信保等在内的综合服务业务和协助办理融资业务的平台。

外贸综合服务平台是我国外贸业务模式的创新，其通过为中小微企业提供进出口环节的相关服务，降低了中小微企业的运营成本，提升了中小微企业的出口效率，对促进我国外贸转型具有积极意义。

（二）主流平台介绍

1. 阿里巴巴一达通

深圳市一达通企业服务有限公司成立于 2001 年，是阿里巴巴旗下外贸综合服务平台，也是中国专业服务于中小微企业的外贸综合服务行业的开拓者和领军者。2014 年阿里巴巴集团全资收购了深圳市一达通企业服务有限公司，并将一达通列为阿里巴巴打造外贸生态圈中的重要组成部分。一达通通过互联网一体化的优势为外贸企业提供快捷且低成本的通关、外汇、退税以及配套的外贸融资和物流服务，通过电商手段，解决外贸企业在流通环节的服务难题。目前已经有超过 50000 家中国中小企业正在使用阿里巴巴一达通的外贸综合服务。

2. 世贸通

世贸通是长三角地区首家以外贸综合服务平台为运营体系的进出口服务企业，以电商及 IT 运维为核心手段，以供应链管理为风控及服务理念，积极为国内外客户提供涵盖信息、物流、通关、保险、金融、会展、海外仓、跨境电商、检验检测、人才对接、创意设计、培训孵化等一站式全方位服务。平台运营以来，已有在线客户 20000 余家，累计实现进出口服务规模逾 100 亿美元，具备了较高的品牌知名度和市场影响力。

3. 广新达

广新达是广东省广新控股集团有限公司旗下广东广新电子商务有限公司研发运营的外贸综合服务平台。该外贸综合服务平台为从事国际贸易的企业提供进出口环节的一站式服务，包括通关、退税、收结汇、找工厂、找商品、找资金、国际快递、拖车、订舱、保险等。平台具有在线比价选择服务商、在线直接订购服务、在线跟踪业务进度、业务数据分析、在线实时传送单据等功能。

三、全球区域性跨境电商平台

（一）北美跨境电商平台

数字资源 4-11：
北美跨境电商平台

（二）欧洲跨境电商平台

数字资源 4-12：
欧洲跨境电商平台

（三）俄罗斯跨境电商平台

俄罗斯跨境电商平台如表 4-11 所示。

表 4-11　俄罗斯跨境电商平台

平台	简介
OZON	Ozon 成立于 1998 年，是欧洲第四大电商市场，也是俄罗斯唯一的多品类综合 B2C 电商平台。Ozon 平台拥有俄罗斯电商行业最完善的物流设施，并为俄罗斯客户提供横跨十一个时区的门到门配送服务。基于完善的基础设施和业务团队，Ozon 在 2021 年第一季度的销售同比增长高达 135%，接下来几年 Ozon 亦保持着高速发展

平台	简介
JOOM	Joom 成立于 2016 年，是俄罗斯知名的移动端购物电商平台，其成立之后即迎来爆发式发展，成为全球发展速度较快的电商平台之一。Joom 的目标市场主要针对俄罗斯境内和欧洲市场
umka	Umka 是俄语地区较大的中国商品在线购物网站之一，平台经营商品种类涵盖电子产品、家庭用品、影音器材、户外运动、汽车配件等
MyMALL	MyMALL 于 2017 年上线，是俄罗斯本土互联网巨头 Mail. Ru Group 集团国际项目（My. com）的重点发展对象。区别于传统意义上的跨境电商平台，MyMALL 的最大优势和不同是其整合利用了集团的业务资源，建设起了新型的多渠道销售模式

（四）东南亚跨境电商平台

数字资源 4-13：
东南亚跨境电商平台

（五）印度跨境电商平台

印度跨境电商平台如表 4-12 所示。

表 4-12　印度跨境电商平台

平台	简介
Flipkart	Flipkart 是由亚马逊的两名前员工于 2007 年在新加坡注册创立，总部位于印度班加罗尔的电商公司，是印度第二大线上平台。起初 Flipkart 的业务经营方向与亚马逊类似，专注于图书销售，之后扩展到其他品类，如消费电子、服饰、家居用品、时尚配饰等，有"印度版亚马逊"之称
snapdeal	Snapdeal 创立于 2010 年，是印度第三大线上平台，总部位于印度新德里。Snapdeal 平台上入驻商家超过 30 万，覆盖印度 6000 多个城镇，有超 6000 万种商品，平台主推商品是 3C 电子
Myntra	Myntra 成立于 2007 年，是印度第四大线上平台。Myntra 是印度大型电商平台中唯一一家垂直电商平台，而非全品类平台，其主要销售时装，也涵盖部分家居用品

平台	简介
paytm mall	Paytm Mall 是印度综合性金融服务平台 Paytm 电商部门旗下的在线交易平台，于 2017 年推出，主要销售电子产品、时装、家居用品、配件、珠宝、电器、母婴等品类
meesho	Meesho 成立于 2015 年，作为印度第一大社交电商平台，该平台使小型企业和个人可以通过 WhatsApp、Facebook、Instagram 等社交渠道开设在线商店，并为其提供物流、支付以及商品采购等服务

（六）中东跨境电商平台

中东跨境电商平台如表 4-13 所示。

表 4-13　中东跨境电商平台

平台	简介
noon	Noon 成立于 2017 年，是由穆罕默德·阿拉巴尔联合沙特主权投资基金，以 10 亿美元打造的一个重量级电商平台，被称为"阿拉伯地区首个电子商务平台"，在中东地区的地位类似于国内的"淘宝"。Noon 的主要市场包括阿联酋、沙特阿拉伯、埃及等地区，平台产品类别包括但不限于电子产品、美容、时尚、家居、玩具、生活用品等
SOUQ.com	Souq 成立于 2005 年，总部设在迪拜，是中东地区最大的跨境电商 P2C 平台，后成为亚马逊的子公司，号称"中东亚马逊"。Souq 共有四个站点，为阿联酋（UAE）、埃及（Egypt）、沙特阿拉伯（Saudi Arabia）和科威特（Kuwait），目前科威特站点已经关闭。2017 年，亚马逊收购了 Souq，并逐步将其整合为 Amazon. ae（阿联酋）和 Amazon. sa（沙特）。Souq 平台主营 30 余种不同的品类，包括电子产品、家居用品、婴儿用品、时尚品牌、玩具、香水等

（七）非洲跨境电商平台

非洲跨境电商平台如表 4-14 所示。

表 4-14　非洲跨境电商平台

平台	简介
JUMIA★	Jumia 成立于 2012 年，是非洲最大的电商平台，并于 2019 年 4 月在美国纽交所上市，成为第一家在全球大型交易所上市的非洲公司。公司涵盖三大业务板块，分别为 Jumia marketplace（电商）、Jumia logistics（物流）以及 Jumia pay（支付）。Jumia 覆盖的主要站点有 11 个，分别为尼日利亚、肯尼亚、埃及、摩洛哥、科特迪瓦、加纳、塞内加尔、南非（已关闭）、突尼斯、乌干达以及阿尔及利亚，且都布局了本地化的网站，但其最主要的市场在尼日利亚

平台	简介
Kilimall.com	Kilimall 2014 年成立于肯尼亚内罗毕,是第一家进入非洲互联网行业的亚洲企业,也是第一家在非洲设立海外仓、第一个在非洲提供当日达和次日达、第一个实现 100% 在线支付的中国公司,还是一个集多国订单、交易、支付、配送等功能于一体的一站式国际线上交易服务平台

(八)日韩跨境电商平台

数字资源 4-14:
　　日韩跨境电商平台

(九)大洋洲跨境电商平台

大洋洲跨境电商平台如表 4-15 所示。

表 4-15　大洋洲跨境电商平台

平台	简介
trademe *Where Kiwis Buy and Sell*	Trade Me 是新西兰最大的互联网拍卖网站。该网站创建于 1999 年,并于 2006 年以 7 亿新西兰元的价格出售给 Fairfax。Trade Me 于 2011 年在新西兰证券交易所(NZX)和澳大利亚证券交易所(ASX)上市,上市名称为"TME"。新西兰承包了 Trade Me 九成以上的月活量。Trade Me 在新西兰的访问量仅次于谷歌、YouTube 和 Facebook,eBay 和亚马逊在新西兰的流量仅有 Trade Me 的 3% 和 2%
catch.com.au	Catch.com.au 于 2017 年推出,是澳大利亚每日线上交易量最大的平台。其前身是 2006 年成立的澳大利亚知名折扣网站 catch of the day。2016 年,由于受到国际电商巨头亚马逊、eBay 等平台的冲击,Catch.com.cn. 开始转型,改名为 Catch,并允许第三方卖家入驻

(十)拉丁美洲跨境电商平台

拉丁美洲跨境电商平台如表 4-16 所示。

表 4-16　拉丁美洲跨境电商平台

平台	简介
falabella.com	Falabella 平台是南美洲西部主流的电商平台，也是拉丁美洲发展较快的电商公司之一，目前其线上市场涵盖墨西哥、智利、秘鲁、哥伦比亚等西语国家，客户总数超 3 亿。Falabella 平台的母公司 Falabella 集团是拉丁美洲最大的零售商，其业务覆盖了拉丁美洲 7 个主要国家
mercado libre	Mercado Libre（美客多）成立于 1999 年，总部位于阿根廷布宜诺斯艾利斯。作为拉丁美洲领先的电商公司，Mercado Libre 为个人和企业的在线购买、销售、广告营销和支付提供了创新性解决方案，并于 2007 年在纳斯达克上市。作为拉丁美洲首屈一指的全品类平台，2022 年 Mercado Libre 累计活跃用户数约 1.41 亿，卖家数量 1100 万，每秒访问量 533 次，每日售出商品近 200 万件，是拉丁美洲第一、全球访问量第三的电商零售网站
americanas.com	Americanas 是巴西本土最大的电商企业 B2W Marketplace 的旗下平台，其母公司 Lojas Americanas 成立于 1929 年，在巴西拥有数百家线下零售店。1999 年，Lojas Americanas 开始使用 Americanas 平台进行销售。截至 2021 年，Americanas 的入驻卖家已超过 20000 个，在售商品超过 50 万件，年访客量已达 46 亿次，拥有活跃买家 4800 万

任务小结

通过本节内容的学习，使学生深入了解跨境电商自建平台的概念和优势、自建站的方式和工具、主流的外贸综合服务平台及全球区域性跨境电商平台，有助于企业在激烈的市场竞争中发挥独特的竞争优势。随着技术的发展和市场需求的增长，这些平台将继续在外贸领域发挥重要作用。

数字资源 4-15：
项目四　任务 3　测验

技能实训

实训任务：选择跨境电商自建站的方式和工具
【实训目标】
了解跨境电商自建站的方式和工具，掌握使用自建站工具搭建简单的跨境电商网站的流程。

【实训情境】

深圳星耀科技有限公司主要销售 3C 电子产品，为了拓展销售渠道，提升品牌影响力，公司决定搭建自己的跨境电商网站。

【实训任务】

调研不同的跨境电商自建站方式和工具，如 SaaS 建站（Shopify、Ueeshop 等）、开源建站（WooCommerce、Opencart 等）和自主开发的优缺点。

请你选择一种适合深圳星耀科技有限公司的自建站方式和工具，并说明理由。

项目五

跨境贸易支付与结算

项目目标

◆ **知识目标**

(1) 了解常用的支付票据——汇票、本票、支票的概念与内容。

(2) 熟悉三种票据主要当事人旳权责。

(3) 了解国际贸易三种主要结算方式——汇付、托收和信用证的概念。

(4) 熟悉汇付、托收和信用证三种结算方式的当事人的权责。

(5) 掌握汇付、托收和信用证三种结算方式的业务流程，以及其在国际经济往来中的具体应用。

◆ **能力目标**

(1) 能正确填写汇票、本票、支票内容。

(2) 能正确使用电汇、信汇、票汇进行支付结算。

◆ **素质目标**

(1) 增强风险意识，具备长远眼光，通过合理选择结算方式规避风险。

(2) 遵守惯例习俗，提高职业素养。

(3) 具备诚信意识与契约精神，依法开展国际贸易。

导入案例

　　我国某外贸公司与美国A公司订立了一项出口合同，付款条件为见票后30天付款交单。当汇票及所附单据通过托收行寄抵进口商所在地代收行后，A公司履行了承兑手续。货物抵达目的港后，A公司由于用货心切，出具信托收据向代收行借得货运单据，先行提货转售。汇票到期时，A公司却因经营不善，失去偿付能力。

　　请思考：

　　（1）案例中交易双方使用的是何种金融票据和结算方式？

　　（2）该结算方式存在哪些风险？应如何规避？

　　（3）我国外贸公司应如何处理这种状况？

任务 1　国际贸易支付票据

⚙ 任务描述

　　国际贸易中可以使用现金钞票和票据结算货款，但以现金钞票结算货款的方式较少，大多数业务都是通过票据进行结算。目前在国际贸易中最常使用的金融票据是汇票、本票和支票。掌握三种票据的特性，合理利用票据进行支付结算，有利于实现国际贸易的合作双赢。

⚙ 任务目标

　　（1）了解票据的概念和特点。

　　（2）熟悉票据的当事人。

　　（3）了解汇票、本票和支票的概念和主要内容。

　　（4）掌握汇票、本票和支票的区别。

📈 一、票据概述

（一）票据的概念

　　票据是指出票人依法签发的，约定自己或委托付款人在见票时或在指定的日期向收款人或持票人无条件支付一定金额，并可以流通转让的有价证券。

在国际货款支付中，通常采用票据作为支付工具，目前在国际贸易中最常使用的票据类型有汇票、本票和支票。

（二）票据的特点

1. 流通性

流通性是指票据的权利可以转让给他人。票据可以通过背书或交付的形式进行转让，无须通知票据上的债务人。票据转让之后，最终的持票人仍有权要求票据上的债务人向其清偿，票据债务人不得以没有接到转让通知为由拒绝清偿。

2. 要式性

要式性是指票据的形式和内容必须符合规定，票据上记载的必要项目必须齐全，否则不能产生票据的效力。

3. 文义性

文义性是指票据上的权利和义务只依票据上所记载的文义来确定，票据文义以外的任何事实与证据皆不能用来作为认定票据上的权利和义务的证据。

4. 无因性

无因性是指票据的受让人无须调查出票、转让的原因，只要票据记载合格，就能取得票据文义载明的权利。票据上的权利与义务关系一经成立，即与其原因关系相脱离，不因任何原因影响票据的效力。

（三）票据当事人

票据当事人，又称票据法律关系主体，是指票据法律关系中享有票据权利、承担票据义务的主体。票据当事人可以分为基本当事人和非基本当事人。

1. 基本当事人

票据基本当事人是指在票据完成和交付时就已存在的当事人，是构成票据法律关系的必要主体，包括出票人、付款人和收款人三种。汇票及支票的基本当事人为出票人、付款人与收款人；本票的基本当事人为出票人与收款人。若基本当事人不存在或不完全，票据上的法律关系就不能成立，票据就无效。

（1）出票人。出票人是指依法定方式签发票据并将票据交付给收款人的人。

（2）付款人。付款人又称受票人，是指由出票人委托付款或自行承担付款责任的人。

（3）收款人。收款人又称票据权利人，是指票据到期后有权收取票据所载金额的人。债权人的票据权利可以转让。如通过背书将票据转让给他人，或者通过贴现将票据转让给银行。

2. 非基本当事人

票据非基本当事人是指在票据完成并交付后，通过一定的票据行为加入票据关系而享有一定权利、承担一定义务的当事人，包括承兑人、背书人、被背书人、保证人等。

（1）承兑人。承兑人是指接受汇票出票人的付款委托，同意承担支付票款义务的人，是汇票的主债务人。

（2）背书人。背书人是指在转让票据时，在票据背面或粘单上签字或盖章的当事人，并将该票据交付给受让人的票据收款人或持票人。

（3）被背书人。被背书人是指被记名受让票据或接受票据转让的人。背书后，被背书人成为票据新的持票人，享有票据的所有权利。

（4）保证人。保证人是指为票据债务提供担保的人，由票据债务人以外的第三人担当。保证人在被保证人不能履行票据付款责任时，以自己的金钱履行票据付款义务，然后取得持票人的权利，向票据债务人追索。

二、汇票

（一）汇票的概念

汇票（bill of exchange）是出票人签发的，委托付款人在见票时或者在指定日期无条件支付确定金额的货币给收款人或者持票人的票据。汇票是在国际结算业务中使用最广泛的一种结算工具。

（二）汇票的种类

根据不同的标准，汇票可以分为不同的类型。

1. 根据出票人的不同

根据出票人的不同，汇票可以分为银行汇票和商业汇票。

银行汇票是指银行对银行签发的汇票。银行汇票一般用于汇付业务，银行签发汇票后，交给汇款人，由汇款人寄交给国外收款人向指定的付款银行取款。

商业汇票是企业或个人向企业、个人或银行签发的汇票。商业汇票通常由出口商开立，向国外进口商或银行收取货款时使用，在国际结算中使用较多。

2. 根据付款时间的不同

根据付款时间的不同，汇票可以分为即期汇票和远期汇票。

即期汇票是指以提示日为到期日的见票即付汇票。在汇票上没有付款时间的记载时，视为见票即付汇票。

远期汇票是指在指定的到期日付款的汇票。根据到期日的指定方式不同，远期汇票又分为以下几种。

（1）出票后定期付款汇票：出票后若干天付款（at... days after date）。

(2) 见票后定期付款汇票：见票后若干天付款（at...days after sight）。

(3) 定日付款汇票：指定日期付款（fixed date）。

(4) 提单日期后定期付款汇票：提单日后若干天付款（at...days after date of bill of lading）。

3. 根据承兑人的不同

根据承兑人的不同，汇票可以分为商业承兑汇票和银行承兑汇票。

商业承兑汇票是指企业或个人承兑的远期汇票。托收方式中使用的远期汇票即属于此种汇票。

银行承兑汇票是指银行承兑的远期汇票，信用证中使用的远期汇票即属于此种汇票。

4. 根据是否随附货运单据

根据是否附货随运单据，汇票可以分为跟单汇票和光票。

跟单汇票是指附带货运单据的汇票，具有物的保证。只有当所附单据都符合要求，才能获得付款。

光票是指不附带货运单据的汇票，凭汇票本身即可获得付款。这类汇票常用于运费、保险费、货款尾数及佣金的收付等。

（三）汇票的主要内容

根据我国《中华人民共和国票据法》（以下简称《票据法》），汇票上的绝对必要记载项目如下。

(1)"汇票"字样。汇票上必须标明"汇票"字样，以区别于本票和支票。

(2) 汇票号码。汇票号码是汇票上记载的唯一识别号码，用于识别和追踪汇票。

(3) 出票日期。出票日期是指汇票上记载的开立日期。出票日期在法律上具有重要的作用，是决定出票人是否具有行为能力和代理权的标准，也是决定汇票相关期限的起算标准。

(4) 确定的货币金额。汇票必须记载一定的金额，且金额必须是确定的，不能出现"上下""左右""大约"等字样。金额的记载要以文字和数字两种方式同时记载。

(5) 付款时间。付款时间是付款人履行付款义务的日期。根据我国《票据法》，付款时间有如下四种记载方式：① 见票即付；② 定日付款；③ 出票后定期付款；④ 见票后定期付款。如果汇票上欠缺付款时间的记载，则视为见票即付。

(6) 无条件支付命令。汇票是无条件支付的命令，因此出票人应在票据上记载无条件支付的文句。例如，支付给 A 公司或其指定人 1000 美元（pay to A company or order 1000 US dollars），对汇票的支付命令不加任何限制，不带任何附加条件，若附加，则汇票无效。

(7) 收款人名称。收款人是指出票人在汇票上记载的受领汇票金额的最初票据权利人，汇票上收款人的名称通常称为"抬头"，抬头决定了汇票是否可流通。在汇票上，一般对收款人有以下三种记载方法。① 指示性抬头。例如，付给 A 公司或其指定人

(pay to A company or order)。这种抬头的汇票除了 A 公司可以作为收款人外，也可以通过背书转让给第三方。因此，这类抬头的汇票在国际贸易结算中被广泛使用。② 限制性抬头。例如，仅付给 A 公司（pay to A company only），这种抬头的汇票不能流通转让，只限定指定的收款人收取票款。③ 来人抬头。例如，付给来人（pay to bearer）。这种抬头的汇票无须由持票人背书，仅凭交付汇票即可转让。

（8）付款人名称。付款人是指出票人在汇票上记载的委托支付汇票金额的人。付款人是汇票的主债务人，汇票上未记载付款人的，汇票则视为无效。

（9）出票人签章。签章是行为人负票据责任的意思表示，各国票据法都规定，出票人应在汇票上签名或者盖章，没有出票人签章的汇票为无效汇票。

以上几项为汇票上绝对必要记载项目，以上任何一项内容记载的缺失，都将导致汇票无效。

除此之外，汇票上还有相对必要记载的内容，主要有如下几项。

（1）出票地点。汇票是否成立，是以行为地法律为适用依据的，出票地点的记载是用于判定出票行为是否合乎法律的重要标准，因此有很重要的作用。但是其记载缺失并不影响汇票的有效性。根据我国《票据法》，汇票上没有记载出票地点的，以出票人的营业场所、住所或经常居住地为出票地点。

（2）付款地点。付款地点是汇票上记载的支付汇票金额的地点，也是拒绝付款时持票人请求做成拒绝证书的地点。汇票上如果欠缺付款地点的记载，我国《票据法》规定，以付款人的营业场所、住所或者经常居住地为付款地。

汇票样本如图 5-1 所示。

Bill of Exchange

No._____ （汇票号码）   Date: _____ （出票日期）

Exchange for _____ （小写汇票金额）

At _____ （付款时间）sight of this FIRST of Exchange (Second of the same tenor and date being unpaid) pay to the order of _____ （收款人名称）the sum of _____ （大写汇票金额）．

To _____ （付款人名称）

                                        _____ （出票人签章）
                                                    (Signature)

图 5-1　汇票样本

（四）汇票的票据行为

票据行为是指以发生票据上的权利和义务关系为目的的一种要式法律行为。与汇票相关的票据行为有出票、提示、承兑、付款、背书、拒付与追索等。

（1）出票。出票是指出票人签发汇票并将其交付给收款人的行为。汇票出票后，出票人具有担保汇票被承兑和付款的责任，收款人接受票据后，有向付款人要求承兑及付款的权利。汇票遭拒付时，收款人有向出票人追索的权利，且有依法转让汇票的权利。

（2）提示。提示是指持票人向付款人出示汇票，要求其承兑或付款的行为。提示分为承兑提示和付款提示两种。承兑提示是指持票人持远期汇票要求付款人承诺到期付款的行为。付款提示是指持票人持即期汇票或到期的远期汇票要求付款人付款的行为。

（3）承兑。承兑是指付款人对远期汇票表示承担到期付款责任的行为。

（4）付款。付款是即期汇票的付款人和远期汇票的承兑人接到付款提示时，履行付款义务的行为。

（5）背书。背书是指持票人或收款人在汇票的背面或粘单上签章记载有关事项并把汇票交付他人以转让票据权利的行为。通过背书，票据权利被合法转让。

（6）拒付与追索。拒付，又称退票，是指持票人要求付款人承兑或付款时被拒绝的情形。付款人逃匿、死亡或宣告破产，以致持票人无法实现提示，也称拒付。汇票遭到拒付时，持票人要求背书人、出票人或其他票据债务人偿还汇票金额及费用的行为称为追索。

⚙ 案例分析

A 公司与 B 公司签订了一分销售合同，A 公司将价值 500 美元的货物销售给 B 公司，B 公司向 A 公司签发了一张远期汇票，以其开户银行 C 银行为付款人，A 公司为收款人。A 公司收到汇票后在 C 银行办理了承兑手续。由于 A 公司流动资金有限，A 公司将汇票背书转让给了 D 公司，用以购买生产原材料。不久后，B 公司发现 A 公司生产的货物质量不合格，无法在国内销售，即通知 C 银行拒付。

请思考：

C 银行是否能对 D 公司拒付？若 D 公司遭拒付，应如何维护自身的合法权益？

📈 三、本票

（一）本票的概念

本票（promissory note）是由出票人签发的，承诺自己在见票时无条件支付确定金额的货币给收款人或者持票人的票据。本票是一种支付承诺，自己出票、自己付款，出票人即付款人。

与汇票相比，本票具有三个特点：① 本票是无条件的支付承诺，即本票是自付票据；② 本票的基本当事人只有两个——出票人和收款人；③ 本票不必办理承兑。

（二）本票的主要内容

本票的主要内容包括本票字样、无条件支付承诺、确定的货币金额、付款时间、收款人名称、出票日期、地点、出票人签章等。

本票样本如图 5-2 所示。

Promissory Note

_____（本票金额）　　　　　　　　　_____（出票日期、地点）

On the _____（付款时间）fixed by the Promissory Note

We promise to pay to the order of _____（收款人名称）the sum of _____（大写金额）．

　　　　　　　　　　　　　　　　　　　　　　_____（出票人签章）

　　　　　　　　　　　　　　　　　　　　　　　　　　　　　（Signature）

图 5-2　本票样本

四、支票

（一）支票的概念

支票（check）是由出票人签发的，委托其开户银行在见票时从银行存款账户中无条件支付确定金额的货币给收款人或持票人的票据。支票的出票人按照签发的支票金额承担付款责任。

（二）支票的主要内容

支票的主要内容包括无条件支付命令、付款金额、付款银行名称、出票人签章、支票编号、出票日期、收款人名称等。

支票样本如图 5-3 所示。

THE BANK OF COMMUNICATION（出票人开户行）

　　　　　　　　　　　　　　　　　　　　　_____（支票编号）

　　　　　　　　　　　　　　　　　　　　　_____（出票日期）

Pay to the order of _____（收款人名称）$ _____（付款金额，阿拉伯数字）

_____（付款金额，英文单词大写）．

　　　　　　　　　　　　　　　　　　　　　_____（出票人签章）

　　　　　　　　　　　　　　　　　　　　　　　　　　　　（Signature）

图 5-3　支票样本

　　汇票、本票和支票是票据的三种基本形式，在国际贸易结算中都可以充当支付工具，都具有票据共同的特性，但三者之间也存在着明显的区别，主要表现在如下几个方面（见表 5-1）。

表 5-1　汇票、本票和支票的主要区别

类别	汇票	本票	支票
基本当事人	出票人、付款人、收款人	出票人、收款人	出票人、付款人、收款人
出票人责任	无直接支付责任，只有担保责任	有直接支付责任	有直接支付责任
付款人	承兑人	出票人自付款，出票人即付款人	付款人为银行，出票人在出票之前必须在付款行有足额的存款
付款时间	见票即付；定日付款；出票后定期付款；见票后定期付款	见票即付；定日付款；出票后定期付款；见票后定期付款	见票即付
票据行为	出票、提示、承兑、付款、背书、拒付与追索	出票、付款、保证	出票、提示

任务小结

　　通过本节的学习，学生应对汇票、本票、支票这三种国际贸易支付工具有初步的了解，并学会合理利用支付工具进行支付结算。

数字资源 5-1：
　　项目五　任务 1　测验

技能实训

　　1. 图 5-4 是一张国际贸易中使用的汇票，阅读汇票内容，回答以下问题。
　　（1）指出该汇票的出票人、付款人和收款人。
　　（2）指出该汇票的出票时间和付款时间。

Bill of Exchange

No.___STDF0511___   Date:___2023-07-01___

Exchange for ___USD $15105.50___

At _____ sight of this FIRST of Exchange (Second of the same tenor and date being unpaid) pay

to the order of ___BANK OF CHINA, WUHAN___ the sum of ___USD DOLLARS ONE FIVE THOUSAND ONE

HUNDEND AND FIVE CENTS FIFTY ONLY___.

Drawn under ___SUMITOMO BANK LTD. OSAKA JAPAN___

L/C No.___STLCN00001___ Dated ___2023-06-20___

To ___SUMITOMO BANK LTD. OSAKA JAPAN___

WUHAN YUANFU TECHNOLOGY CORPORATION

(Signature)

图 5-4　汇票

2. 2023 年 7 月 1 日，A 公司与 B 公司签订了一份销售合同，货物价值 100 万美元，合同约定以远期汇票进行结算。7 月 20 日，B 公司向 A 公司签发了一张金额为 100 万美元、到期日为 10 月 20 日的远期汇票。A 公司接受了汇票，并根据合同约定发出了货物。7 月 30 日，A 公司将汇票背书转让给 C 公司，C 公司又于 8 月 10 日将汇票背书转让给 D 公司。D 公司在汇票到期日，向 B 公司提示付款，却因 B 公司所在开户银行存款不足而遭退票。D 公司向 C 公司追索票款，未果。D 公司遂以票据债务人即出票人 B 公司、背书人 A 公司、C 公司为被告向法院起诉，要求被告承担连带责任，偿清票款。

请思考：D 公司的做法是否合理？请说明理由。

任务 2　国际贸易结算方式

任务描述

国际贸易结算方式是指国际间通过结算工具，办理因债权债务所引起的货币资金的收付的方式。国际贸易中采取的结算方式主要为汇付、托收和信用证。不同的结算方式涉及的当事人、业务流程以及风险不同。掌握灵活便捷的结算方式有利于更好地开展进出口业务，从而实现双赢。

任务目标

（1）了解汇付、托收、信用证的概念与特点。

（2）熟悉汇付、托收、信用证的业务流程。

一、汇付

（一）汇付的概念

汇付（remittance）又称汇款，是指付款人委托所在地银行，将款项以某种方式付给收款人的结算方式。

（二）汇付的当事人

汇付的基本当事人包括汇款人、收款人、汇出行、汇入行等。

1. 汇款人

汇款人是指向银行交付款项并委托银行将该款交付给收款人的人。在国际贸易中，汇款人通常是进口商，其责任是填写汇款申请书、提供汇款并承担相关费用。

2. 收款人

收款人又称受益人，是指汇款人委托银行交付汇款的对象。在国际贸易中，收款人通常是出口商，其权利是凭证取款。

3. 汇出行

汇出行是指受汇款人的委托汇出款项的银行，通常是汇款人所在地银行。汇出行的职责是按汇款人的要求将款项汇交给收款人。

4. 汇入行

汇入行是指受汇出行的委托，将一定货币金额解付给汇款通知书上的指定受益人的银行。汇入行通常是收款人所在地的银行，其职责是把款项解付给受益人。

（三）汇付的种类及业务流程

1. 电汇

电汇（telegraphic transfer，T/T）是指汇出行应汇款人的申请，把委托电汇通知拍发加押电报或电传给在另一国家（或地区）的汇入行，指示其解付一定款项的金额给收款人的一种汇款方式。电汇具有资金调拨速度快、安全性高、费用高的特点。

使用电汇时，汇款人向汇出行提出申请，并交款付费给汇出行，取得电汇回执。汇出行根据汇款人的申请通知汇入行，汇入行收到汇款委托书后核对密押，缮制电汇通知书，通知收款人取款。汇入行解付货款后，将付讫借记通知书寄给汇出行进行转账。

电汇业务流程如图 5-5 所示。

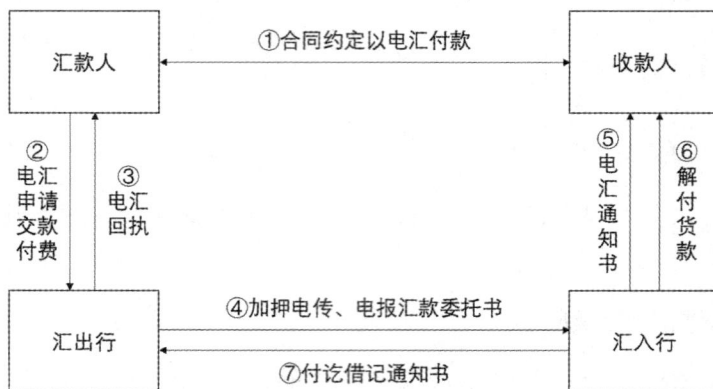

图 5-5　电汇业务流程

2. 信汇

信汇（mail transfer，M/T）是指汇出行应汇款人的申请，用航空邮寄的方式向汇入行发出汇款委托书，指示其解付一定款项的金额给收款人的一种汇款方式。信汇具有费用低、资金调拨速度慢的特点。

使用信汇时，汇款人向汇出行提出申请，并交款付费给汇出行，取得信汇回执。汇出行把信汇委托书邮寄给汇入行，委托汇入行解付货款。汇入行收到信汇委托书后先核对印鉴，在印鉴一致的情况下缮制信汇通知书，通知收款人收款。汇入行向收款人解付货款，同时将付讫借记通知书发送给汇出行。

信汇业务流程如图 5-6 所示。

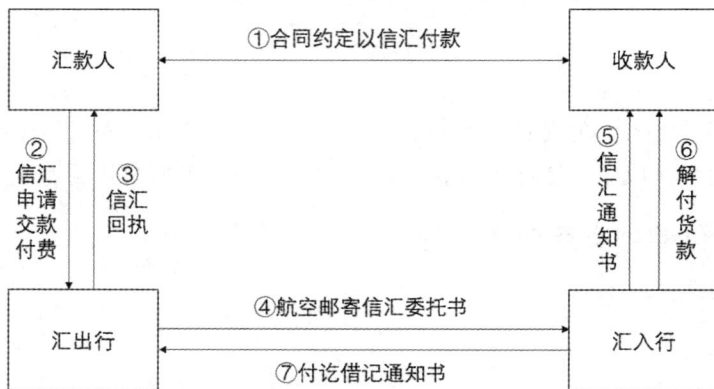

图 5-6　信汇业务流程

3. 票汇

票汇（remittance by banker's demand draft，D/D）是指汇出行应汇款人的申请，代其开立以汇入行为付款人的银行即期汇票，并交还汇款人，由汇款人自寄或自带给国外收款人，由收款人到汇入行凭票取款的一种汇款方式。票汇具有方便、灵活的特点。

票汇业务流程如图 5-7 所示。

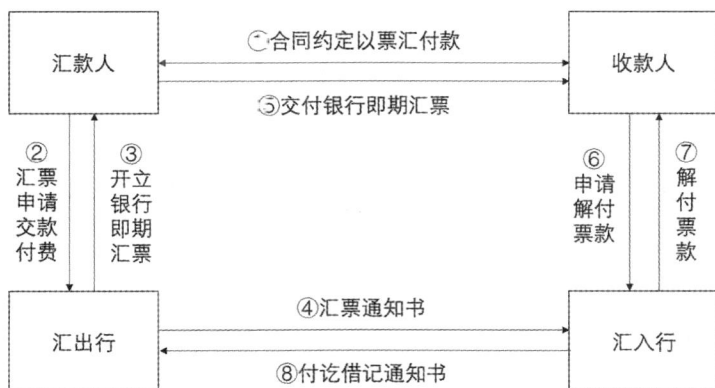

图 5-7　票汇业务流程

（四）汇付的特点

汇付具有以下特点。

（1）商业信用。汇付是一种商业信用的支付方式，银行在此过程中仅承担收付委托款项的责任，不对买卖双方履行合同中的义务提供担保。汇付的实现完全取决于汇款人、收款人双方的信用状况。

（2）简便快捷。与其他贸易支付方式相比，汇付操作简单，手续较少，使资金能够在短时间内实现跨境转移。

（3）费用较低。汇付的手续费和中间费用相对较低，有助于降低贸易成本。

（4）灵活性高。汇付可以根据贸易双方的协议自由选择汇款时间、金额和方式，具有较高的灵活性。

（5）风险相对较高。汇付方式对出口商而言风险相对较高，因为汇款一旦发出，难以追回。因此，出口商需要与信誉良好的进口商建立稳定的贸易关系。

（五）汇付的使用

汇付结算方式主要用于空运货物业务及成交金额较小的海运货物业务，也可用于预付货款、货到付款，以及货款尾数、佣金和运费的结算。

预付货款，即先付款后发货，是指进口商在订货时或交货前汇付货款。预付货款是一种对出口商有利、对进口商不利的结算方式。预付货款时，进口商为了降低预付风险，可以采用凭单付汇的方法，即进口商先将货款汇给出口地银行，指示其凭出口商提供的指定单据和装运凭证付款。

货到付款是指出口商在收到货款之前，先交出单据或货物，进口商货到再付款的结算方式。货到付款是一种对进口商有利、对出口商不利的结算方式。为了降低风险，交易双方可以约定发货前先预付部分货款，发货后再把余款付清。目前国际贸易中较为常用的是以 30% 的货款作为订金，另外 70% 的余款见提单复印件后支付。

二、托收

（一）托收的概念

托收（collection）是由出口商提交凭以收款的金融票据或商业单据，委托出口商所在地银行通过其在进口商所在地的分行或代理行向进口商收取货款的一种国际结算方式。

（二）托收的当事人

托收的当事人包括委托人、托收行、代收行、付款人。

1. 委托人

委托人是指将单据委托银行向国外付款人收款的人，即委托银行办理托收业务的人，通常为国际贸易中的出口商。

2. 托收行

托收行又称寄单行，是指受委托人的委托，代其向付款人收款的银行，通常为出口商所在地银行。

3. 代收行

代收行是指受托收行的委托，参与办理托收业务的银行，通常为进口商所在地银行。

4. 付款人

付款人是指代收行接受托收行的委托向其收取款项的人，通常为国际贸易中的进口商。

（三）托收的种类及业务流程

根据随附单据的不同，托收可分为光票托收和跟单托收。

1. 光票托收

光票托收是指出口方仅开立汇票而不附带任何货运单据，委托银行收取货款的一种托收结算方式。光票托收不涉及货权的转移或货物的处理，一般用于样品、货款尾数的收付。

2. 跟单托收

跟单托收是指出口方将汇票连同货运单据一起交给银行，委托银行收取货款的一种托收结算方式。国际贸易中主要使用的托收结算方式是跟单托收。

根据交单条件的不同，跟单托收可分为付款交单和承兑交单。

1）付款交单

付款交单（documents against payment，D/P），是指被委托的代收行必须在进口商付清票款以后，才能将货运单据交给进口商的一种托收方式。付款交单的特点是先付款后交单，付款人在付款之前，出口商仍然掌握着对货物的支配权，因此出口商面临的风险较小。

根据托收汇票付款期限的不同，付款交单又可分为即期付款交单和远期付款交单。

（1）即期付款交单。

即期付款交单（D/P at sight），是指委托人开立即期汇票，通过代收行向付款人提示付款，付款人见票后立即履行付款手续，并领取货运单据。即期付款交单业务流程如图 5-8 所示。

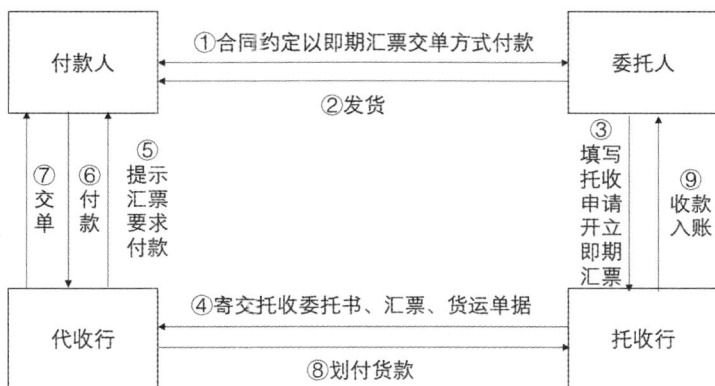

图 5-8　即期付款交单业务流程

（2）远期付款交单。

远期付款交单（D/P at...days after sight），是指委托人开立远期汇票，通过代收行向付款人提示汇票，付款人见票后承兑，待汇票到期时，付款人付款领取货运单据。远期付款交单业务流程如图 5-9 所示。

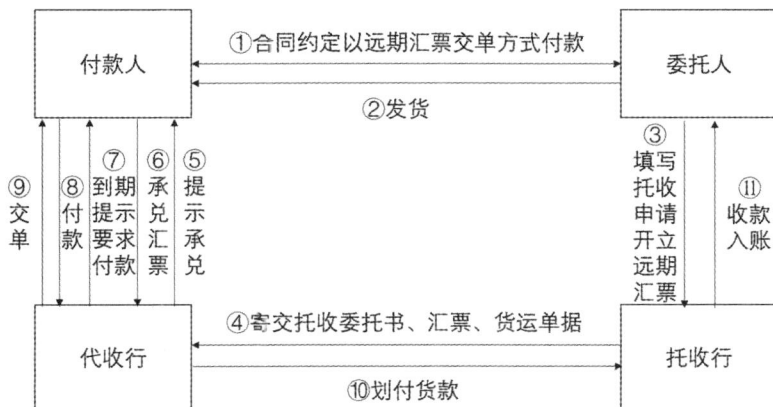

图 5-9　远期付款交单业务流程

2）承兑交单

承兑交单（documents against acceptance，D/A），是指被委托的代收行根据托收指示，于付款人承兑汇票后，将货运单据交给付款人，付款人在汇票到期时履行付款责任的一种托收方式。承兑交单的特点是先交单后付款，出口商面临的风险较大。在实际的国际贸易中，应避免或严格控制采用承兑交单方式，在不得不使用承兑交单方式时，也应尽可能缩短承兑的期限。承兑交单业务流程如图5-10所示。

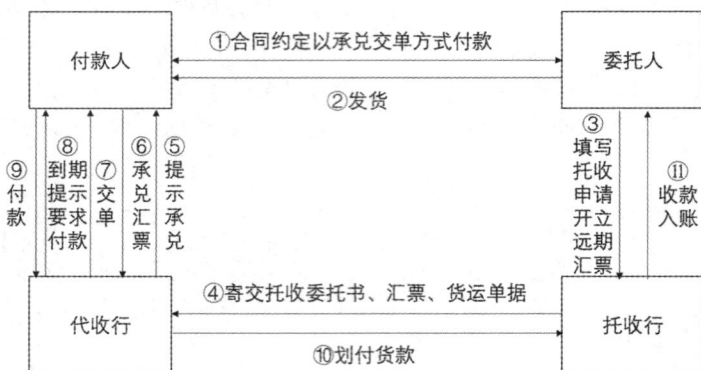

图5-10　承兑交单业务流程

（四）托收的特点

托收具有以下三个特点。

（1）托收是出口商先发货、后收款，出口商能否收回货款，取决于进口商的资信状况，因此托收属于商业信用。

（2）银行办理托收业务时，只按委托人的指示办事，并不审核单据的内容，没有保证进口商必然付款的义务。如果进口商拒付，除非另有约定，银行没有代管货物的义务。

（3）托收对出口商来说风险较高，其中，D/A与D/P相比，风险更高。

视野拓展

数字资源5-2：
　托收支付风险如何防范

三、信用证

（一）信用证的概念

信用证（letter of credit，L/C）是指由银行（开证行）依照开证人的要求和指示或自己主动，在符合信用证条款的条件下，凭规定单据向第三者（受益人）或其指定方进行付款的书面文件，即信用证是一种银行开立的有条件的承诺付款的书面文件。

在国际贸易活动中，买卖双方可能互不信任：买方担心预付款后，卖方不按合同要求发货；卖方也担心在发货或提交货运单据后买方不付款。因此需要两家银行作为买卖双方的保证人代为收款交单，以银行信用代替商业信用。银行在这一活动中使用的工具就是信用证。

信用证是银行有条件保证付款的证书，是国际贸易活动中常见的结算方式。按照这种结算方式的一般规定，买方先将货款交存银行，由银行开立信用证，通知异地卖方开户银行转告卖方，再由卖方按合同和信用证规定的条款发货，银行代买方付款。

（二）信用证的当事人

信用证的基本当事人包括开证人、受益人和开证行。此外，还有其他关系人，即通知行、议付行、付款行、保兑行、承兑行和偿付行等。

1. 开证人

开证人是指向银行申请开立信用证的人，通常为国际贸易中的进口商。开证人根据贸易合同，在规定时间内向所在地银行递交开证申请书，支付开证手续费及一定比例的押金，并及时付款赎单。

2. 受益人

受益人是指信用证上所指定的有权使用该证的人，通常为国际贸易中的出口商。受益人有按时交货、提交符合信用证要求的单据的义务，也有凭单索取货款的权利，还有对其后的持票人保证汇票被承兑和付款的责任。

3. 开证行

开证行是指接受开证人的委托开立信用证的银行，通常为进口商所在地银行。开证行承担不可撤销的第一付款责任，有权收取开证手续费和押金，并须在规定的时间内正确、及时地开证，一经付款，其一般无权追索。

4. 通知行

通知行是指受开证行的委托，将信用证转交受益人的银行，通常为开证行在受益人所在国家或地区的代理行。通知行负责鉴别信用证的真实性。

5. 议付行

议付行是指根据开证行的付款保证和受益人的请求，按信用证规定购买受益人交付的单据和汇票，并向信用证规定的付款行索偿的银行。议付行在其向受益人垫付货款后有权凭单据向开证行索回垫付的货款，如遭拒付，其有权向受益人追索垫款。

6. 付款行

付款行是指信用证上指定的付款银行，可以是开证行或开证行的付款代理行。一经付款，付款行无权向受益人或汇票持有人追索。

7. 保兑行

保兑行是受开证行委托，在信用证上加具保兑的银行，即以自己的名义保证付款的银行。保兑行承担不可撤销的确定承诺，对信用证负独立的确定的付款责任，付款后只能向开证行索偿，无权向受益人追索。

8. 承兑行

承兑行是指对受益人提交的远期汇票进行承兑的银行。承兑行对已经承兑的汇票，于付款到期日承担付款责任。承兑行付款后可向开证行要求偿付。

9. 偿付行

偿付行是指受开证行的委托或授权，代开证行向议付行或付款行进行清偿垫款的银行。

（三）信用证的内容

信用证主要包括以下内容。

（1）信用证的说明：信用证的编号、开证日期、交单期限、到期日和到期地点等。

（2）信用证的当事人：开证人、开证行、通知行、受益人等。此外，部分信用证还包含指定的付款行、偿付行、承兑行、议付行等。

（3）信用证的种类：是否可以撤销、是否经另一家银行保兑、可否转让等。

（4）信用证的兑付方式：即期付款、远期付款、承兑及议付等。

（5）汇票条款：包括汇票的种类、受票人、出票人、出票条款、出票日期、付款期限等。不需要汇票的信用证则无此内容。

（6）支付货币和信用证金额：支付货币通常包括货币的缩写与大写，信用证金额一般用大写文字和阿拉伯数字书写。

（7）货物条款：包括货物的名称、数量、包装、规格、价格等。

（8）装运与保险条款：如装运港或起运地、卸货港或目的地、可否分批装运、装运期限、可否转运等；以 CIF 或 CIP 贸易术语达成的交易项下的保险险别、投保的金额和保险条款等。

（9）单据条款：通常要求提交商业发票、货运单据和保险单据，以及装箱单、重量单、检验证、产地证等包装单据。

（10）特殊条款：视具体交易的需要而定。常见的有要求通知行加保兑，限制由某银行议付，限装某船或不许装某船，不准在某港停靠或不准选取某条航线，具备规定条件信用证方始生效，等等。

此外，信用证通常还有开证行的责任条款，根据《跟单信用证统一惯例》开立的文句，以及开证行签字和密押等。

（四）信用证的特点

信用证具有以下三个特点。

（1）信用证是一项自足文件，其不依附于买卖合同，银行在审单时强调的是信用证与基础贸易相分离的书面形式上的认证。

（2）信用证业务是纯单据业务，信用证是凭单付款，不以货物为准，只要单据相符，开证行就应无条件付款。

（3）信用证是一种银行信用，是银行的一种担保文件，开证行对支付有首要付款的责任。

（五）信用证的业务流程

信用证的业务流程一般要经过订立买卖合同、申请开证、开证、通知、审证、交单、议付、索偿、偿付、通知付款、付款赎单等环节。

现以最常见的即期跟单议付信用证为例，简要说明信用证的业务流程，以及各环节的具体内容。即期跟单议付信用证的业务流程如图 5-11 所示。

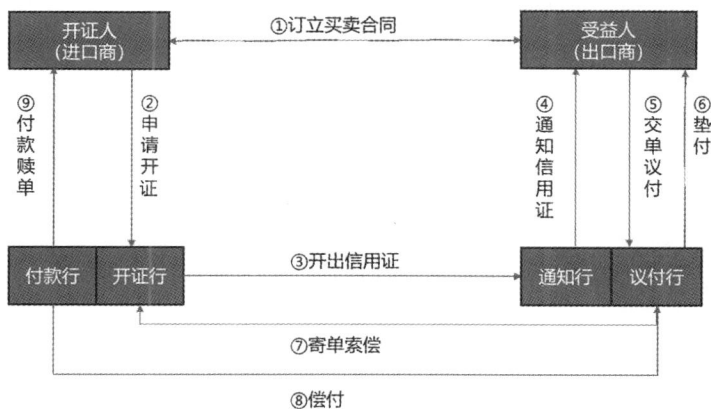

图 5-11　即期跟单议付信用证业务流程

（1）订立买卖合同：针对外贸交易条件进行磋商并达成交易，开证人与受益人签订国际货物买卖合同。

（2）申请开证：开证人根据合同填写开证申请书，交纳押金或提供其他保证，并请开证行开证。

（3）开出信用证：开证行根据申请书内容，向受益人开出信用证并寄交受益人所在地通知行。

（4）通知信用证：通知行收到信用证后，核对开证行的签字与密押，留存副本或复印件备查，再将信用证转交给受益人。

（5）交单议付：受益人审核信用证内容与合同规定相符后，按信用证规定装运货物、备妥单据并开出汇票，在信用证有效期内送议付行议付。

（6）垫付：议付行按信用证条款审核单据无误后，把货款垫付给受益人。

（7）寄单索偿：议付行将汇票和货运单据寄开证行或其特定的付款行请求偿付。

（8）偿付：开证行（付款行）核对单据无误后，付款给议付行。

（9）付款赎单：开证行（付款行）通知开证人付款赎单。

案例分析

信用证流程案例

A 是一家位于美国华盛顿的进口商，B 是一家位于武汉的出口商。A 向 B 订购了一批服装，价值 10 万美元，双方约定通过信用证交易。

A（开证人）向华盛顿分行（开证行）提出开立信用证的申请，并提交了押金。华盛顿分行根据申请内容开出信用证申请，寄给 B 所在的武汉分行（通知行），然后武汉分行将通知书及信用证复印件交给了 B。

B 查看了信用证，发现信用证与合同条款相符，交货时间也充足，就确认了信用证，同时用信用证向武汉分行做了抵押，贷款 5 万美元，启动生产。

两个月后，B 如期交货，得到轮船公司开出的提单，做了一套完整的单据，把信用证和单据一起交给了武汉分行。武汉分行审核了所有单据，发现没有问题，就将货款垫付给 B，然后将单据寄给了华盛顿分行。华盛顿分行收到单据，审核后发现没有问题，付款给武汉分行。A 再付款给华盛顿分行，把提单赎回来，最后去港口提货。

任务小结

通过本节的学习，学生应初步了解电汇、托收、信用证这三种国际贸易结算方式的概念、特点、业务流程，能够选择合适的结算方式进行交易，从而合理规避贸易风险。

数字资源 5-3：
　　项目五　任务 2　测验

技能实训

1. 根据提供的信用证条款内容，填制汇票。

FIRST BANGKOK CITY BANK LTD.

20 YUKHON 2 ROAD，BANGKOK 10100，THAILAND

IRREVOCABLE LETTER OF CREDIT

NO. 001/23262

DATE：15 NOV. 2023

BENEFICIARY：SHANDONG IMPORT & EXPORT CORP.

62，JIANGXI ROAD，QINGDAO，CHINA

ADVISING BANK： BANK OF CHINA，QINGDAO BRANCH，QINGDAO，CHINA

APPLICANT：NAN HENG INTERNATIONAL TRADE CO.，

104/4 LARDP Rd，WINGT，BANKAPLBKK

AMOUNT：USD6620.00（SAY US DOLLSAR SIX THOUSAND SIX HUNDRED AND TWENTY-TWO ONLY.）

CFR BANGKOK

EXPIRY DATE：15 JAN，2024

Dear Sirs，

We hereby issue an irrevocable documentary credit in your favor which is available by negotiation of your draft（s）at sight drawn on you，for 100% invoice value marked as drawn under this credit accompanied by the following documents：

-Signed commercial invoice in 9 copies ，mentioning separately FOB. value，freight charge.

-Full set clean on board ocean bills of lading in triplicate with two non-negotiable copies made out to the order of First Bangkok City Bank Ltd.，Bangkok，notify applicant and marked "Freight collected".

-Packing list in 6 copies.

Evidencing shipment of 900 doz. TRI-CIRCLE BRAND PADLOCKS

Details as per order dated Nov. 9th，2023（S/CNO. 89A15AAL5029）

Shipment from China to Bangkok

Latest Dec. 31St，2023

Partial shipment：Permitted

Transshipment：Permitted

Special conditions：All Documents mentioning this credit number.

All charges incurred outside Thailand are for seller's account

Negotiations under this credit are restricted to the advising bank.

We hereby agree with the drawer, endorsers and bona fide holders that drafts drawn and negotiated.

In conformity with the terms of this credit will be duly honored on presentation and that drafts accepted within the terms of this credit will be duly honored at maturity.

Bill of Exchange

Date：＿＿＿＿＿＿

At ＿＿＿＿＿＿ sight of this second bill of exchange (first of the tenor and date being unpaid) pay to ＿＿＿＿＿＿＿＿＿＿＿＿ the same of ＿＿＿＿＿

＿＿＿＿.

Drawn under

L/C No. ＿＿＿＿＿＿ Dated ＿＿＿＿＿＿

To ＿＿＿＿＿＿＿＿＿＿＿ For ＿＿＿＿＿＿

2. 根据上题中的信用证条款内容，填写表 5-2 中的内容。

表 5-2　信用证条款内容

信用证证号		开证日期		合同号	
开证行					
通知行					
开证人					
受益人					
货物名称		数量		金额	
装运期		有效期		交单期	
装运港		目的港		可否分批	
贸易术语		汇票期限		可否转运	
付款条件					

任务 3　跨境电商支付

🖥️ 任务描述

　　在跨境电商交易过程中，交易双方可通过互联网直接订立合同，并进行支付结算。跨境电商支付方式与传统国际贸易支付方式有较大区别，了解跨境电商支付方式，掌握跨境电商支付流程，根据业务需求选择合适的跨境电商支付方式是实现交易的至关重要的环节。

🖥️ 任务目标

　　(1) 了解跨境电商支付的概念。
　　(2) 了解跨境电商支付与传统跨境贸易支付的区别。
　　(3) 了解跨境电商支付方式。
　　(4) 熟悉不同跨境电商支付方式的操作流程。
　　(5) 掌握不同跨境电商支付方式的优劣势。
　　(6) 能根据业务需求选择合适的跨境电商支付方式。

📈 一、跨境电商支付的概念

　　跨境电商支付是指由支付机构/平台通过银行为国内外电商交易双方提供外汇资金的收付及相关结售汇服务的业务。与境内支付相比，跨境电商支付的支付方和收款方不在同一个国家，分别属于不同的支付体系，涉及不同的支付工具和金融机构，因此会牵涉到外币兑换以及外汇管制政策等问题。

📈 二、跨境电商支付与传统跨境贸易支付的区别

（一）支付方式不同

　　传统跨境贸易的支付方式是通过现金的流转、票据的转让及银行的汇兑等物理实体的流转和信息交换来完成款项支付。跨境电商则采用的是电子支付方式，电子支付是通过先进的信息技术来完成信息传输，其涵盖的各种支付方式都采用了数字化的方式来进行款项支付。

（二）支付网络不同

　　跨境电商采用的电子支付方式，其工作环境是基于一个开放的系统平台（如互联

155

网），而传统支付方式则是在较为封闭的系统中运作，如银行系统的专用网络等。电子支付使用的是最先进的通信手段，如 Internet、Extranet 等，而传统支付使用的则是传统的通信媒介。电子支付对软硬件设施的要求很高，一般要求配置联网的微机、相关的应用软件及相关配套设施，而传统支付方式则没有这么高的要求。

（三）支付要求不同

传统跨境贸易以 B2B 贸易为主，具备单笔交易额大、交易频次低等特点，买卖双方对支付的安全性要求较高，对时效性要求则不高。因此，传统 B（企业）端大额跨境贸易更愿意选择银行电汇和信用证等方式作为支付手段。随着跨境电商的兴起，特别是跨境电商 B2C 平台的发展，越来越多的个体用户参与到跨境贸易中，跨境贸易呈现出单笔订单金额低、交易频次高的特点。消费者对支付的便捷性和及时性提出了更高的要求。

三、跨境电商支付方式

（一）传统的跨境电子支付方式

传统的跨境电子支付方式主要包括银行电汇、专业汇款公司转账以及常见的国际信用卡支付，这类支付方式主要通过在线下单和离线付款完成。在付款过程中，消费者需要根据境外商户的要求，通过线下银行柜台或网上银行购买外汇，选择具有相应交易币种的信用卡，填写汇款申请表，并将订单金额汇至指定账户。

1. 银行电汇

银行电汇普遍采用 SWIFT（环球银行金融电信协会）通道实现跨境汇款，这种方式的优点在于安全性高，适用于大额汇款与支付。但是，银行电汇也存在一些缺点，如操作复杂、耗时较长、存在汇率波动风险等。

2. 专业汇款公司转账

专业汇款公司是指开展国际汇款业务的公司。专业汇款公司通常与银行、邮局等机构有较深入的合作，其借助这些机构广泛分布的网点设立代理点，以迅速扩大业务覆盖面。中国市场上主要的专业汇款公司包括西联汇款、速汇金、银星速汇（Sigue）、BTS 汇款服务公司等。

专业汇款公司依赖邮局与银行物理网点，不经过银行通道跨境汇款，可将交易时间缩短到 10 分钟，但汇款币种有限，费用方面实行分档付费模式，因而适用于中小规模汇款支付。

3. 国际信用卡支付

国际信用卡是一种银行联合国际信用卡组织签发给那些资信良好的人士，并可以在全球范围内进行透支消费的卡片，同时该卡片也被用于在国际网络上确认用户的身份。

目前比较常见的国际信用卡品牌有 VISA、万事达卡（MasterCard）、美国运通卡、大来卡、JCB 卡等，其中，VISA 和万事达卡是国际通用的、全球覆盖面最广的信用卡，特别是在欧美地区占有主导地位。

国际信用卡支付除了在线下 PCS 机刷卡交易，还能通过在线网关进行支付，实现全球范围内的收单和资金结算。目前国际信用卡支付主要用于国际贸易中 1000 美元以下的小额交易，已成为跨境电商零售平台和独立 B2C 网站必备的一种支付方式。

国际信用卡支付虽然具有使用便利、覆盖群体广、刷卡成功率高等优势，但也存在拒付、欺诈、信用卡信息被窃取或滥用等劣势。

 **拓展阅读**

数字资源 5-4：
全球速卖通海外买家使用国际信用卡购物流程

（二）新型的跨境电商支付方式

为了解决传统支付方式的问题，一些新型支付方式在跨境电商交易中逐步得到广泛应用，其中，数字货币支付、第三方支付和区块链技术是最突出的解决方案。

1. 数字货币支付

数字货币支付是指使用数字货币作为支付工具进行交易的方式。数字货币是一种基于密码学技术的虚拟货币，如比特币、以太坊等，可以通过互联网进行交易和转移。数字货币通常由开发者发行和管理，被特定虚拟社区的成员所接受和使用。

数字货币支付具有以下特点。① 去中心化。数字货币支付不依赖于中央银行或金融机构，而是通过区块链技术实现去中心化的交易和结算。② 快速便捷。数字货币支付可以实现即时的交易和结算，无须等待银行的处理时间，大大提高了支付效率。③ 低成本。数字货币基于区块链技术，能在分布式账本上直接完成交易记录与验证，减少对银行等中介的依赖，有效降低额外的中介费用。④ 匿名性。使用数字货币支付时，用户的支付信息会被打包并加密处理，以电子钱包的形式推送给电商平台，平台无法获取用户个人信息，从而实现用户信息隐私保护。⑤ 全球通用。数字货币支付可以跨越地域界限进行交易，无论是国内还是国际支付，都可以实现快速交易。

在跨境电商中，数字货币支付提供了一种快速、安全、低成本的支付方式。数字货币支付可以实现直接点对点的跨境交易，无须中转费用和汇率转换，大大降低了支付成本和风险。数字货币支付目前也存在一些挑战和风险，如价格波动大、安全性问题、法律监管问题等。因此，在使用数字货币支付时，用户需要选择安全可靠的交易平台，并保护好个人的数字钱包和私钥。

视野拓展

数字人民币

数字人民币，是由中国人民银行发行，由指定运营机构参与运营并向公众兑换，以广义账户体系为基础，支持银行账户松耦合功能，与纸钞和硬币等价，并具有价值特征和法偿性的、可控匿名的支付工具。

数字人民币具有可控匿名、双离线支付、不可私密加密等特点。数字人民币的广泛使用旨在提高支付效率、降低支付成本、增强金融服务覆盖面和普惠性，助力地方经济发展和数字政务建设，支持实体经济和营商环境。

2023年9月1日，数字人民币正式发行。数字人民币发行后，全国范围内的企业和个人都可以使用手机或其他电子终端实现支付。未来，数字人民币有望成为全球性的储备货币和支付货币。

拓展阅读

数字资源5-5：
阿联酋首次向中国跨境支付数字货币

2. 第三方支付

第三方支付是指具备一定实力和信誉保障的独立机构，通过与银联或网联对接而促成交易双方进行交易的网络支付模式。在跨境电商零售进出口业务模式中，第三方支付机构是指根据中国人民银行《非金融机构支付服务管理办法》的规定取得"支付业务许可证"，在收付款人之间作为中介机构提供部分或全部货币资金转移服务的非银行机构，例如支付宝、微信支付等。

第三方支付机构通过在国际间建立支付网络，实现了便捷的跨境支付。用户只需要在第三方支付平台上注册账户，并绑定银行卡或信用卡，就可以方便地进行国际支付。第三方支付机构在对应的银行有一个专用的备付金账户，境外买家付款后，货款先到达第三方支付机构的专用备付金账户，买家确认收货之后第三方支付机构再从备付金账户里打款给境内卖家的账户，从而确保了交易的安全性。

第三方支付机构解决了跨境电商平台单独对接各银行的难题，降低了平台开发成本以及平台使用费率，为用户提供了更加友好的跨境支付操作界面，而且可以在买家和卖家的交易中发挥货款监管的作用，因此第三方支付机构通道是目前大多数跨境电商出口平台上境内卖家使用的收款模式。

主流的第三方跨境支付平台包括 PayPal、国际支付宝、连连支付等。

拓展阅读

数字资源 5-6：
跨境第三方收款平台 Yiwu Pay 发布，为义乌市场搭建全球支付渠道

四、主流的跨境电商支付平台

（一）Western Union

1. Western Union 的概况

Western Union 即西联国际汇款公司，它成立于 1851 年，是世界上领先的特快汇款公司，迄今已有百余年的历史，其拥有全球最大、最先进的电子汇兑金融网络，代理网点遍布全球近 200 个国家和地区，可以在全球大多数国家的西联代理所在地汇款和提款。目前 Western Union 在中国拥有 27000 多家代理网点，服务覆盖全国 30 多个省、自治区和直辖市。中国光大银行、中国邮政储蓄银行、中国建设银行、浙江稠州商业银行、吉林银行、哈尔滨银行、福建海峡银行、烟台银行、龙江银行、温州银行、徽商银行、浦发银行等多家银行都是 Western Union 中国区合作伙伴。

2. Western Union 的收付款流程

（1）汇款。

Western Union 为中国客户提供了电子渠道汇款和代理网点汇款两种汇款方式。

① 电子渠道汇款。

电子渠道汇款流程如下。

• 前往合作银行网点申请借记卡，并开通网上银行/手机银行业务。

• 登录汇款银行的网上银行或手机银行。

• 填写汇款信息。请务必填写收款人的完整信息。

• 进行支付。可以直接从借记卡扣款。

• 查询汇款状态。完成付款后，屏幕上将会显示汇款监控号（MTCN），可以用该号码查询汇款状态。

• 通知收款人。将汇款监控号发给收款人，通知收款人可立即前往代理网点提取现金。

② 代理网点汇款。

代理网点汇款流程如下。

• 访问合作银行网点。须携带一张由政府签发的带照片的有效身份证件。

·填写汇款明细。将汇款信息和钱一起提交给银行柜员，同时提供身份证。

·支付汇款手续费。

·查询汇款状态。完成付款后，将收到一份含汇款监控号的收据，可以用该号码查询汇款状态。

·通知收款人。将汇款监控号发给收款人，通知收款人可立即前往代理网点提取现金。

（2）收款。

Western Union 为中国客户提供了代理网点收款、网上银行/手机银行收款、支付宝 App 收款、微信 App 收款四种收款方式。

① 代理网点收款。

具体操作流程如下。

·前往 Western Union 合作银行网点。

·提供汇款人的详细信息。具体包括汇款人的姓名、汇款金额和汇款监控号。

·出示身份证明。须携带一张由政府签发的带照片的有效身份证件。

·收款。详细信息通过认证后即可收到款项。

② 网上银行/手机银行收款。

中国居民可以通过 Western Union 合作银行的在线渠道快速、便捷地收款，即需要前往 Western Union 合作银行网点申请借记卡并开通网上银行/手机银行业务。具体操作流程如下。

·登录银行的网上银行或手机银行。

·填写汇款明细。提供汇款人的完整信息和汇款监控号。

·选择收款账户。可以直接将钱存入借记卡中。

③ 支付宝 App 收款。

持有中华人民共和国第二代居民身份证的个人可以通过支付宝 App 快速、便捷地收款。具体操作流程如下。

·打开支付宝 App 搜索"跨境汇款"小程序，选择"我要收款"，然后进入"编号收款"。

·选择 Western Union，选择币种，并输入 10 位汇款编号。

·同意并签约中国银行代理汇款公司汇款解付和结汇服务，完善个人信息并进行身份验证。（仅首次需要）

·确认向中国银行发起收款，并将款项按实时汇率结算为人民币后存入本人银行卡账户。

④ 微信 App 收款。

持有中华人民共和国第二代居民身份证的个人可以通过微信收款至绑定的银行卡。具体操作流程如下。

·打开微信 App，搜索"跨境汇款（微汇款）"小程序。

·选择"西联编号收款"。

·输入 10 位汇款监控号及收汇币种。

·同意并签约上海浦发银行线上代理跨境收款结汇服务等，完善个人身份信息并进行身份验证。（仅首次需要）

·确认收款。选择收款借记卡、资金用途及与汇款人关系，款项按实时汇率结算为人民币后存入银行卡。

银行处理完收款申请后，收款人可在收款记录里看到收款成功信息。

3. Western Union 的优劣势

（1）优势。

① 方便快捷。适合 1 万美元以下的小额支付业务，不需要开立银行账户，1 万美元以下的业务也不需要提供外汇监管部门的审批文件，汇款在 10 分钟内就可以汇到，到账速度快。

② 安全可靠。卖家可先提钱再发货，对卖家而言安全性较高，降低了坏账风险。

（2）劣势。

① 买家接受度不高。先付款后收货对买家而言风险极高，买家不易接受这种付款流程。

② 手续费较高。汇款手续费按笔收取，对于小额收款而言手续费较高。

知识拓展

Western Union 的汇款手续费

根据汇款目的地、汇款额度、支付方式，以及选择在线汇款还是代理汇款等因素的不同，Western Union 收取不同的手续费。汇款手续费按笔收取，对于小额收款而言手续费较高，取现金比直接到银行转账扣款更多。在支付转账时，借记卡和信用卡支付的成本更高，但比银行转账更快。

以从美国汇款人民币到中国银行账户为例，表 5-3 列出了 Western Union 不同付款方式的手续费。

表 5-3　Western Union 汇款手续费

付款方式	收费
银行转账	0 USD
借记卡	2.99 USD
通过代理	8 USD
信用卡	29.99 USD

（二）国际支付宝

1. 国际支付宝的概况

国际支付宝（Escrow）是由阿里巴巴与支付宝联合开发的第三方支付担保服务，全称为 Escrow Service。国际支付宝主要为在线交易提供资金安全保障，即在交易双方的快递订单/在线批发订单中提供资金安全的担保服务等。

💻 知识拓展

国际支付宝与国内支付宝的区别

（1）使用范围不同。国内支付宝主要针对中国的用户和商家，而国际支付宝则主要面向海外用户和跨境电商业务。

（2）支付方式不同。国内支付宝主要支持账户余额、余额宝、银行卡、花呗、信用卡等多种支付方式，而国际支付宝则主要支持信用卡、PayPal 等国际支付方式。

（3）服务内容不同。国际支付宝提供了跨境汇款、跨境收款、结算等服务，而国内支付宝目前主要聚焦于支付、转账、理财、缴费等服务。

（4）收费标准不同。国内支付宝和国际支付宝的收费标准也有所不同，比如国际支付宝的跨境汇款收费比较高。

总之，国内支付宝和国际支付宝针对的用户和业务场景不同，提供的服务内容和支付方式也有所不同。

2. 国际支付宝的服务模式

国际支付宝的服务模式与国内支付宝类似，具体流程如图 5-12 所示。交易过程中，买家先将货款打到第三方担保平台的国际支付宝（Escrow）账户中，然后第三方担保平台通知卖家发货，买家收到商品后确认，货款再发放给卖家，至此一笔网络交易才算完成。

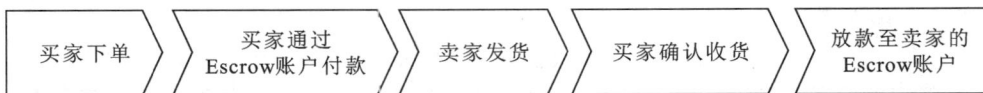

买家下单 ▷ 买家通过 Escrow账户付款 ▷ 卖家发货 ▷ 买家确认收货 ▷ 放款至卖家的 Escrow账户

图 5-12　Escrow 服务的业务流程

3. 国际支付宝的费用

国际支付宝是阿里巴巴国际站和支付宝联合推出的针对国际贸易的在线支付担保服务。在阿里巴巴国际站平台上使用国际支付宝服务的过程中会产生交易手续费和提现手续费。

（1）交易手续费：按订单金额收取 5%，须包含在产品价格中，卖家可通过定价策略来平衡该项成本。

（2）提现手续费：阿里巴巴国际站美元提现时每次需支付 15 美元/笔的手续费，由银行收取；人民币提现则无手续费。

4. 国际支付宝的优势

（1）多种支付方式。目前，国际支付宝支持的支付方式有信用卡、借记卡、QIWI、Yandex. Money、WebMoney、Boleto、TEF、MercadoPago、DOKU、Western Union 和 T/T 银行汇款等，更多符合各地区买家支付习惯的支付方式还在不断增加。

（2）安全保障。国际支付宝是一种第三方支付服务，而不只是一种支付工具。对于卖家而言，国际支付宝的风控体系可以保护卖家在交易中免受信用卡被盗刷的风险，同时也可以避免在交易中使用其他支付方式而导致的交易欺诈。

（3）方便快捷。使用国际支付宝收款不需要预存任何款项，如全球速卖通会员只需绑定国内支付宝账户和美国银行账户就可以分别实现人民币和美元的收款。

（4）品牌优势。国际支付宝背靠阿里巴巴和支付宝两大品牌，潜力巨大。

（三）连连支付

1. 连连支付的概况

连连银通电子支付有限公司（以下简称"连连支付"）作为专业的第三方支付机构，是中国领先的行业支付解决方案提供商。该公司于 2003 年在杭州市成立，注册资金 3.25 亿元，是连连集团旗下全资子公司。连连支付还是中国（杭州）跨境电子商务综合试验区首批战略合作伙伴。

连连支付拥有中国人民银行颁发的"支付业务许可证"，中国人民银行核准的跨境人民币结算业务资质，以及国家外汇管理局浙江省分局批准的跨境外汇支付业务试点资质，同时被中国证监会批准为基金销售支付结算机构。连连支付的业务已经覆盖了跨境贸易、电商、航旅、出行、物流、教育、房产、汽车、保险、基金、文化等 20 多个垂直行业。截至 2018 年 6 月，连连支付历史累计交易量突破 2 万亿人民币，连续 3 年复合增长率达 139%，累计服务线上企业超过 2 万家，整体用户规模近 3 亿。

基于跨境贸易及移动支付高速发展的现状，为满足各企业商家在交易环节中不断提高的收付款需求，连连支付打造了以跨境支付、移动支付、O2O 支付、大数据风控为业务核心的全球化支付解决方案，极大缩短了跨境贸易商家的资金汇兑周期，提升了全球贸易企业的货币处理效率，助推外贸产业进一步完善。

拓展阅读

数字资源 5-7：
　　连连国际与 FIS 旗下 Worldpay 达成战略合作　携手为出海企业创造更多商机

2. 连连支付的服务模式

连连支付的服务模式目前主要包括帮助卖家处理跨境收款、提现以及其他多项业务，致力于为跨境电商行业构建全方位的支付生态体系。

（1）帮助卖家处理跨境收款、提现。

近年来，在我国外贸市场总体趋于平稳的大环境下，跨境电商的发展势头强劲。众多卖家纷纷投身跨境电商领域，在经历了选平台、选品类、选产品、选物流等一系列环节，实现业务蓬勃发展后，却又面临着许多跨境收款难题，如开户难、开户贵、收款慢、费率高以及管理流程烦琐等。连连支付便为跨境电商卖家提供了安全、快捷、有效的支付解决方案。

连连支付的支付解决方案支持多个币种，包括美元、欧元、英镑、日元等，而且提现到账速度快，提现手续费低，降低了运营成本，满足了跨境电商卖家在国际贸易中的多样化需求。

（2）一键开店服务。

连连支付推出的"一键开店"功能极大地简化了跨境电商卖家入驻平台的流程。该功能直接对接亚马逊、Shopee、TikTok Shop 等众多平台，通过先进的技术手段，实现最快当日下店。卖家无须再准备不同平台要求的各类资料并分别提交审核，而是可以借助连连支付这一功能，实现开店资料 AI 智能匹配，迅速完成店铺开设所需的各种复杂流程。这对于想要快速布局多平台、抢占市场先机的卖家而言，具有极大的吸引力。

（3）多币种本地收款。

连连支付支持东南亚、中东、欧洲等地区的本地银行账户收款。对于跨境电商卖家而言，这种收款方式优势显著。卖家在这些地区开展业务时，无须进行换汇操作，可直接以人民币结算交易款项。这有效降低了因汇率波动带来的风险，避免了在换汇过程中可能产生的汇率损失。同时，多币种本地收款账户结合子账户分权管理功能，卖家可创建 100 余个自定义权限角色，方便对不同业务板块、不同员工进行权限设置和资金管理。该功能还支持与 ERP 系统 API 自动化对接，能大大提升日均处理多店铺对账效率，从而提高了财务管理的效率和准确性。

（4）出口退税服务。

连连支付通过简化出口退税流程，为跨境电商卖家提供了极大便利。在传统出口退税流程中，卖家需要准备大量资料，经过多个部门审核，整个流程烦琐且耗时较长。连连支付整合相关资源，优化操作流程，为卖家提供全程跟踪服务。在办理效率方面，出口退税最快 3 个工作日即可到账，大大加快了卖家的资金回笼速度；在费率方面，最低至0.1%，相较于部分传统退税服务，连连支付提供的出口退税服务降低了卖家的运营成本。

（5）全球付款服务。

连连支付的全球付款服务为跨境电商卖家提供了高效付款至全球合作伙伴的渠道。卖家在跨境贸易过程中，常常需要向供应商、物流商、广告商等各类合作伙伴支付款项。连连支付的全球付款功能覆盖范围广泛，支持广告费、物流、VAT 等百余种场景付款。通过全球资金分发功能，卖家可实现余额直付，一键批量付款至全球合作伙伴，极大地提高了付款效率，减少了复杂的付款操作流程。同时，该服务提供 24 小时报价，卖家可根据实时汇率情况灵活选择仁款时机。连连支付还提供提前锁汇、委托换汇等服务，帮助卖家有效管理外汇风险。

3. 连连支付的优势

（1）高效收款，快速提现。连连支付把人民币提款到账时间缩短至"秒"级，最短的到账时间是 2 秒，一般 2 个小时之内就能提现到账。

（2）安全可靠，合规透明。连连支付拥有中国人民银行颁发的"支付业务许可证"及其核准的跨境人民币结算业务资质，以及国家外汇管理局浙江省分局批准的跨境外汇支付业务试点资质等。中国人民银行和国家外汇管理局对连连支付的双重许可和权威认证，给用户的资金提供了更加安全的保障。

（3）成本低。连连支付的手续费相对较低，特别是在亚马逊和 Shopee 等平台上的标准费率均为 0.7%，相比其他平台具有明显优势。

4. 连连支付的支付流程

连连支付的支付流程如下。

（1）注册认证。登录连连支付官方网站，注册连连支付账号，并完成企业认证。

（2）开通收款账户。登录用户后台，在用户首页点击"申请境外收款账户"，选择需要收款的平台，填写境外收款账户信息。

（3）绑定收款平台。连连支付支持全球超 50 个跨境电商平台及独立站收款，用户可以查看目前支持收款的平台并进行绑定。

（4）创建并关联订单。

（5）提现。绑定提现银行账户，发起提现。

（四）　PayPal

1. PayPal 的概况

PayPal 是全球知名的跨境电商支付与结算工具，其允许在使用电子邮件标识身份的用户之间转移资金，避免了传统的邮寄支票或汇款的方法。PayPal 与各大知名跨境电商网站进行合作，并成为其中的货款支付方式之一。当用户使用 PayPal 这种支付方式转账时，平台会收取一定比例的手续费。

2. PayPal 的账户类型

（1）个人账户。

PayPal 的个人账户适用于在线购物的买家用户，这类账户主要使用付款功能，也具有收款功能，但相较于企业账户，个人账户缺少商家运营所必需的一些功能，如不具备历史交易记录的多维度筛选、商家费率管理等功能，以及缺少网站集成、快速结账等集成工具，因此不建议卖家选择。

（2）企业账户。

PayPal 的企业账户适用于拥有营业执照的商户，其实现了一个账户全球收款，此外

PayPal 的企业账户还支持 20 余种货币收款，并享受 PayPal 卖家保障。注册企业账户时须提供企业所有者信息（须与营业执照上的法定代表人信息一致）、营业执照扫描件以及法定代表人身份证明。

知识拓展

数字资源 5-8：
PayPal 个人账户注册流程

3. PayPal 的支付与结算流程

付款人欲支付一笔金额给商家或者收款人时，主要有以下几个步骤。

（1）只要有电子邮件地址，付款人就可以登录开设 PayPal 账户，通过验证成为其用户，并提供信用卡或者相关银行资料，将一定数额的款项从其开户时登记的账户（例如信用卡）转移至 PayPal 账户。

（2）当付款人启动向第三方付款程序时，必须先进入 PayPal 账户，指定汇出金额，并提供收款人的电子邮件账号给 PayPal。

（3）PayPal 向商家或者收款人发出电子邮件，通知其有等待领取或转账的款项。

（4）若商家或收款人也是 PayPal 用户，其决定接受后，付款人所指定之款项即移转给商家或收款人。

（5）若商家或收款人没有 PayPal 账户，收款人须按照 PayPal 电子邮件内容的指示，进入网页注册取得 PayPal 账户，收款人可以选择将取得的款项转换成支票寄到指定的处所、转入其个人的信用卡账户或者转入另一个银行账户。

从以上流程可以看出，如果收款人已经是 PayPal 的用户，那么该笔款项就汇入其 PayPal 账户，若收款人没有 PayPal 账户，网站就会发送电子邮件，引导收款者至 PayPal 网站注册一个新的账户。

知识拓展

eBay 卖家使用 PayPal 收款提现的方式

1. 电汇提现

电汇提现具有速度快、安全性高的特点。使用 PayPal 进行电汇提现，我国内地用户可以选择提现至内地的银行账户、香港地区的银行账户，甚至美国的银行账户。香港地区用户可以选择提现至香港的银行账户或者美国的银行账户，台湾地区用户可以选择提现至美国的银行账户。当提现至香港银行账户时，PayPal 银行账户持有人与香港银行账号持有人须是同一人。当提现至美国银行账户时，要申请美国银行账号，且提现时间一般需要 3～4 个工作日。

电汇提现费用主要包括提现费、银行收费和退还费三部分，费率根据不同银行而有所不同，不同币种也有不同的最低提现金额。

2. 支票提现

卖家通过"other options"选项向 PayPal 申请支票，通过支票提现所需费用较低，但周期较长，可能存在支票在邮寄过程中丢失的风险。

支票提现的费用主要分为提现费和退还费两部分，各币种的相关费用以及最低提现金额也有所不同。

4. PayPal 的优劣势

（1）优势。

① 全球用户广。PayPal 在全球 200 余个国家和地区拥有 4 亿多用户，付款支持范围包括 100 多种货币。

② 品牌效应强。PayPal 在欧美地区的普及率极高，是全球在线支付的代名词，强大的品牌优势能让用户轻松吸引更多的境外客户。

③ 资金周转快。PayPal 具备的即时支付、即时到账的特点，能够让用户实时收到境外客户发送的款项，及时、高效地帮助用户开拓境外市场。

④ 安全保障高。PayPal 具有完善的安全保障体系、丰富的防欺诈经验，以及业界较低的风险损失率（约 0.27%，不到使用传统交易方式的 1/6），确保了用户的交易顺利进行。

⑤ 小额业务成本低。PayPal 在小额收付款业务上的成本优势明显，无注册费用，无年费，手续费率仅为传统收款方式的 1/2。

（2）劣势。

① 大额业务成本高。当进行大额业务时，如 1 万美元以上的业务等，则通过 PayPal 付款的手续费较高。

② 欺诈风险。如果买家收到的商品不理想，就可以要求退款，少部分人会利用这个规则进行欺诈，卖家面临的风险损失较大。

③ 资金冻结。PayPal 支付容易产生资金冻结的问题，给卖家带来不便，这和 PayPal 平台相对偏袒买家利益是分不开的。

5. PayPal 的费用

PayPal 是 eBay 平台指定收款账户，eBay 卖家在使用 PayPal 收款时，会产生一定的交易/转账手续费及提现手续费，具体情况如下。

（1）交易/转账手续费（见表 5-4）。

表 5-4　PayPal 交易/转账手续费

	月销售额	费率
标准费率	3000 美元及以下	4.4%＋0.3 美元

	月销售额	费率
优惠费率	3001～10000 美元	3.9％＋0.3 美元
	10001～100000 美元	3.7％＋0.3 美元
	100000 以上美元	3.4％＋0.3 美元

（2）提现手续费（见表 5-5）。

表 5-5　PayPal 提现手续费

提现方式	出款币种	手续费
电汇至中国内地的银行账户	美元	每笔 35 美元
提现至中国香港地区的银行账户	港币	提现 1000 港币及以上，免费；提现 1000 港币以下，每笔 3.5 港币
提现至美国的银行账户	美元	每笔 35 美元
通过支票提现	美元	每笔 35 美元

（五）　Payoneer

1. Payoneer 的概况

Payoneer，国内简称"派安盈"，成立于 2005 年，总部位于纽约，是一家提供在线汇款和在线支付服务的金融服务公司。Payoneer 是万事达卡授权的拥有发卡资格的金融机构，Payoneer 的用户可以将资金发送到自己的银行账户。

Payoneer 为用户提供简单、安全、快捷的收款解决方案。数千家公司以及数百万收款人的加入使 Payoneer 已成为支付行业的领先者。Payoneer 的合作伙伴涉及的领域众多，其提供的服务遍布全球 200 多个国家。

Payoneer 应用最广的是电商平台，其合作商家包括亚马逊、Google、Airbnb、Wish、Lazada、Cdiscount、乐天株式会社（Rakuten）、Shopee 等。

2. Payoneer 的优势

（1）提现速度较快。电子支付最大的优势就是提现速度快，在 Payoneer 平台提现，通常一个工作日内即可到账，工作日通常在 1～2 个小时内即可到账，周末则顺延至下一个工作日。

（2）可以发行万事达卡实体卡。Payoneer 是万事达卡授权拥有发卡资格的金融机构，Payoneer 卡的持有者可以在全球所有带有万事达卡标识的 ATM 机或 POS 机取款/刷卡。

（3）支持平台丰富。Payoneer 与全球数千家电商平台合作，超过半数的国内卖家选择使用 Payoneer 卡进行收款。

（4）可直接使用外币支付服务费用。Payoneer 支持多币种支付且不收取手续费。

3. Payoneer 的费用

（1）转账到全球 200 多个国家的当地银行账户，收取 2% 的手续费。

（2）ATM 机人民币取现，每天限额 2500 美元，Payoneer 平台每笔取现收取 3.15 美元的固定费用。

（3）在超市、商场消费，每天限额 2500 美元，Payoneer 平台不收手续费。

（4）根据合作联盟的不同，各项费用明细如下。

第一项收费：Payoneer 万事达卡的实体卡管理年费为 29.95 美元，每年收取一次。

第二项收费：美国账户入账收取转账金额 1% 的费用，其他账户免费入账。

第三项收费：使用 Payoneer 万事达卡内的资金时，有以下情况。

A：POS 机消费，Payoneer 不收取费用。

B：ATM 机取现，Payoneer 平台每笔取现收取 3.15 美元，在中国进行人民币取现时，还包括 3% 以内的汇率损失。

知识拓展

数字资源 5-9：
Payoneer 账户注册流程

（六）PingPong

1. PingPong 的概况

杭州乒乓智能技术有限公司（简称 PingPong）成立于 2015 年，是一家主体位于杭州的知名全球收款公司，主要为中国跨境电商卖家提供低成本的境外收款服务。目前，PingPong 在全球设有超 30 个分支机构，业务覆盖超 200 个国家和地区，是全球较大的跨境贸易数字化服务商之一。

2. PingPong 的服务模式

以遍布全球的运营服务网络、主流国家地区支付牌照和合规资质为依托，PingPong 围绕跨境电商和外贸企业的综合需求，为亚马逊、Wish、Shopee、Shopify 等跨境电商平台的卖家提供一站式综合性服务，建立了涵盖跨境收款、外贸 B2B 收付款、全球收单、全球分发、供应链融资、汇率风险中性解决方案、VAT 税务服务、出口退税、企业费用管理、SaaS 企业服务等多元化的产品矩阵，可为不同类型的客户提供合规、安全、便捷的一站式数字化服务。

3. PingPong 的优势

（1）安全。PingPong 是国内极少数在中国、美国、欧洲、日本、印度等国家和地区均持有支付牌照及资质许可的企业，是国内唯一在世界前八大经济体都持有支付牌照和资质许可的跨境支付机构。

（2）快捷。PingPong 跨境收款最快 5 分钟即可提现到账，并且为客户提供了更多本土化的增值服务。

（3）便宜。PingPong 仅收取 1% 的交易手续费。

 **拓展阅读**

数字资源 5-10：
PingPong 账号注册及收款操作

（七） Airwallex

1. Airwallex 的概况

Airwallex（空中云汇）是一家领先的全球支付及金融平台，2015 年成立于墨尔本，业务覆盖亚太、欧洲和北美地区，已服务全球超 15 万家客户。其业务范围包括跨境交易中的收付款和多货币换汇，并面向现代企业提供全球支付、财务管理、费控管理以及嵌入式金融解决方案。

2. Airwallex 的服务模式

Airwallex 作为一站式全球支付及金融平台，为跨境电商企业提供全球收款、货币兑换、国际付款、全球收单等服务。Airwallex 与全球多家银行建立合作，并拥有全球各地清算组织之间的授信和系统对接，从而让清算速度更快，并能清晰看到资金流转情况。其运用自建的全球金融服务设施，解决了全球支付和财务运营中的各种痛点，赋能各类规模的企业开启全球化新机遇，实现无界增长。

3. Airwallex 的优势

针对中小跨境电商商户，Airwallex 的产品具有独特的优势。

（1）多平台。Airwallex 支持亚马逊、Shopify、eBay 等 20 多个跨境电商平台/收单平台，还支持从 PayPal 平台收款。

（2）多币种。Airwallex 支持美元、英镑、欧元、日元、澳元等主流币种。

（3）多店铺。一个主账号可设置多个币种账户，一个币种账户又可生成不同的收款账号，可用于多店铺收款，各账号间独立、防关联；

（4）全链条。Airwallex 提供收款、换汇、提现入境一站式服务，还支持向海内外供应商付款，如 VAT 税务服务。

（八）　WebMoney

1. WebMoney 的概况

WebMoney（简称 WM）是由 WebMoney Transfer Techology 公司开发的一种电子钱包，充值后可以在各种支持使用的网上平台进行服务产品的购买。WebMoney 是俄罗斯主流的电子支付方式，超过 35％的俄罗斯互联网用户会使用 WebMoney 钱包。

WebMoney 可以在包括中国在内的全球 70 多个国家和地区使用，在俄语系国家、日本、欧美国家都有相当的使用人群。目前 WebMoney 支持中国银联卡取款，但手续费较高，流程较为复杂，因此国内用户一般通过第三方网站进行充值和提现。

2. WebMoney 的优劣势

（1）优势。

① 安全性。WebMoney 平台具有转账需要手机短信验证、异地登录 IP 保护等多重保护功能。

② 迅速性。即时到账。

③ 稳定性。俄罗斯主流的电子支付方式，在俄罗斯各大银行均可自主充值取款。

④ 国际性。可在全球 70 多个国家和地区使用。

⑤ 方便性。知道对方的账号即可转账汇款。

⑥ 隐私性。可以匿名申请免费开户，实现隐私保护。

⑦ 通用性。全球许多外汇站点、投资类站点、购物网站都接受 WebMoney 收付款。

（2）劣势。

取款手续费较高，流程较为复杂。

3. WebMoney 的付款流程

买家使用 WebMoney 付款流程如下。

① 选择 WebMoney 支付，跳转到 WebMoney 官网。

② 选择 WebMoney 余额、WM-Card 等作为付款方式。

③ 输入 WMID、Email 或手机号码和密码登录。

④ 确认订单信息，输入验证码。

⑤ 完成付款，返回到商家网站（见图 5-13）。

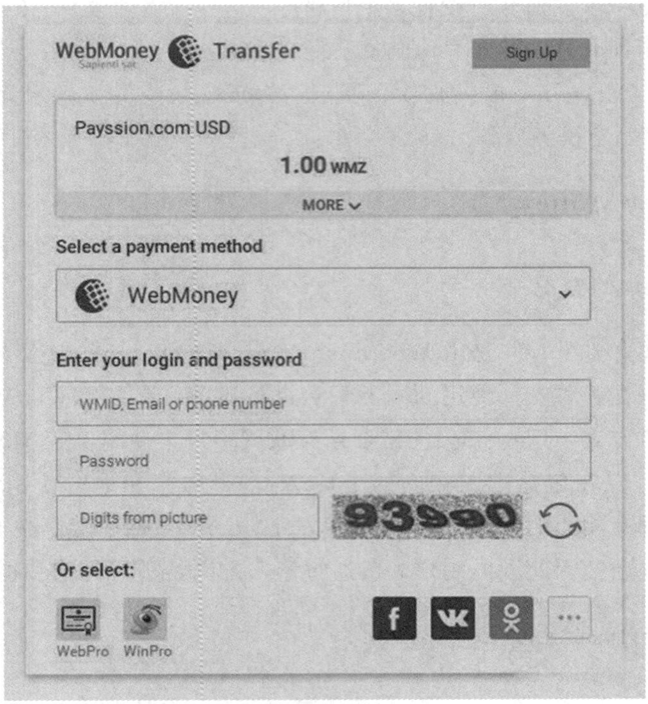

图 5-13　WebMoney 支付页面

知识拓展

WebMoney ID

WMID 是 WebMoney 用户的唯一识别码，其形式为 12 位的数字。每个 WMID 可以具有多个币种钱包，如 WMR、WMZ、WME 等。用户成功注册 WebMoney 账户后可以在网站界面的右上角找到自己的 WMID。

WMID 不可以直接用来转账，只可以用来进行以下操作。

（1）登录账户（用户可以使用 WMID 代替邮箱和手机号码进行登录）。

（2）验证用户的证书。如果用户要向一个 WebMoney 账户进行转账，可以先查询该账户的 WMID，了解该账户是否曾被投诉，避免碰到欺诈骗局。

（3）通过 WMID 添加好友并发送聊天消息。

大致来说，WMID 就是用户在系统中的登录名，且不能用来进行转账交易。如果用户打算转账给另一个人，需要提供对方的币种钱包号码，而不是 WMID。

WebMoney 币种钱包

WebMoney 中不同币种钱包之间不能进行转账。如果用户要使用一种货币，则需要创建一个新的币种钱包，例如用户要使用美元交易，则需要创建一个 WMZ 钱包。

WebMoney 系统中每个账户都可以创建多达 11 个不同币种的钱包，不同的钱包对应不同的币种。每个币种钱包都有自己的缩写。如 WMR 是 WebMoney 中俄罗斯卢布钱包的缩写名称，WMZ 是美元钱包的缩写名称，WME 是欧元钱包的缩写名称。表 5-6 是 WebMoney 具体的币种钱包信息。

表 5-6　WebMoney 币种钱包信息

钱包	币种
WMZ	美元
WMR	俄罗斯卢布
WME	欧元
WMU	乌克兰格里夫纳
WMK	哈萨克斯坦坚戈
WMB	白俄罗斯卢布
WMG	黄金
WMV	越南盾
WMX	比特币
WMH	比特币现金
WML	莱特币

4. WebMoney 的费用

WMID 下不同钱包之间的转账须收取 0.8% 的手续费，由付款方支付，具体如下。
① WMZ，收取 0.8% 转账手续费，最低 0.01WMZ，最多 50WMZ。
② WME，收取 0.8% 转账手续费，最低 0.01WME，最多 50WME。
③ WMR，收取 0.8% 转账手续费，最低 0.01WMR，最多 1500WMR。
④ WMG，收取 0.8% 转账手续费，最低 0.01 克，最多 2 克。

5. WebMoney 的支付介绍

WebMoney 支付介绍如表 5-7 所示。

表 5-7　WebMoney 支付介绍

项目	介绍
支付机构所属国家	俄罗斯
覆盖地区/国家	70 多个国家
支付类型	电子钱包
支持币种	支持创建币种：RUB（俄罗斯卢布）、USD（美元）、EUR（欧元）；支持结算币种：USD（美元）、EUR（欧元）

项目	介绍
适合行业	外贸电商、游戏发行、视频直播等
最小单笔限额	10.00RUB/0.01USD
最大单笔限额	无
覆盖用户	超过 4000 万（全球）
市场覆盖率	超过 35％
到账时间	实时到账
是否支持拒付	不支持
是否支持退款	支持
退款手续费	1.0 美元/笔

知识拓展

数字资源 5-11：
WebMoney 账户注册流程

（九） Boleto

1. Boleto 的概况

Boleto 全称 Boleto Bancário，是由多家巴西银行共同支持的一种使用条形码的支付方式。目前国内对接巴西的跨境电商业务基本都支持 Boleto 支付。买家在网站上下单后，Boleto 会给买家发送一份类似发票的电子票据（见图 5-14），该票据注明了付款金额和最后付款日期，买家可以将票据打印出来，到附近的银行网点、ATM 机、邮局、超市等地使用现金进行支付，也可以使用网上银行或手机银行 App 在线支付，只需要使用手机扫描票据上的条形码，或者手动输入号码来付款。

知识拓展

数字资源 5-12：
Boleto 票据介绍

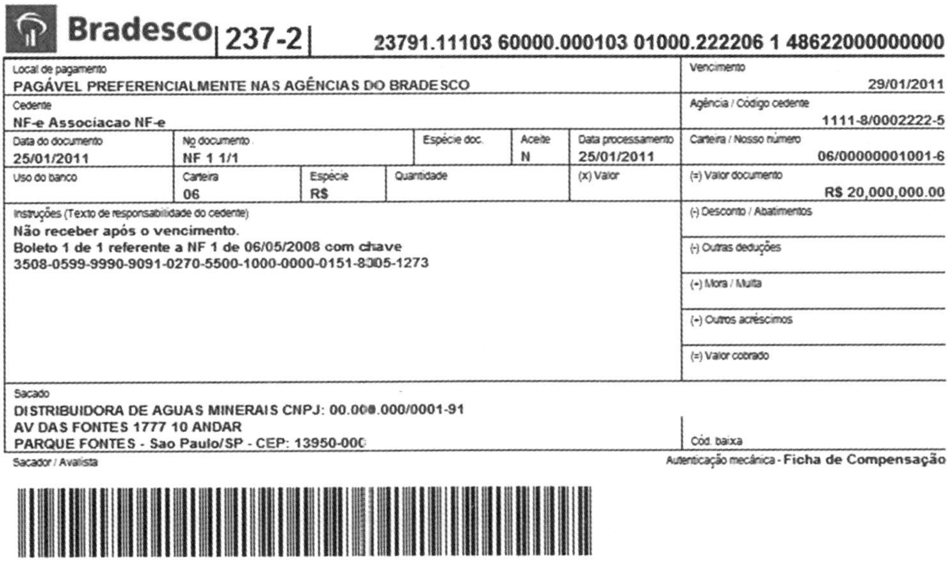
Bradesco | 237-2 | 23791.11103 60000.000103 01000.222206 1 48622000000000

Local de pagamento PAGÁVEL PREFERENCIALMENTE NAS AGÊNCIAS DO BRADESCO						Vencimento 29/01/2011
Cedente NF-e Associacao NF-e						Agência / Código cedente 1111-8/0002222-5
Data do documento 25/01/2011	Nº documento NF 1 1/1		Espécie doc.	Aceite N	Data processamento 25/01/2011	Carteira / Nosso número 06/00000001001-6
Uso do banco	Carteira 06	Espécie R$	Quantidade		(x) Valor	(=) Valor documento R$ 20,000,000.00
Instruções (Texto de responsabilidade do cedente) Não receber após o vencimento. Boleto 1 de 1 referente a NF 1 de 06/05/2008 com chave 3508-0599-9990-9091-0270-5500-1000-0000-0151-8305-1273						(-) Desconto / Abatimentos (-) Outras deduções (+) Mora / Multa (+) Outros acréscimos (=) Valor cobrado
Sacado DISTRIBUIDORA DE AGUAS MINERAIS CNPJ: 00.000.000/0001-91 AV DAS FONTES 1777 10 ANDAR PARQUE FONTES - Sao Paulo/SP - CEP: 13950-000						Cód. baixa

Sacador / Avalista

Autenticação mecânica - Ficha de Compensação

图 5-14 Boleto 电子票据

2. Boleto 的特点

（1）消费者一旦付款，不会产生拒付订单和伪造订单，保证了商家的交易安全。

（2）支持线上、线下付款，消费者需要在网上打印付款单并通过网上银行、线下银行或其他指定网点进行付款。

（3）单笔支付限额为 3000 美元，月累计支付不超过 3000 美元。

（4）不是网上实时付款，消费者可以在 1～3 天内付款，各个银行网点需要 1～3 个工作日的时间完成数据交换，所以每笔交易一般需要 2～7 天的时间才能支付完成。

3. Boleto 的付款流程

Boleto 的付款流程如下。

（1）选择需要购买的商品，加入购物车，点击 checkout，进入支付页面，选择 Boleto 支付方式。

（2）填入信息。包括 CPF（个人的国家税务登记号）/CNPJ（法人国家登记号）、Email、电话、CEP（邮政编码）、地址等信息。

（3）系统生成带有条形码的电子票据，供客户打印。

（4）客户可在 2～7 天内在线下网点以现金支付，或者通过网上银行或手机银行 App 扫描票据条形码进行支付。

（5）付款完成，确认付款一般需要一个工作日。

4. Boleto 的费用

Boleto 交易费用较便宜，例如 PayPal 交易/转账手续费的标准费率是 4.4%+0.3 美元，而 Boleto 一般低于 4%。

5. Boleto 支付介绍

Boleto 支付介绍如表 5-8 所示。

表 5-8　Boleto 支付介绍

项目	介绍
覆盖地区/国家	巴西
支持币种	BRL（巴西雷亚尔）、USD
交易限制	单笔 1~3000 美元；每月不超过 3000 美元
支付特点	无须保证金；无拒付；不是实时交易；操作流程简便；目标群使用率高
支持银行	巴西任何一家银行网点；使用网上银行或手机银行 App 授权银行转账
到账时间	2~7 天
是否支持拒付	不支持
是否支持退款	支持
退款手续费	1.0 美元/笔

任务小结

通过本节的学习，学生应对跨境电商支付的概念有了初步的了解，学习并掌握跨境电商支付与传统跨境贸易支付的区别，不同跨境电商支付方式的特点，建立起对跨境电商支付的基础认识，能够根据需要选择合适的跨境电商支付方式。

数字资源 5-13：
项目五　任务 3　测验

技能实训

1. 请注册 eBay 买家账户，绑定自己已经办理的国际信用卡，拍下某款产品（不用付款），体验并了解国际信用卡支付流程。

2. 注册 PayPal 个人账户，了解 PayPal 的主要功能，并熟练掌握 PayPal 账户的注册操作。

3. 党的二十大报告强调"有序推进人民币国际化"，应用数字人民币进行跨境支付结算是推进人民币国际化的重要抓手。通过网络调研了解我国数字人民币的发展状况，思考数字人民币结算当前面临哪些挑战？

4. 对比分析不同跨境电商支付方式的特点，并进行总结，填写表 5-9。

表 5-9　跨境电子商务支付方式对比

跨境电商支付方式	优势	劣势	适用场景
银行电汇			
汇款公司转账			
国际信用卡支付			
数字货币支付			
第三方支付			

5. 阿里巴巴国际站是国内最大的跨境电商 B2B 平台，浏览阿里巴巴国际站网站信息，总结阿里巴巴国际站平台的支付与结算方式，填写表 5-10。

表 5-10　阿里巴巴国际站平台支付与结算方式

支付方式	支付手续费	到账时间	支付上限

項目六
跨境物流运输与保险

项目目标

◆ **知识目标**

(1) 了解不同国际货物运输方式的特点。

(2) 了解不同国际货物运输单据的性质。

(3) 了解国际货物运输的风险。

(4) 掌握不同国际货物运输的保险险别。

(5) 掌握跨境电商物流模式。

◆ **能力目标**

(1) 能够根据货物特性和运输路线等情况，选择合适的国际货物运输方式。

(2) 能够识别国际贸易货物运输风险，选择合适的保险险种。

(3) 能够综合考虑各项因素，选择合适的跨境电商物流模式。

◆ **素质目标**

(1) 增强风险意识，具备外贸风险的防范与处理能力。

(2) 增强职业责任感与职业道德。

国际货物运输方式的选择

小王在武汉某茶叶出口公司从事外贸业务员的工作，近期他收到国外某客户函电，表示3个月后是该国茶叶销售旺季，现打算向小王的公司订购50吨茶叶，茶叶价值100余万美元。客户希望小王先寄递一份500克的茶叶样品，若样品品质符合要求则可订立购货合同。

请思考：

（1）运输500克茶叶样品适合采用什么运输方式？该运输方式有何特点？

（2）运输50吨茶叶适合采用什么运输方式？运输过程中存在哪些风险？如何规避风险？

任务1　国际货物运输方式

任务描述

在传统的国际贸易中，出口商备货后，要通过国际物流把货物运送至目的地，实现交易履约。了解国际货物主要的运输方式有利于控制货物运输成本，降低货物运输风险。

任务目标

（1）了解不同国际货物运输方式的特点。

（2）了解国际货物运输中常用的单据及其性质。

（3）能够根据货物特性和运输路线等情况，选择合适的国际货物运输方式。

一、海洋运输

（一）海洋运输的特点

海洋运输简称海运，是指利用商船在国内外港口之间通过特定的航区和航线运输货物的方式。海洋运输的货运总量约占国际贸易货运总量的80%，是国际贸易中最重要的货物运输方式。

与其他运输方式相比，海洋运输具有以下特点。

（1）运量大。海运船舶的运载能力远远大于铁路和公路运输车辆的运载能力。目前，油轮的装载量已超过 60 万吨，散货船的装载量已超过 30 万吨。

（2）运费低。因为海运的运量大、航程远，分摊至每吨货物的运输成本就较低，因此单位货物的运费比其他运输方式的运费要低。海洋运输每单位货物的运输成本约占铁路运输成本的 1/20，约占航空运输成本的 1/30。

（3）通行能力强。汽车和火车会受到公路和铁路轨道的限制，而船舶利用四通八达的天然航道，通行能力明显强于汽车和火车。

（4）对货物的适应性强。海运船舶包括多用途船、专用船等，可以适应各种货物的运输需要，对重量大、体积大的货物也有较强的适应性。

（5）风险大。海洋运输时间较长，运输过程中易受自然条件和气候等因素的影响，风险较大。

（6）运期长。普通商船的航运速度相对较慢，航行周期较长，对于不能经受长时间长途运输的、易受气候条件影响的，以及急需的货物，一般不宜采用海运。

（二）海洋运输方式

按照经营方式的不同，海洋运输主要分为班轮运输和租船运输。

1. 班轮运输

班轮运输又称定期船运输，是指承运人接受众多托运人的委托，在同一艘船上装载多个属于不同货主的货物，按事先约定的航期，沿着特定的航道，按港口顺序，航行于各港口之间的运输形式。班轮运输主要用于零星成交、批次较多、到港分散的货物运输。

相较于其他海洋运输方式，班轮运输有以下四个特点。

（1）"四固定"。即航线固定、停靠港口固定、船期固定和运输费率相对固定。

（2）船方负责货物装卸，并承担装卸费用，不计滞期费和速遣费。

（3）承运货物的品种数量灵活，货运质量有保证。

（4）船、货双方的权利与义务以提单为准。提单是海上货物运输合同成立的证据和代表货物所有权的法律凭证。

2. 租船运输

租船运输又称不定期船运输，是指船东和租船人签订租船（舱）合同，租船人向船东租赁船舶来运输货物的运输方式。租船运输与班轮运输相比，具有以下几个特点。

（1）租船运输属于不定期船，无固定的航线、挂靠港和船期，一切由租船双方在装运前协商确定。

（2）运费不固定，运费受市场供求关系影响，由租船人和船东提前谈判决定。

（3）租船运输主要适用于粮谷、矿砂、煤炭、石油、木材等大宗货物的运输。

（4）租船人和船东之间的权利、义务和责任以双方签订的租船合同为准。

（三）海运提单

海运提单（ocean bill of lading，B/L）简称提单，是指用以证明海上货物运输合同和货物已经由承运人接收或者装船，以及承运人保证据以交付货物的单据。提单所涉及的当事人主要有承运人、托运人、收货人等。其中，承运人通常是与托运人签订运输合同、承担运输任务的船运公司，托运人是送交所需运送货物的人，收货人是有权提货的人。

海运提单是由承运人签发的具有法律效力的单据，其具有以下三方面的性质与作用。

（1）货物收据。提单是承运人签发给托运人的货物收据，也是承运人与托运人订立运输合同的证明，承运人应凭提单所列内容向收货人交货。

（2）物权凭证。提单是货物所有权的凭证，卖方凭提单向银行结算货款，提单的合法持有人凭提单可以在目的港向轮船公司提取货物，也可以在载货船舶抵达目的港交货前，通过转让提单而转移货物的所有权，还可以凭提单向银行抵押而取得贷款。

（3）运输契约的证明。提单是海运契约的证明，是承运人和托运人处理双方在运输中的权利和义务问题的主要法律依据。在提单背面印有各项运输条款和条件，以此规定承运人和托运人双方的权利和免责事项。

二、铁路运输

（一）铁路运输的特点

在国际货物运输中，铁路运输是一种仅次于海洋运输的重要运输方式。相较于海运和空运，铁路运输受气候条件的限制较少，运输途中遭受风险的概率也相对较低，大部分情况下终年正常运行，具有运量大、成本低、快速、安全可靠、连续性强等优点。铁路运输与其他运输方式相结合，可以实现"门到门"的连续运输。

（二）国际铁路货物联运

国际铁路货物联运，是指两个或两个以上国家，按照共同签署的有关协定，利用各自的铁路联合起来完成一票货物的全程运输的方式。国际铁路货物联运使用一份统一的国际联运单据，在一国铁路向另一国铁路移交货物时，无须收、发货人参加，由铁路当局对全程运输负连带责任。

国际铁路货物联运的有关当事国事先必须有书面约定，才能协作进行货物的联运工作。相关的国际条约主要有两个，即《国际铁路货物运输公约》和《国际铁路货物联运协定》。1954年1月我国加入了《国际铁路货物联运协定》，并开办了国际铁路货物联运。目前，我国和中亚、南亚、中东欧等地区的进出口货物业务，采用铁路联运的货运量日渐增长。如作为国际铁路货物联运典型代表的中欧班列，2011年开始运营时开行量仅有17列，2020年则增长到1.2万列，截至2023年，中欧班列年开行数量则超过1.7万列。

💻 **视野拓展**

中欧班列

中欧班列是由中国铁路总公司组织，按照固定车次、线路、班期和全程运行时刻开行，运行于中国与欧洲以及"一带一路"沿线国家间的集装箱等铁路国际联运列车，是深化我国与沿线国家经贸合作的重要载体和推进"一带一路"建设的重要抓手。

目前，中欧班列铺划了西、中、东3条通道：西通道一是由新疆阿拉山口（霍尔果斯）口岸出境，二是由霍尔果斯（阿拉山口）口岸出境，三是由吐尔尕特（伊尔克什坦），与规划中的中吉乌铁路等连接；中通道由内蒙古二连浩特口岸出境；东通道由内蒙古满洲里（黑龙江绥芬河）口岸出境。

截至2023年，中欧班列累计开行7.7万列，运送货物731万标箱，货值超3400亿美元，通达欧洲25个国家的217个城市，成为国际经贸合作的重要桥梁。

（三）国际铁路联运运单

国际铁路联运运单是国际铁路联运的主要运输单据，是参加国际铁路货物联运的铁路方与发货人、收货人之间缔结的运输合同。其中规定了参加联运的各国铁路与发货人、收货人的权利和义务，对三方均具有法律约束力。

国际铁路联运运单一式五联，包括运单正本、运行报单、运单副本、货物交付单和货物到达通知单。第一联为运单正本，随货走，到达终点站时连同货物到达通知单和货物一并交给收货人。第二联为运行报单，也随货走，是铁路办理货物交接、清算运费、统计运量和收入的原始凭证，由铁路留存。第三联为运单副本，由始发站盖章后交发货人，是发货人向收货人结算货款的主要凭证。第四联为货物交付单，随货走，由终点站铁路留存。第五联为货物到达通知单，到终点站后随货物交由收货人。

📈 三、航空运输

（一）航空运输的特点

航空运输是一种通过飞机配送货物的运输方式。与其他运输方式相比，航空运输具有运输速度快、航行时间短、运输范围广、灵活性强等优势，此外，也存在载重量较小、运载成本较高等劣势。航空运输特别适合配送应季、在高温天气下容易变质以及短时间内需求迫切的货物。

（二）航空运输方式

航空运输方式主要有班机运输、包机运输、集中托运和航空快递四种方式。

1. 班机运输

班机是指沿着固定航线定期航行的航班，航班的出发站、目的站和中途站固定不变。航空公司通常使用客货混合机型运输货物。在大型航空公司中，也有特定路线全货机的航班。

2. 包机运输

包机运输是指包租整架飞机或由几个发货人（或航空货运代理人）联合包租一架飞机来运送货物。

3. 集中托运

集中托运是指由航空货物运输代理公司填写一份总运单，将几批单独出货但目的站相同的货物合并装运，由航空货物运输代理公司在目的站的代理人负责收货、报关，再把货物分别交给各收货人的运输方式。集中托运的运费较低，在航空运输中使用较为普遍。

4. 航空快递

航空快递是由快递公司与航空公司合作，向货主提供的快递服务。其业务包括：由快递公司派专人从发货人处提取货物后以最快的航班将货物出运，飞抵目的站后，由专人接机提货，办妥进关手续后直接送达收货人。这是一种最为快捷的运输方式，特别适合于各种急需物品、医疗器械、贵重物品、图纸资料、关键零部件、货样、单证等小件物品的快捷运输。

（三）航空运单

航空运单是承运人与托运人之间签订的运输契约，也是承运人或其代理人签发的货物收据。航空运单并非物权凭证，是不可转让的，卖方只可凭此向银行办理结汇。货物运抵目的地后，收货人凭航空公司的货物到达通知单领取货物，并在航空运单上签收。

四、国际多式联运

（一）国际多式联运的特点

国际多式联运是指按照国际多式联运合同，以至少两种不同的运输方式，由多式联运经营人将货物从一国境内的接管地点运至另一国境内指定交付地点的货物运输。

与其他运输方式相比，国际多式联运具有以下优点。

（1）责任统一，手续简便。国际多式联运的所有运输事项均由多式联运承运人负责办理。托运人只需要办理一次托运，订立一份运输合同，支付一次运费，办理一次保险，并取得一份联运提单，便可方便快捷地将货物运输到目的地。

（2）节省费用，降低运输成本。国际多式联运采用集装箱进行运输，全程一次性收取运输费用和保险费用，节省了人、财、物资源，降低了运输成本。

（3）缩短运输时间，提高运输质量。国际多式联运的各个运输环节和各种运输工具之间配合密切、衔接紧凑，货物所到之处，中转迅速及时，大大减少了货物的在途停留时间，从而保证了货物安全、迅速、准确、及时地运抵目的地。

（4）提高运输组织水平，实现门对门运输，运输更加合理化。国际多式联运可利用各种运输方式的连续运输，把货物从发货人的工厂或仓库直接运到收货人的仓库或工厂，实现"门到门"的运输。

（二）构成国际多式联运应具备的条件

构成国际多式联运应具备的条件有5项：① 必须是国际间两种或两种以上不同运输方式的连贯运输；② 有一份多式联运合同，合同中明确规定多式联运承运人和托运人之间的权利、义务、责任和豁免；③ 必须使用一份包括全程的多式联运单据；④ 必须有一个多式联运承运人对全程运输负责；⑤ 必须实行全程单一运输费率。

（三）大陆桥运输

大陆桥运输是指利用横贯大陆的铁路或公路运输系统作为中间桥梁，把大陆两端的海洋连接起来的集装箱连贯运输方式。大陆桥运输从形式上看是"海—陆—海"联运，属于国际多式联运的方式。大陆在其中起到了连接海洋的"桥"的作用，所以称为"大陆桥"。目前世界上主要有三条大陆桥，即西伯利亚大陆桥、北美大陆桥和新亚欧大陆桥。

视野拓展

大陆桥

一、西伯利亚大陆桥

西伯利亚大陆桥（又称亚欧第一大陆桥）全长约13000千米，东起俄罗斯东方港，西至俄芬（芬兰）、俄白（白俄罗斯）、俄乌（乌克兰）和俄哈（哈萨克斯坦）边界，过境欧洲和中亚等国家。西伯利亚大陆桥存在的问题有：运输时间不稳定；铁路运输中，货物位置难确认；往返货源不平衡。

二、北美大陆桥

北美大陆桥是指从日本东向，利用海路运输到北美西海岸，经由横贯北美大陆的铁路线，陆运到北美东海岸，再经海路运送到欧洲的"海—陆—海"运输结构。北美大陆桥包括美国大陆桥运输和加拿大大陆桥运输。美国大陆桥有两条运输线路：一条是从西部太平洋沿岸至东部大西洋沿岸的铁路和公路运输线；另一条是从西部太平洋沿岸至东南部墨西哥湾沿岸的铁路和公路运输线。北美大陆桥是世界上历史最悠久、影响最大、服务范围最广的大陆桥运输线。

三、新亚欧大陆桥

新亚欧大陆桥（又称亚欧第二大陆桥）。该大陆桥东起中国的连云港，西至荷兰鹿特丹港，全长约10900千米，其中中国境内部分有4000余千米。新亚欧大陆桥途经中国、哈萨克斯坦、俄罗斯、白俄罗斯、波兰、德国和荷兰7个国家。1990年9月，中国铁路与哈萨克斯坦铁路在德鲁日巴站正式接轨，标志着该大陆桥的贯通。1992年12月1日，"东方1080"号首列国际集装箱专列从连云港发出，拉开了新亚欧大陆桥正式运营的序幕。如今该大陆桥运量逐年增长，具有巨大的发展潜力。

（四）国际多式联运单据

国际多式联运单据是指证明国际多式联运合同以及证明国际多式联运承运人接管货物并负责按照合同条款交付货物的单据。国际多式联运单据由承运人或其代理人签发，单据的作用与海运提单相似，既是货物收据，又是运输契约的证明，在单据制成指示抬头或不记名抬头时，可作为物权凭证，经背书可以转让。

五、国际邮政运输

（一）国际邮政运输的特点

国际邮政运输是指通过邮局寄交进出口货物的运输方式。各国邮政部门之间依据协定和公约，互相传递货物。国际邮政运输是一种简便的运输方式，手续简便，费用不高，适用于量轻体小的货物。

国际邮政运输主要有以下几个特点。

（1）具有广泛的国际性。国际邮政在国与国之间进行，在多数情况下，国际邮件需要经过两个或两个以上国家。

（2）具有国际多式联运性质。国际邮政运输过程一般需要经过两个或两个以上国家的邮政局和两种或两种以上不同的运输方式的联合作业才能完成。

（3）具有"门到门"运输的性质。各国邮政局遍及世界各地，邮件一般可在当地就近邮政局办理，邮件到达目的地后，收件人也可在当地就近邮政局提取邮件。

（二）邮政收据

邮政收据是邮政运输的主要单据，它既是邮局收到寄件人的邮件后所签发的凭证，又是收件人凭以提取邮件的凭证。当邮件发生损坏或丢失时，它还可以作为索赔和理赔的依据，但邮政收据不是物权凭证。

任务小结

通过本节的学习，学生应初步了解主要的国际货物运输方式的特点、单据，能够根据货物特性选择合适的运输方式，从而降低货物运输成本与风险。

数字资源6-1：
项目六　任务1　测验

技能实训

1. 某公司有一批货物需要从中国运往欧洲，货物为电子产品，重量较轻但价值较高，对运输时间要求较高。请分析该公司应选择哪种国际货物运输方式，并说明理由。

2. A公司以出口打印机为主营业务，业务特点为成交量小、批次多、交持港口分散，B租船货代公司应推荐A公司采用租船运输方式吗？如果不合适，在具备什么业务特点时应推荐采用租船运输方式？

3. 我国A公司同某国B公司签订买卖合同，要出口一批货物，合同规定的支付方式是即期付款交单。我方按期将货物装出并由C轮船公司承运，并出具转运提单，货物经韩国改装后，再由其他轮船公司运往目的港。货到目的港后，B公司已宣告破产倒闭。当地E公司伪造假提单从第二程轮船公司在当地的代理人处提走货物。A公司装运货物后，曾委托银行按跟单托收（付款后交单）方式收款，但因收货人已倒闭，货款无着，后又获悉货物已被冒领，遂与C轮船公司交涉，凭其签发的正式提单要求交出承运货物。C轮船公司却借口依照提单第十三条规定的"承运人只对第一程负责，对第二程运输不负运输责任"为由，拒不赔偿。于是，A公司诉诸法院。

请思考：

（1）承运人在运输过程中应承担的责任和义务是什么？

（2）C轮船公司拒不赔偿的理由是否成立？

（3）海运提单的性质是什么？

任务 2　国际货物运输保险

任务描述

　　国际物流运输过程中，货物的装卸、运输和储存存在一定的风险，容易造成货物损坏或灭失，致使买卖双方遭受不必要的损失。为了保证货物在运输途中的安全，减少买卖双方的损失，则需要投保货物运输保险，使自身利益不受侵害。因此，货物运输保险是国际贸易中不可缺少的一部分。

任务目标

　　（1）了解货物运输保险的概念、作用和基本术语。
　　（2）掌握国际货物运输保险险别。
　　（3）识别国际贸易货物运输风险，并选择合适的保险险别。

一、货物运输保险的概念、作用与基本术语

（一）货物运输保险的概念

　　货物运输保险是指投保人对某一特定的运输货物，按一定的险别和规定的费率，向保险公司办理投保手续，并缴纳保险费。保险公司依约承保并发给投保人保险单作为凭证，保险公司对所承保的风险损失承担赔偿责任。

（二）货物运输保险的作用

　　货物运输保险的作用是指货物在水路、铁路、公路和联合运输过程中，因遭受保险责任范围内的自然灾害或意外事故所造成的损失能够得到经济补偿，并加强货物运输的安全防损工作，以利于商品的生产和流通。货物运输保险的具体作用体现在以下几个方面。

1. 转移风险

　　买保险就是把自己的风险转移出去，而接受风险的机构就是保险公司，其为众多有风险顾虑的人提供保险保障。

2. 均摊损失

　　转移风险并非指灾害事故真正离开了投保人，而是保险人借助众人的财力，给遭灾

受损的投保人补偿经济损失。自然灾害、意外事故造成的经济损失一般较大，受灾个人通常难以独自应付与承受。保险人以收取保险费用和支付赔款的形式，将少数人的巨额损失分散给众多的保险人，从而使个人难以承受的损失，变成多数人可以承担的损失，这实际上是把损失均摊给有相同风险的投保人。

3. 实施补偿

投保人或被保险人遭受损失后，可依据保险合同向保险人索要补偿。保险人补偿的范围主要有：第一，投保人因灾害事故所遭受的财产损失；第二，投保人因灾害事故依法对他人应支付的经济赔偿；第三，灾害事故发生后，投保人因施救保险标的所发生的一切费用。

（三）货物运输保险的基本术语

1. 保险人

保险人又称承保人，是指与投保人订立保险合同，收取保险费并在保险事故发生后向他方支付约定赔偿（保险金额）的人。保险人一般为保险公司。

2. 被保险人

被保险人是指保险事故发生时遭受损害并有权接受赔偿的人。在国际货物运输中，被保险人通常是进出口商。

3. 投保人

投保人又称要保人，是指向保险人申请保险，同保险人订立保险合同，并按照保险合同负有交付保险费义务的人。投保人可以是被保险人，也可以不是被保险人。例如，在 FOB、CFR 贸易合同条件下，卖方可代买方办理投保手续，此种情况下卖方是投保人，买方是被保险人。

4. 保险对象

保险对象，即保险标的，在国际货物运输保险中，保险对象一般为国际货物运输中的货物。

5. 保险利益

保险利益是指投保人或被保险人对于保险对象具有的法律上承认的利益。

6. 保险风险

保险风险是指尚未发生的、能使保险对象遭受损害的危险和事故，如自然灾害、意外事故或事件等。保险风险是决定㧪险人责任范围的界限。

7. 保险事故

保险事故是指已经发生的保险风险。

8. 保险金额

保险金额是指保险人在保险事故发生时应向被保险人支付赔偿的最高金额。在国际货物运输保险中，保险金额的高低与货物实际价值有直接联系。

9. 保险费

保险费是指当投保人参加保险时，根据其投保时所订的保险费率，向保险人缴纳的费用。保险费是对保险人将来可能支付赔偿的预付报酬。保险费的计算公式是：保险费＝保险金额×保险费率

10. 保险期限

保险期限即保险合同的有效期限。只有在保险期限内发生的保险事故，保险人才承担赔偿损失的责任。

二、国际货物运输保险类型

为了适应国际货物运输保险的需要，中国人民财产保险股份有限公司（PICC）根据我国保险实际情况并参照国际保险市场的习惯做法，分别制定了各种运输方式的货物保险条款，总称"中国保险条款"（C. I. C.）。按国际货物运输方式来分，中国保险条款主要分为海洋运输货物保险、陆上运输货物保险、航空运输货物保险和邮包运输保险四大类。

（一）海洋运输货物保险

海洋运输货物保险是指保险人对于货物在运输途中由于海上自然灾害、意外事故或外来原因而导致的损失负赔偿责任的一种保险。为适应不同投保人对保险的不同要求，各国保险组织或保险公司将其承保的风险按范围的不同划分成不同的险别，并以条款的形式分别予以明确。

我国现行的海洋运输货物保险条款是"中国保险条款"中的海洋运输货物保险条款。

1. 海洋运输货物保险的风险

（1）海上风险。

海上风险是指船舶或货物在海上运输过程中发生的或随附海上运输所发生的灾难和事故。海上保险所承保的风险，按其发生性质可以分为自然灾害和意外事故两大类，并不包括海上发生的一切意外事故。

① 自然灾害。

自然灾害是指客观存在的，不以人的意志为转移的自然界力量所引起的灾害，具体包括恶劣气候、雷电、海啸、浪涛落海、洪水、地震、火山爆发等。

② 意外事故。

意外事故是指外来的、突然的、非意料之中的事故，具体包括船舶搁浅、触礁、沉没、碰撞、投弃、吊索损害等。

海上风险并不局限于海上发生的灾害和事故，那些与海上航行有关的发生在陆上或与驳船相连接之处的灾害和事故，如地震、洪水、火灾、爆炸、海轮与驳船或码头碰撞等，也属于海上风险。

（2）外来风险。

外来风险是指海上风险以外的其他外来原因所造成的风险。所谓外来风险，其必须是意外的、非预期的。因此，货物的自然损耗和本质缺陷属于必然发生的损失，不包括在外来风险所引起的损失之列。外来风险包括一般外来风险和特殊外来风险两大类。

① 一般外来风险。

一般外来风险是指被保险货物在运输途中由于一般外来原因所造成的风险，具体包括偷窃、沾污、渗漏、破碎、受热受潮、串味、生锈、钩损、淡水雨淋、碰损、短量、提货不着等。

② 特殊外来风险。

特殊外来风险是指由于军事、政治、国家政策法令以及行政措施等特殊外来原因所造成的风险，具体包括战争、罢工、因船舶中途被扣而导致交货不到，以及货物被有关当局拒绝进口或没收而导致拒收和进口关税损失等。

2. 海洋运输货物保险的损失

海上损失，简称海损，是指被保险货物在海运途中，因遭受海上风险而产生的损失。按照损失程度的不同，海损可分为全部损失和部分损失。

（1）全部损失。

全部损失又称全损，是指被保险货物全部遭受损失。按照损失情况的不同，全部损失可分为实际全损和推定全损（见表6-1）。

表 6-1　全部损失

全损类型	概念	具体情形
实际全损	被保险货物发生保险事故后灭失，或完全受损以致丧失原有的形体效用	① 被保险货物完全灭失，如船舶触礁沉入海底；② 被保险货物丧失了原有的用途和价值，如水泥被海水浸泡后结块；③ 被保险人失去了被保险货物的所有权，且无法挽回，如战时被保险货物被敌方扣留并宣布为战利品；④ 船舶失踪达一定时期仍无音讯，《中华人民共和国海商法》第二百四十八条规定：除合同另有约定外，满两个月后仍没有获知其消息的，为船舶失踪。船舶失踪视为实际全损
推定全损	被保险货物虽未全部灭失，但为避免实际全损所需支付的费用超过了货值本身	① 货损后，修复费用超过货物修复后的价值；② 货损后，整理和续运货物到目的地的费用超过货物到达目的地的价值；③ 实际损失已不可避免，或为避免完全损失所需支付的费用将超过货物获救后的价值；④ 被保险人失去货物所有权，而收回所有权所需支出的费用将超过收回后的货值

（2）部分损失。

部分损失是指不属于实际全损和推定全损的损失，即被保险货物的损失没有达到全部损失的程度。按照损失性质的不同，部分损失可分为共同海损和单独海损。

① 共同海损。

共同海损是指在同一海上航程中，船舶、货物和其他财产遭遇共同危险，为了共同安全，有意地、合理地采取措施所直接造成的特殊牺牲、支付的特殊费用。船舶在遭受共同海损后，凡属共同海损范围内的牺牲或费用，均可通过共同海损理算，由有关获救受益方（船方、货方和运费收入方）根据获救价值按比例分摊，这种分摊，称为共同海损分摊。

② 单独海损。

单独海损是指除共同海损之外的部分损失，仅由各受损方单独承担的一种损失。单独海损具有以下特点：

a. 必须是意外的、偶然的保险责任范围内的风险所引起的损失；

b. 属于船方、货方或其他利益方单方面所遭受的损失；

c. 保险标的物单独海损是否可以得到赔偿，由所属的保险条款所决定。

◆ **思考与讨论：**

货轮在航海途中遭遇风暴，导致一批价值 10000 美元的瓷器受损，事后经专家检验，这批瓷器的修复费用为 12000 美元，如将瓷器按照残次品进行销售，可卖 3000 美元。该批瓷器属于何种损失？

---

3. 海洋运输货物保险的费用

海洋运输货物保险的费用是指为营救被保险货物所支出的费用，主要包括施救费用和救助费用。

（1）施救费用。

施救费用是指被保险货物在遭遇保险责任范围内的灾害事故时，被保险人或其代理人、雇佣人为避免或减少损失而采取各种抢救与防护措施所支出的合理费用。

保险人对施救费用赔偿的条件如下：

① 施救费用必须是合理的和必要的；

② 施救费用必须是为防止或减少承保风险造成的损失所采取的措施而支出的费用；

③ 施救费用是由被保险人及其代理人、雇佣人因采取措施而支出的费用；

④ 施救费用的赔偿与措施是否成功无关。

（2）救助费用。

救助费用是指被保险货物在遭遇保险责任范围内的灾害事故时，对于自愿救助的第三者采取的使船舶或货物有效避免或减少损失的救助行为所支付的酬金。

救助费用产生必须具备下列条件：

① 救助必须是第三人的行为；

② 救助必须是自愿的；

③ 救助必须有实际效果。

4. 海洋运输货物保险险别

海洋运输货物保险险别主要分为基本险和附加险两类。基本险可以单独投保，而附加险不能单独投保，只有在投保一种基本险的基础上才能投保附加险。

（1）基本险。

基本险又称主险，主要包括平安险、水渍险和一切险。

① 平安险。

平安险是我国保险业的习惯叫法，其英文含义是"单独海损不赔偿"，即保险人只负责赔偿被保险货物发生的全部损失，但目前平安险的责任范围远远超出了此范围。根据《中国人民财产保险股份有限公司海洋运输货物保险条款》（以下简称《海洋运输货物保险条款》），平安险的责任范围具体包括以下几点。

a. 被保险货物在运输途中由于恶劣气候、雷电、海啸、地震、洪水等自然灾害造成整批货物的全部损失或推定全损。当被保险人要求赔付推定全损时，须将受损货物及其权利委付给保险人。被保险货物用驳船运往或运离海轮的，每一驳船所装的货物可视作一个整批。

b. 由于运输工具遭受搁浅、触礁、沉没、互撞、与流冰或其他物体碰撞，以及失火、爆炸等意外事故造成货物的全部或部分损失。

c. 在运输工具已经发生搁浅、触礁、沉没、焚毁等意外事故的情况下，货物在此前后又在海上遭受恶劣气候、雷电、海啸等自然灾害所造成的部分损失。

d. 在装卸或转运时由于一件或数件整件货物落海造成的全部或部分损失。

e. 被保险人对遭受承保责任内危险的货物采取抢救、防止或减少货损的措施而支付的合理费用，但以不超过该批被救货物的保险金额为限。

f. 运输工具遭遇海难后，在避难港由于卸货所引起的损失，在中途港、避难港由于卸货、存仓以及运送货物所产生的特殊费用。

g. 共同海损的牺牲、分摊和救助费用。

h. 若运输契约订有"船舶互撞责任"条款，根据该条款规定应由货方偿还船方的损失。

⚙ 案例分析

2023 年 7 月，我国某外贸公司按 CIF 贸易术语向英国出口一批茶叶。合同签订后，外贸公司向保险公司投保了平安险。2023 年 9 月，该批货物装船完毕起航。9 月 25 日，装载该批货物的轮船在海上遭遇暴风雨，导致部分茶叶受潮，损失货值为 3000 美元。两日后，轮船在海上触礁受损严重。为了避免沉船导致的风险，公司派遣船舶进行救援，在转移货物时不慎导致三箱茶叶落水。

请思考：

在该事故中，外贸公司可以向保险公司申请哪些损失和费用赔偿？

② 水渍险。

水渍险也是我国保险业沿用已久的名称，其英文含义是"负责单独海损"。水渍险的责任范围如下。

a. 平安险所承保的范围。

b. 被保险货物由于恶劣气候、雷电、海啸、地震、洪水等自然灾害所造成的部分损失。

③ 一切险。

一切险的责任范围主要包括以下两点。

a. 水渍险所承保的范围。

b. 被保险货物在运输途中由于外来原因所致的全部或部分损失。

换句话说，一切险是水渍险和一般附加险的总和，但不包括特殊附加险。

（2）附加险。

附加险是对基本险的扩大和补充，承保由外来风险所造成的损失。附加险可分成一般附加险和特殊附加险，分别对应于一般外来风险和特殊外来风险。

① 一般附加险。

一般附加险承保的是由一般外来风险造成的全部或部分损失。一般附加险包括偷窃提货不着险，淡水雨淋险，渗漏险，短量险，钩损险，破碎、碰损险，锈损险，混杂、沾污险，串味险，受潮受热险及包装破裂险等。

② 特殊附加险。

特殊附加险承保的是由特殊外来风险造成的全部或部分损失。特殊附加险主要包括战争险、罢工险、舱面险、拒收险、交货不到险、黄曲霉素险、进口关税险以及货物出口到我国港澳地区的存仓火险责任扩展条款等。

5. 保险责任的起讫

保险责任的起讫又称承保责任期限，是指保险人承担责任的起讫时限。由于海洋运输货物保险航程的特殊性，保险期限一般没有具体的起讫日期，所以我国海洋运输货物基本险的保险期限按国际惯例，采取"仓至仓"条款原则。

（1）仓至仓。

仓至仓是指保险人对被保险货物所承担的保险责任，自被保险货物运离（货物在仓库或储存处所开始搬动时起算）保险单所载明的起运地仓库或储存处所开始运输时生效，包括正常运输过程中的海上、陆上、内河和驳船运输在内，直至该项货物到达（运至目的地并完成卸货）保险单所载明目的地收货人的最后仓库或储存处所或被保险人用作分配、分派或非正常运输的其他储存处所为止。如未抵达上述仓库或储存处所，则以被保险货物在最后卸载港全部卸离海轮后满 60 天为止。如在上述 60 天内被保险货物需转运到非保险单所载明的目的地时，则以该项货物开始转运时终止。

（2）水上风险。

海洋运输货物保险中战争险的保险责任起讫不采用"仓至仓"条款，而是以水上风险为限，即自被保险货物装上保险单所载明的启运港的海轮或驳船时开始，直至卸离保险单所载明的目的港的海轮或驳船时为止。如果货物不卸离海轮，则以货物到达目的港当日午夜起，15 天为限。如果在中途港转船，不论货物在当地是否卸离，保险责任以海轮到达该中途港或卸货地点的当日午夜起，15 天为限，到再装上海轮时，保险责任恢复有效。

6. 除外责任

除外责任是指保险人不负赔偿责任的范围。根据《海洋运输货物保险条款》，除外责任主要包括以下内容。

（1）被保险人的故意行为或过失所造成的损失。

（2）属于发货人责任所引起的损失。

（3）在保险责任开始前，被保险货物已存在的品质不良或数量短差所造成的损失。

（4）被保险货物的自然损耗、本质缺陷、特性以及市价跌落、运输延迟所造成的损失或费用。

（5）本公司海洋运输货物战争险条款和货物运输罢工险条款规定的责任范围和除外责任。

（二）陆上运输货物保险

陆上运输货物保险是指以火车、汽车为主要交通工具的货物，在陆上运输过程中因自然灾害或意外事故而受损失时，保险人负赔偿责任的保险。根据《中国人民财产保险股份有限公司陆上运输货物保险条款》规定，陆运货物保险的基本险主要包括陆运险和陆运一切险两种。此外，陆上运输货物保险还包括陆上运输货物战争险和陆上运输冷藏货物险等。

1. 陆运险

陆运险是指保险公司承保被保险货物在运输途中遭受暴风、雷电、洪水、地震等自然灾害，或由于运输工具遭受碰撞、倾覆、出轨，或在驳运过程中因驳运工具遭受搁浅、触礁、沉没、碰撞，或由于遭受隧道坍塌、崖崩，或失火、爆炸意外事故所造成的全部或部分损失。

2. 陆运一切险

陆运一切险的承保范围类似于海洋运输货物保险中的"一切险"。除包括陆运险的责任外，该保险还负责被保险货物在运输途中由于外来原因所致的全部或部分损失。

3. 陆上运输货物战争险

陆上运输货物战争险是陆上运输货物保险的一种附加险，即保险公司承保陆上运输途中由于战争、类似战争行为、敌对行为、武装冲突，以及各种常规武器等所造成的货物损失。

4. 陆上运输冷藏货物险

陆上运输冷藏货物险是陆上运输货物保险的一种专门保险，其承保范围除陆运所列的损失外，还负责赔偿由于冷藏机器或隔温设备在运输途中损坏，造成货物解冻、融化而腐坏的损失。

（三）航空运输货物保险

航空运输货物保险是承保以飞机装载的航空运输货物为被保险货物的一种保险。根据《中国人民财产保险股份有限公司航空运输货物保险条款》规定，我国航空运输货物保险的基本险主要包括航空运输险和航空运输一切险两种。此外，航空运输货物保险还包括航空运输货物战争险等附加险。

1. 航空运输险

航空运输险的承保范围为被保险货物在运输途中遭受雷电、火灾、爆炸或由于飞机遭受恶劣气候或其他危难事故而被抛弃，或由于飞机遭碰撞、倾覆、坠落或失踪等意外事故所造成的全部或部分损失。

2. 航空运输一切险

航空运输一切险的承保范围除包括航空运输险的责任外，还负责被保险货物由于外来原因所致的全部或部分损失。

3. 航空运输货物战争险

航空运输货物战争险是航空运输货物保险的一种附加险，即保险公司承保航空运输途中由于战争、类似战争行为、敌对行为、武装冲突，以及各种常规武器所造成的货物损失。

（四）邮包运输保险

邮包运输保险，是指承保通过邮局以邮包方式递运的货物。在运输途中遭到自然灾害、意外事故或外来原因造成的货物损失。根据《中国人民保险公司邮包保险条款》规定，邮包运输保险包括邮包险和邮包一切险两种基本险。此外，邮包运输保险还包括邮包战争险等附加险。

1. 邮包险

邮包险负责赔偿被保险邮包在运输途中由于恶劣气候、雷电、海啸、地震、洪水等自然灾害或由于运输工具遭受搁浅、触礁、沉没、碰撞、倾覆、出轨、坠落、失踪，或由于失火、爆炸等意外事故所造成的全部或部分损失。

此外，该保险还负责被保险人对遭受承保范围内风险的货物采用抢救、防止或减少损失的措施而支付的合理费用，但以不超过被救货物的保险金额为限。

2. 邮包一切险

邮包一切险的承保范围是除包括邮包险的责任外，还负责被保险邮包在运输途中由于外来原因所致的全部或部分损失。

3. 邮包战争险

邮包战争险是邮包运输保险的一种附加险，即保险公司承保邮包在运输途中由于战争、类似战争行为、敌对行为、武装冲突，以及各种常规武器所造成的货物损失。

三、保险险别的选择

货物保险是国际贸易正常进行的必要保障。投保不同的险别意味着在货物运输过程中，货物受损后得到的保险公司赔偿金额也不同。保险公司承保风险的范围越大，投保人缴纳的保险费就越多；反之，所缴纳的保险费就越少。既要保证货物遭遇运输风险后能得到合理的赔偿，又要使保险费用支出尽可能低，因此在选择险别时要十分慎重。

保险险别的选择应考虑货物的自然属性和特点、货物包装情况、货物运输路线及港口情况、货物运输季节等因素。

（一）货物的自然属性和特点

由于不同货物有着不同的自然属性和特点，其在运输途中所遇到的风险不同，遭受的损失也不尽相同。例如，茶叶容易受潮、串味，谷粮容易遭虫、鼠咬食，油脂容易黏在舱壁，等等。因此，根据上述各类商品的特性，若选择海洋运输方式，可在投保水渍险的基础上加保受潮受热险、串味险、沾污险、短量险等，也可投保一切险。

（二）货物包装情况

货物在运输途中，往往因包装破损而造成不必要的损失，因此，在选择险别时，货物的包装因素必须考虑在内。例如：用散舱运输液体化工类货物，容易发生短量和沾污，最好投保短量险和沾污险；用铁桶、铁罐、塑料桶盛装液体化工类货物，容易发生渗漏，最好在投保平安险的基础上加保渗漏险。

（三）货物运输路线及港口情况

货物在运输途中所遇的风险大小与运输路线，以及所停泊港口的安全情况有很大关系。例如：海洋运输的风险比陆上运输的风险大；在发生战争的海域内航行，遭受意外损失的可能性也会提高。

（四）货物运输季节

不同的运输季节，给运输货物造成的风险和损失也不同。例如，夏季转运粮食、果品，极易出现发霉、腐烂或者生虫的现象。因此，在选择险别时，应注意货物运输季节的影响。

任务小结

通过本节的学习，学生应初步了解海洋运输、陆上运输、航空运输和邮包运输中存在的风险，掌握基本险、附加险、起讫时限和除外责任的含义，熟知四种货物运输方式的保险险别，学会如何在国际贸易中将货物可能遭到的意外损失降到最低。

数字资源 6-2：
　　项目六　任务 2　测验

技能实训

1. 某公司出口一批货物，从中国上海运往美国纽约，货物为电子产品，采用海洋运输方式。请为该公司选择合适的保险险别，并说明理由。

2. A 公司按 CIF 伦敦贸易条件出口冷冻羊肉 50 吨，总价值为 30 万美元，合同规定投保一切险，按发票金额 110% 投保，加投战争险和罢工险。货到伦敦后适逢码头工人罢工，货物因港口无法作业而不能卸载。第二天货轮又因无法补充燃料而致使设备停机。等到第五天罢工结束，该批 50 吨冷冻羊肉已全部变质。

请思考：保险公司是否应对该批货物的损失进行赔偿？为什么？

3. 某货轮运输一批货物从珠海港驶往新加坡，在航行途中货舱起火，大火蔓延到机舱，船长为了船、货的共同安全，采取紧急措施，往舱内灌水灭火。后续火虽然被扑灭，但由于三机受损，无法继续航行，于是船长决定雇佣拖轮将货船拖回珠海港修理，并在检修后重新驶往新加坡。事后调查，这次事件造成的损失有：① 1000 箱货被火烧毁；② 600 箱货由于灌水灭火受到损失；③ 主机和部分甲板烧毁；④ 拖船费用；⑤ 额外增加的燃料，以及船长、船员的工资。

请思考：从上述各项损失的性质来看，各属于什么海损？

任务 3　跨境电商物流

任务描述

在跨境电商交易过程中，物流扮演着重要的角色，其是连接国内卖家与国外买家的通道。高效的跨境物流体系能为跨境电商节省更多的物流成本，带来更好的物流体验，扩大跨境电商的市场范围。跨境电商企业应了解跨境电商物流的概念，熟悉跨境电商物流各环节，掌握跨境电商物流与传统跨境贸易物流的区别。

任务目标

（1）了解跨境电商物流的概念。
（2）掌握跨境电商物流与传统跨境贸易物流的区别。
（3）熟悉跨境电商物流环节。

一、跨境电商物流的概念

跨境电商物流是指通过跨境电商交易的商品从供应地到目的地的实体流动过程，包含国际运输、包装配送、信息处理等环节。跨境电商物流连接着卖家和买家之间的供应链环节，以确保商品能够高效、安全地跨越国界，完成交付。

二、跨境电商物流与传统跨境贸易物流的区别

（一）服务对象不同

传统跨境贸易物流主要服务于大型企业，以大宗货物为主要运输对象。在这种模式下，物流服务往往由大型的、具有实力的物流企业提供，以满足大型企业的需求。而跨境电商物流则主要服务于中小企业和个人，以小批量、高频次的货物运输为主。在这种模式下，物流服务需要具备更高的灵活性和便利性，以满足大量的小规模订单需求。

（二）物流模式不同

传统跨境贸易物流一般采用海运或空运的方式，以大规模的、长距离的货物运输为主。由于传统跨境贸易物流的服务对象主要是大型企业，这种模式下更加注重运输的成本和效率。而跨境电商物流则更多地采用快递、小包等小批量和高频次的运输方式，以

满足小规模、碎片化的订单需求。同时，由于涉及的商品种类繁多，跨境电商物流还需要考虑如何确保货物的安全性和准确性。

（三）清关流程不同

传统跨境贸易物流的货物主要是大批量、高价值的商品，因此清关流程相对简单，主要以海关查验和税费缴纳为主。而跨境电商物流的货物则更为复杂，包括各种类型的商品，因此清关流程相对烦琐。除了海关查验和税费缴纳外，跨境电商物流还需要考虑如何处理退货、如何应对不同国家的进口政策等问题。

（四）信息系统技术要求不同

传统跨境贸易物流对信息系统的技术要求相对较低，主要集中在货物跟踪和信息共享方面。而跨境电商物流在管理方面则需要更强大的信息系统技术支持，包括订单管理、仓储管理、配送管理等。在这种模式下，物流企业需要与跨境电商平台、跨境电商支付系统等多个环节进行数据交互，以确保订单的顺利完成。

三、跨境电商物流环节

跨境电商物流包含 7 个环节，即国内集货、国内运输、国内报关、国际运输、海外清关、仓储中转、海外派送。除了国际快递和部分专线，大部分跨境电商卖家需要协同多个第三方物流商，以完成全链路交付。根据商品的位置移动轨迹，跨境电商物流主要分为 3 段物流：发出国（地区）境内段物流、国际段物流及目的地境内段物流。

跨境电商物流业务运作的过程如图 6-1 所示。

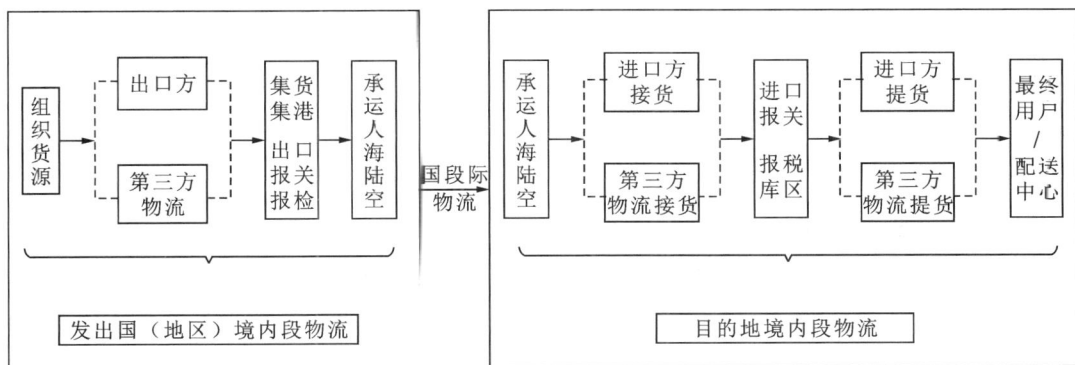

图 6-1　跨境电商物流业务运作流程图

任务小结

通过本节的学习，学生应对跨境电商物流的概念有初步的了解，学习掌握跨境电商物流与传统跨境贸易物流的区别，熟悉跨境电商物流各环节，建立起对跨境电商物流的基础认知。

数字资源6-3：
项目六　任务3　测验

技能实训

1. 通过实地调研和资料收集，了解你所在城市的跨境电商物流业的发展情况，形成一份调研报告。

2. 当前我国正在积极推动海外仓发展，鼓励传统外贸企业、跨境电商和物流企业等各类主体综合运用多种投融资方式，来参与海外仓建设，同时提升海外仓的数字化、智能化水平。发展海外仓能够有力地促进中小微企业借船"出海"，带动国内品牌、双创产品拓展国际市场空间。

任务：观看央视网视频《跨境物流调查：海外仓功能不断完善　成中国制造出海"利器"》。

请思考：

（1）跨境电商物流存在哪些问题？

（2）国家为何大力支持海外仓发展？

任务4　跨境电商物流模式

任务描述

物流是制约跨境电商行业发展的关键性因素，目前市场上有邮政物流、国际商业快递、国际专线物流及海外仓等多种物流模式。卖家需要了解不同跨境电商物流模式的特点、优劣势、适用情况，选择合适的跨境电商物流模式，以保证店铺的顺利运营和发展。

任务目标

（1）了解邮政物流、国际商业快递、国际专线物流的特点与优劣势。

（2）掌握海外仓的概念、流程和优劣势。

（3）掌握跨境电商物流模式的选择技巧。

一、邮政物流

据不完全统计，中国跨境电商出口业务中，70%的包裹都是通过邮政包裹物流渠道投递的，其中中国邮政占据了50%左右的市场份额。

由于世界上近200个国家加入了万国邮政联盟，因此中国邮政物流除了具备价格便宜、投寄方便等特点，还具有其他物流渠道不可比拟的通关优势，是目前中国跨境电商卖家首选的物流模式。

视野拓展

万国邮政联盟

万国邮政联盟（universal postal union，UPU），简称"万国邮联"或"邮联"，是商定国际邮政事务的政府间国际组织。万国邮联自1948年7月1日起成为联合国关于国际邮政事务的专门机构，其总部设在瑞士首都伯尔尼，宗旨是组织和改善国际邮政业务，促进此领域的国际合作与发展。通过邮政业务的有效工作，发展各国人民之间的联系，以实现在文化、社会与经济领域促进国际合作的崇高目标。

（一）中国邮政航空小包

中国邮政航空小包（China post air mail），又称为中邮小包、邮政小包、航空小包，是指包括重量在2千克以内（阿富汗为1千克以内），外包装长、宽、高之和≤90厘米，且最长边≤60厘米，通过中国邮航空邮服务寄往境外的包裹。中邮小包可以分为中国邮政平常小包＋（China post ordinary small packet plus）和中国邮政挂号小包（China post registered air mail）两种。二者的主要区别在于，利用中国邮政挂号小包提供的物流跟踪条码能跟踪邮包在运输过程中的实时状态，而中国邮政平常小包＋只能通过面单条码以电话形式查询邮包的运输状态。

中邮小包可寄达全球200多个国家和地区，该物流模式价格低廉，清关能力强，对时效性要求不高的轻小件货物，可选择使用此方式发货。

1. 中邮小包的重量与尺寸限制

中邮小包的重量与尺寸限制见表6-2。

表6-2 中邮小包的重量与尺寸限制

包裹形状	重量限制	最大尺寸限制	最小尺寸限制
方形包裹	≤2千克	长＋宽＋高≤90厘米，单边长≤60厘米	至少有一面的长度≥14厘米，宽度≥9厘米

包裹形状	重量限制	最大尺寸限制	最小尺寸限制
圆柱形包裹	≤2 千克	2 倍直径及长度之和≤104 厘米，单边长度≤90 厘米	2 倍直径及长度之和≥17 厘米，单边长度≥10 厘米

2. 中邮小包的参考时效

正常情况下，中邮小包时效一般为 5～30 个工作日。运往亚洲邻国为 5～10 个工作日，到欧美主要国家为 7～20 个工作日，到其他国家和地区为 7～30 个工作日。

特殊情况下，中邮小包 31～60 个工作日到达目的地（巴西等南美国家运输较慢，发货高峰期会超过 60 个工作日，甚至达到 90 个工作日左右）。特殊情况包括节假日、政策调整、旺季运力不足、因暴风雪延误、目的地偏远等。

3. 中邮小包的资费标准

中国邮政平常小包＋的运费根据包裹重量按克计费，1 克起重。重量在 30 克及以下的包裹按照 30 克的标准计算运费，重量在 30 克以上的包裹按实际重量计算运费。每个单件包裹限制重量在 2 千克以内，免挂号费。

中国邮政挂号小包的运费根据包裹重量按克计费，1 克起重。每个单件包裹限制重量在 2 千克以内。中国邮政挂号小包会根据包裹重量收取不同的挂号服务费。

4. 中邮小包的优劣势

（1）优势。
① 寄递范围广，可寄达全球 200 多个国家和地区。
② 邮政物流渠道清关能力强。
③ 价格便宜，无燃油附加费、偏远地区附加费等费用。
（2）劣势。
① 对寄递包裹有尺寸限制。
② 物流时效较慢。
③ 丢包率较高。

（二）中国邮政航空大包

中国邮政航空大包（China post air parcel），又称为中邮大包、邮政大包、航空大包。事实上，中邮大包除了航空大包外，还包括空运水陆路包裹、水陆路包裹等。航空大包是指利用航空邮路优先发运的包裹业务；空运水陆路包裹是指利用国际航班剩余运力运输，在原寄国和寄达国国内按水陆路邮件处理的包裹；水陆路包裹则是指全部运输过程利用火车、汽车、轮船等交通工具发运的包裹。中邮大包可寄达全球 200 多个国家和地区，价格低廉，清关能力强，对时效性要求不高且稍重的货物，可选择使用此方式发货。

1. 中邮大包的重量与尺寸限制

（1）重量限制：一般要求 2 千克≤包裹重量≤30 千克。

（2）尺寸限制：

① 第一类尺寸：单边长度≤2 米，或者长度和长度以外最大横周合计不超过 3 米；

② 第二类尺寸：单边长度≤1.5 米，或者长度和长度以外的最大横周合计不超过 3 米；

③ 第三类尺寸：单边长度≤1.05 米，或者长度和长度以外的最大横周合计不超过 2 米。

中邮大包的重量和尺寸限制根据包裹运输目的国（或地区）和选择的大包业务不同而有所不同，具体可参见中国邮政速递物流官方网站。

2. 中邮大包的资费标准

中邮大包的运费根据包裹重量按千克计费，1 千克起重。中邮大包的相关资费及体积和重量限制因运输物品的重量及目的地的不同而有所不同，其详细资费标准可参见中国邮政速递物流官方网站。

3. 中邮大包的优劣势

（1）优势。

① 交寄相对方便，覆盖范围广，只要有邮局的地方都能送达，且清关能力强。

② 成本低，不计算体积重，没有附加费用。

③ 全程可跟踪。

（2）劣势。

① 运输时间较长，妥投速度较慢。

② 查询信息更新较慢。

③ 部分国家限重 10 千克，最重不能超过 30 千克。

（三）e 邮宝

e 邮宝又称 ePacket，是中国邮政为适应跨境轻小件货物寄递需要开办的标准类直发寄递业务。该业务依托邮政网络资源优势，境外邮政合作伙伴优先处理，为客户提供价格优惠、时效稳定的跨境轻小件货物寄递服务。

e 邮宝为我国跨境电商卖家提供发向美国、加拿大、英国、法国、澳大利亚等 60 余个国家和地区的包裹寄递服务。

1. e 邮宝的重量与尺寸限制

（1）重量限制：英国、以色列、俄罗斯≤5 千克；其他区域≤2 千克。

（2）尺寸限制：单件最大尺寸为长、宽、厚合计不超过 90 厘米，最长一边不超过 60 厘米。圆卷邮件直径的两倍和长度合计不超过 104 厘米，单边长度不得超过 90 厘米。

单件最小尺寸：长度不小于 14 厘米，宽度不小于 11 厘米。圆卷邮件直径的两倍和长度合计不小于 17 厘米，单边长度不小于 11 厘米。

2. e 邮宝的参考时效

重点路向全程平均时效（参考时效）7～15 个工作日。

3. e 邮宝的资费标准

对于不同的国家和地区，e 邮宝的资费标准不同，对包裹的重量限制也不同。其资费标准可参见中国邮政速递物流官方网站。

4. e 邮宝的优劣势

（1）优势。
① 在线打单。在线订单管理，方便快捷。
② 时效稳定。重点路向全程平均时效（参考时效）7～15 个工作日，服务可靠。
③ 全程跟踪。提供主要跟踪节点扫描信息和妥投信息，安全放心。
④ 平台认可。主流电商平台认可和推荐物流渠道之一，品牌保障。
（2）劣势。
① 送达国家有限。
② 不受理查单业务。
③ 有限重。

（四）e 特快

e 特快业务是中国邮政为适应跨境电商高端寄递需求而设计的一款快速类直发寄递服务，在内部处理、转运清关、落地配送、跟踪查询、尺寸规格标准等各方面均有更高要求，是提高跨境电商卖家发货效率、提升客户体验、协助店铺增加好评和提升流量的重要服务品牌。

1. e 特快的重量与尺寸限制

e 特快的重量与尺寸限制根据包裹运输目的国（或地区）不同而不同，大部分国家包裹重量限制在 30 千克以内，尺寸限制有以下五种标准。

标准 1：任何一边的尺寸都不得超过 1.5 米，长度和长度以外的最大横周合计不得超过 3 米。

标准 2：任何一边的尺寸都不得超过 1.05 米，长度和长度以外的最大横周合计不得超过 2 米。

标准 3：任何一边的尺寸都不得超过 1.05 米，长度和长度以外的最大横周合计不得超过 2.5 米。

标准 4：任何一边的尺寸都不得超过 1.05 米，长度和长度以外的最大横周合计不得超过 3 米。

标准 5：任何一边的尺寸都不得超过 1.52 米，长度和长度以外的最大横周合计不得超过 2.74 米。

大部分国家的包裹尺寸限制标准采用的是标准 1。具体数据可参见中国邮政速递物流官方网站。

2. e 特快的参考时效

e 特快包裹的寄达时效参考如下：① 日本、韩国、新加坡等，2～4 个工作日；② 英国、法国、加拿大、澳大利亚、西班牙、荷兰等，5～7 个工作日；③ 俄罗斯、巴西、乌克兰、白俄罗斯等，7～10 个工作日。

3. e 特快的资费标准

邮件体积重量大于实际重量的，按体积重量计收资费。邮件任一单边长度超过 40 厘米时开始计泡，计泡是指对包装后的邮件，取体积重量和实际重量中的较大者，作为计费重量，再按照资费标准计算应收邮费，体积重量的计算方法为：体积重量（千克）＝长（厘米）×宽（厘米）×高（厘米）/6000。对于不同的国家和地区，e 特快的资费标准不同，对包裹的重量限制也不同。

4. e 特快的优劣势

（1）优势。
① 性价比高。50 克起续重计费，降低寄递成本。
② 在线打单。使用发件系统在线下单，高效方便。
③ 全程跟踪。邮件信息全程跟踪，随时了解邮件状态。
④ 平台认可。主流电商平台认可，物流提质加分。
（2）劣势。
① 业务覆盖范围有限，只能通达全球 103 个国家和地区。
② 对包裹尺寸的限制较严格。

（五）国际（地区）特快专递

国际（地区）特快专递（简称"国际 EMS"）是中国邮政与各国（地区）邮政合作开办的中国大陆与其他国家和地区寄递特快专递（EMS）邮件的快速类直发寄递服务，可为用户快速传递各类文件资料和物品，同时提供多种形式的邮件跟踪查询服务。该业务与各国（地区）邮政、海关、航空等部门紧密合作，打通绿色便利邮寄通道。此外，中国邮政还提供保价、代客包装、代客报关等一系列综合延伸服务。

1. 国际 EMS 的重量与尺寸限制

（1）重量限制：一般最大限重为 30 千克，部分国家为 20 千克或 50 千克。
（2）尺寸限制：
标准 1：任何一边的尺寸都不得超过 1.5 米，长度和长度以外的最大横周合计不得超过 3 米。

标准 2：任何一边的尺寸都不得超过 1.05 米，长度和长度以外的最大横周合计不得超过 2 米。

标准 3：任何一边的尺寸都不得超过 1.05 米，长度和长度以外的最大横周合计不得超过 2.5 米。

标准 4：任何一边的尺寸都不得超过 1.05 米，长度和长度以外的最大横周合计不得超过 3 米。

标准 5：任何一边的尺寸都不得超过 1.52 米，长度和长度以外的最大横周合计不得超过 2.74 米。

大部分国家的包裹尺寸限制标准采用的是标准 1。具体数据可参见中国邮政速递物流官方网站。

2. 国际 EMS 的参考时效

国际 EMS 的投递时间通常为 3～8 个工作日，不包括清关的时间。由于各个国家和地区的邮政、海关处理的时间长短不一，有些国家和地区的包裹投递时间可能会长一些，各个国家和地区的承诺妥投时间以中国邮政速递物流官方网站公布的为准。

3. 国际 EMS 的资费标准

对交寄的物品长、宽、高三边中任一单边达到 40 厘米的进行计泡，计泡系数为 6000，体积重量的计算方法为：体积重量（千克）＝长（厘米）×宽（厘米）×高（厘米）/计泡系数。邮件的长、宽、高测量值精确到厘米，厘米以下去零取整。对于不同的国家和地区，国际 EMS 的资费标准不同，具体可参见中国邮政速递物流官方网站。

4. 国际 EMS 的优劣势

（1）优势。
① 覆盖面广。揽收网点覆盖范围广，目的地投递网络覆盖能力强。
② 收费简单。无燃油附加费、偏远附加费、个人地址投递费。
③ 全程跟踪。邮件信息全程跟踪，随时了解邮件状态。
④ 清关便捷。享受邮件便捷进出口清关服务。
（2）劣势。
① 相对于商业快递，速度偏慢。
② 查询网站信息滞后，查询时间较长。
③ 不能一票多件，且大件货物价格偏高。

二、国际商业快递

国际商业快递是指由专业的快递公司提供的快速、可靠的跨境物流服务。目前，全球有 4 大知名国际快递公司，分别是 DHL、UPS、FedEx 和 TNT。这 4 家快递公司在全球已经形成较为完善的物流体系，几乎覆盖全球的各个重点区域。

国际商业快递具有以下特点。

（1）快速可靠。国际商业快递提供快速、可靠的运输服务，通常在几天至一周之内便能将包裹送达目的地。

（2）全球网络覆盖。国际商业快递拥有广泛的全球网络，可以覆盖多个国家和地区，为卖家提供全球物流支持。

（3）多种增值服务。国际商业快递提供多种增值服务，如包裹追踪、保险、定制报关等，以提升物流的可见性和安全性。

（4）适用于重要货物。国际商业快递适用于重要、高价值的商品，如高端电子产品、奢侈品、医疗器械等。

国际商业快递虽然具有运输时效快、服务质量好等优势，但其费用昂贵，绝大部分卖家不选择这一种方式。

（一）　DHL

DHL 又叫敦豪快递，是一家全球性的国际快递公司，作为全球较大的递送网络之一，其在全球拥有超过 10 万个服务中心，为客户提供专业的运输、物流服务。DHL 的运输网络覆盖全球 220 多个国家和地区，拥有员工约 60 万人，在空运、海运、陆运，以及快递、合同物流解决方案、国际（地区）间邮递等领域提供了卓越的专业性服务。

1. DHL 的重量与尺寸限制

在 DHL 国际快递服务中，重量限制因目的地、服务类型和包裹尺寸而异。DHL 国际快递对单个包裹的重量限制通常为 70 千克。除了单个包裹的重量限制外，DHL 还对包裹的尺寸有一定要求。包裹的长度、宽度和高度总和不应超过 300 厘米，且最长边不得超过 120 厘米。因限制会随政策、地区调整，具体标准可通过 DHL 官方网站，或联系其客服，结合目的地、服务类型精准确认。

2. DHL 的资费标准

DHL 的资费标准为：总运费＝基础运费＋附加费＋服务费。

基础运费：根据用户选择的 DHL 快递产品、计费重量、始发地和目的地国家或地区所属价格区域计算基础运费。其中计费重量以每件货物实际重量和体积重量中较大者为准。体积重量的计算方法为：体积重量（千克）＝长（厘米）×宽（厘米）×高（厘米）/5000。

附加费及服务费：在某些情况下 DHL 快递会对特定服务征收附加费，附加费及服务费的收费标准以交寄快件时 DHL 官方网站最新公布的价格为准。

3. DHL 的参考时效

DHL 派送时效一般为 2～7 个工作日（不包括清关），特殊情况除外，可以全程跟踪货物运输信息。

4. DHL 的优劣势

（1）优势。

① 寄送小件货物性价比高，可送达国家和地区的网点比较多，尤其是寄递至西欧、北美地区的货物较有优势。

② 时效快，跟踪信息更新快，客服响应问题、解决问题速度快。

（2）劣势。

① 价格贵。

② 对托运货物的限制比较严格，一些特殊商品拒收。

（二） UPS

UPS 全称是 united parcel service，即联合包裹服务公司。该公司成立于美国华盛顿州西雅图，是世界上较大的快递承运商与包裹递送公司之一，也是专业的运输、物流、资本与电子商务服务的领导性的提供者。UPS 为 200 多个国家和地区提供货物流、资金流与信息流的管理服务，并不断开发供应链管理、物流和电商等新领域。

1. UPS 的快递服务

UPS 国际快递主要提供以下 4 种快递服务。

① UPS worldwide express plus，即全球特快加急服务，该类快递服务资费最高。

② UPS worldwide express，即全球特快服务。

③ UPS worldwide saver，即全球速快服务。

④ UPS worldwide expedited，即全球快捷服务，相比前 3 种，这类快递服务资费最低，速度也最慢。

2. UPS 的资费标准

UPS 的资费标准以 UPS 官方网站公布的信息，或以 UPS 的服务热线信息为准。我国各地区（除海南省、广东省、广西壮族自治区、云南省、福建省、江西省、湖南省和重庆市以外的地区）UPS 资费标准可参见 UPS 官方网站。

3. UPS 的参考时效

UPS 全球特快加急服务，一般 1～2 天送达。

UPS 全球特快服务，一般 2～3 天送达。

UPS 全球速快服务，一般 3～5 天送达。

UPS 全球快捷服务，一般 5～7 天送达。

4. UPS 的重量与尺寸限制

UPS 国际快递小型包裹服务一般不递送超过重量和体积标准的包裹，若接收了超过标准的包裹，则将对每件包裹收取超重超长附加费人民币 378 元。规定的包裹重量和体积标准如下。

① 每件包裹重量上限为 70 千克。

② 每件包裹长度上限为 274 厘米。

③ 每件包裹尺寸上限为：长度（厘米）＋周长（厘米）≤400 厘米。周长（厘米）＝2×［高度（厘米）＋宽度（厘米）］。

5. UPS 的优劣势

（1）优势。

① 速度快，在美洲地区的寄递线路具有优势，适合发快件。

② 覆盖范围广，货物可送达全球 200 多个国家和地区，可以在线发货；在我国 100 余个城市提供上门取货服务。

③ 查询网站信息更新快，遇到问题解决及时。

（2）劣势。

① 运费较贵。

② 对托运物品的限制比较严格。

（三）　FedEx

FedEx 全称 Federal Express，即联邦快递，总部设于美国田纳西州，是全球较具规模的快递运输公司之一，属于美国联邦快递集团，是集团快递运输业务的中坚力量。FedEx 提供隔夜快递、地面快递、重型货物运送、文件复印及物流服务，运用覆盖全球的航空和陆运网络实现快速运输，并且设有"准时送达保证"，其业务范围覆盖全球 200 多个国家及地区。

1. FedEx 的快递服务

FedEx 分为 FedEx IP（international priority，联邦快递优先服务）和 FedEx IE（international economy，联邦快递经济服务）。

（1）FedEx IP 的特点。

① 时效快。递送时效一般为 2～5 个工作日。

② 清关能力强。

③ 覆盖范围广，可为全球 200 多个国家和地区提供服务。

（2）FedEx IE 的特点。

① 时效比较快。递送时效一般为 4～6 个工作日。

② 清关能力强。FedEx IE 和 FedEx IP 使用同样的团队提供清关服务。

③ 为全球 90 多个国家和地区提供快捷、可靠的快递服务。FedEx IE 和 FedEx IP 使用同样的派送网络，部分国家和地区的运输路线有所不同。

④ 价格更加优惠。相对于 FedEx IP 更有价格优势。

2. FedEx 的资费标准

FedEx 的资费标准以官方网站公布的为准。我国各地区（除广东省及福建省以外的地区）FedEx 的资费标准可参见 FedEx 官网。

FedEx 按起重 0.5 千克、续重 0.5 千克计费，并计体积重量，有燃油附加费。

FedEx 递送货物的体积重量计算公式为：体积重量（千克）＝长（厘米）×宽（厘米）×高（厘米）/5000。如果货物体积重量大于实际重量，则按体积重量计费。

3. FedEx 的参考时效

FedEx IP 的递送时效为 2～5 个工作日，FedEx IE 的递送时效为 4～6 个工作日，最终派送时间需根据目的地海关的清关速度决定。

4. FedEx 的重量与尺寸限制

FedEx 对于货件的总重量无体积重量和实际重量的限制，但是对于单件货物有体积重量和实际重量的限制。

FedEx 递送货物可以一票多件（其中每件限重 68 千克），单票总重量不能超过 300 千克，超过 300 千克需要预约；单件或者一票多件中的单件包裹如果超过 68 千克，需要提前预约。每件包裹的长度不能超过 274 厘米，每件包裹尺寸为：长度（厘米）＋周长（厘米）≤330 厘米。周长（厘米）＝2×〔高度（厘米）＋宽度（厘米）〕。

5. FedEx 的优劣势

（1）优势。
① 21 千克以上的大件货物，递送价格更实惠，在南美洲地区的价格较有竞争力。
② 时效较快。
③ 网站信息更新快，覆盖网络全，查询响应快。
（2）劣势。
① 价格较贵，需要考虑货物体积重量，且收取偏远地区费。
② 对托运物品的限制比较严格。

（四） TNT

TNT 快递成立于 1946 年，总部位于荷兰，是全球领先的快递服务供应商，提供世界范围内的包裹、文件及货运项目的安全准时运送服务。TNT 快递在亚洲、欧洲、南美洲和中东等地区拥有航空和公路运输网络。从 2020 年 8 月 1 日起，TNT 在中国的快递业务由 FedEx 全面接管。

1. TNT 的重量与尺寸限制

重量限制为：国际快递服务中，朝九快递、朝十快递的包裹单件重量不超过 300 千克；中午快递、全球快递的包裹单件的重量不能超过 70 千克。
尺寸限制为：长、宽、高分别不能超过 2.4 米、1.2 米、1.5 米。

2. TNT 的资费标准

TNT 快递的运费主要包括基本运费和燃油附加费两部分，其中，燃油附加费每个月都会发生变动，具体以 TNT 官方网站公布的数据为准。

TNT 按起重 0.5 千克、续重 0.5 千克计费，重量的资费标准以官方网站公布的数据为准。

TNT 递送货物的体积重量计算公式为：体积重量（千克）＝长（厘米）×宽（厘米）×高（厘米）/5000。货物的实际重量和体积重量相比，取较大者计费。

3. TNT 的参考时效

TNT 国际快递的参考时效通常在 2～7 个工作日，具体时长根据目的地和包裹类型有所差异。

4. TNT 的优劣势

（1）优势。

① 速度快，2～4 个工作日内可送至全球，特别是配送到西欧，只需要 3 个工作日左右。

② 通关能力强，提供报关代理服务，客户可免费、及时、准确地追踪查询货物。

③ 在欧洲、西亚、中东等国家和地区有绝对优势。

④ 服务区域广。

⑤ 网络覆盖广，查询网站信息更新快，遇到问题响应及时。

⑥ 纺织品类大件货物送至澳大利亚、新西兰等国家和地区有优势。

⑦ 可以送达沙特阿拉伯，但须提供正版发票。

（2）劣势。

① 需要计算体积重量，对所运货物的限制也比较多。

② 价格相对较高。

三、国际专线物流

（一）国际专线物流的概述

国际专线物流是指通过航空包舱方式将货物运输到专线对应国家（或地区），由目的国（或地区）直营公司或指定合作方进行商业清关并进行国内派送的物流模式。国际专线物流服务主要依托发件国与收件国的业务量规模，通过整合全球资源，与海外快递公司合作，将货物在国内进行分拣，再批量直接发往特定的国家或地区。

这种物流模式可通过规模效应降低单位成本、加快时效，但覆盖地区有待扩大。目前，业内使用较普遍的国际专线物流有 Special Line-YW（燕文专线）、中俄航空 Ruston（Russian Air）（中俄航空专线）、Aramex（中东专线）等。

（二）国际专线物流的优劣势

1. 国际专线物流的优势

（1）时效快。

国际专线物流只为某一国家或地区提供物流服务，航线稳定，舱位充足，物流时效比中邮小包快。

（2）成本低。

国际专线物流能够将大批量货物集中发往目的地，通过规模效应降低单位成本。国际专线物流目的地配送的整体成本得到有效控制，服务比中邮小包更稳定，物流成本也较国际商业快递低。

（3）可承接物品丰富。

国际专线物流承接的货物品类比较丰富，可以满足不同货物的运输需求。许多敏感货物，如液体、化妆品、带电产品、纯电池产品、厨房刀具等物品，都有相应的渠道可以运输。

（4）易清关。

国际专线物流运输批量货物至目的地，对货物进行统一清关，并有专业人员跟进，清关过程通常更为顺畅和快速。

2. 国际专线物流的劣势

（1）通达地区有限。

国际专线物流通达地区有限，只有物流体量较大的国家和地区才有专线物流可以选择，可选择的物流方案也受到一定的限制。同时，其在国内的揽件范围相对有限，目前国内只有几个重点城市提供上门揽件服务，服务市场覆盖面有待扩展。

（2）物流信息不详细。

国际专线物流的网点比较少，因此跟踪信息不详细，客户无法及时获得物流的信息动态。

（3）无标准赔偿方案。

国际专线物流与国际商业快递和中邮小包相比，没有标准的赔偿规定。出现丢件的情况也没有衡量的标准，赔偿力度比较低，托运人寄件的风险比较大。

（三）常用的国际专线物流

1. Special Line-YW

Special Line-YW 即航空专线-燕文，俗称"燕文专线"，是燕文物流通过整合全球速递服务资源，利用直飞航班配载，由境外合作伙伴快速清关并进行货物投递的服务。燕文物流以自主研发的综合物流信息管理平台为支撑，专注于为客户提供快速、安全、高性价比的"门到门"寄递服务，具有时效快、价格低、服务灵活的特点。燕文物流目前已开通美国、欧洲、澳洲、中东和南美等国家和地区的国际专线物流。

（1）燕文专线的资费标准。

资费标准请参考燕文物流官方网站。

计算方法：1克起重，每个单件包裹限重在2千克以内。

（2）燕文专线的参考时效。

燕文专线的参考时效因目的地和具体服务类型而有所不同。例如：通达美国的参考时效为8~10天（自然日）；通达日本的参考时效为3~7天；通达英国的参考时效为5~8天；等等。

（3）燕文专线的重量和体积限制（见表6-3）。

表6-3　燕文专线的重量和体积限制

包裹形状	重量限制	最大体积限制	最小体积限制
方形包裹	<2千克	长＋宽＋高≤90厘米，单边长度≤60厘米	至少有一面的长度≥14厘米，宽度≥9厘米
圆柱形包裹		圆柱形邮件直径的两倍＋长度≤90厘米，单边长度≤60厘米	圆柱形邮件直径的2倍＋长度≥17厘米，长度≥10厘米

2. 中俄航空 Ruston（Russian Air）

中俄航空Ruston是由黑龙江俄速通国际物流有限公司提供的中俄航空小包专线服务。其针对跨境电商客户的物流需求提供的小包航空专线服务，渠道稳定，时效快，且能实现全程物流跟踪服务。

中俄航空Ruston支持发往俄罗斯全境邮局可到达区域。

（1）中俄航空Ruston的资费标准。

运费根据包裹重量按克计费，1克起重，每个单件包裹限重在2千克以内（含2千克）。

中俄航空Ruston的资费标准为每千克85元再加8元挂号费，体积重量限制参照中邮小包的资费标准。

（2）中俄航空Ruston的体积重量限制（见表6-4）

表6-4　中俄航空 Ruston 的体积重量限制

包裹形状	重量限制	最大体积限制	最小体积限制
方形包裹	≤2千克	长＋宽＋高≤90厘米，单边长度≤60厘米	至少有一面的长度≥14厘米，宽度≥9厘米
圆柱形包裹		圆柱形邮件直径的两倍＋长度≤104厘米，单边长度≤90厘米	圆柱形邮件直径的2倍＋长度≥17厘米，长度≥10厘米

（3）中俄航空Ruston的参考时效。

正常情况：16~35天到达目的地。

特殊情况：35～60 天到达目的地，特殊情况包括节假日、特殊天气、政策调整、偏远地区等。

3. Aramex

Aramex 作为中东地区最知名的快递公司，成立于 1982 年，是第一家在纳斯达克上市的中东国家公司，其为全球范围内的客户提供综合物流和运输解决方案。Aramex 与中外运空运发展股份有限公司于 2012 年成立了中外运安迈世（上海）国际航空快递有限公司，在国内也称"中东专线"，主要提供一站式的跨境电商服务以及进出口中国的货物清关和派送服务。

Aramex 中东专线可通达中东、北非、南亚等多个国家和地区，专线物流的正常递送时间一般为 3～5 个工作日，适合运送价值高且对时效性要求高的货物，大部分地区无需收取偏远地区附加费。

（1）Aramex 的资费标准。

Aramex 中东专线的运费主要包括基本运费和燃油附加费两部分，其中燃油附加费每个月都会有所变动，可登录 Aramex 的官方网站进行查询。

Aramex 中东专线的运费计算公式为：运费＝（首重价格＋续重重量×续重价格）＋燃油附加费×折扣。体积重量计算公式为：体积重量（千克）＝长（厘米）×宽（厘米）×高（厘米）/5000。比较包裹的实际重量和体积重量，取较大值计费。

（2）Aramex 的参考时效。

货物派送的参考时效为 3～5 个工作日。

从 Aramex 收货开始计算，正常情况下，派送至迪拜约 3 个工作日，其他国家顺延 1～2 个工作日。派送时效跟目的地各个海关清关时间及航班安排有一定关系。

（3）Aramex 的体积重量限制

单件包裹的重量不得超过 30 千克，体积不得超过 120 厘米×50 厘米×50 厘米；若单件包裹重量超过 30 千克，则体积必须小于 240 厘米×190 厘米×110 厘米。

四、海外仓

（一）海外仓的概述

海外仓是指建立在海外的仓储设施，跨境电商卖家将商品通过大宗运输的形式运往目标市场国家，在当地建立仓库、储存商品，然后再根据当地的销售订单，第一时间做出响应，在当地仓库直接对商品进行分拣、包装和配送。跨境电商卖家借助海外仓，能从买家所在国本土发货，极大地缩短订单交付时间，从而提升用户体验，增加销售额。

（二）海外仓的流程

海外仓整个流程包含头程运输、仓储管理和本地派送三个部分。

1. 头程运输

头程运输是指境内卖家通过海、陆、空等运输途径将商品运输至海外仓库的过程。

空运时效快，但是费用高；海运费用便宜，但是时效慢；陆运性价比较高，也适合大批货量的运输。

2. 仓储管理

经过头程运输和清关后，货物就会送到海外仓中。海外仓在收到货物后，就会进行拆箱、分拣、上架等操作，并通过对接系统将具体情况反馈给卖家。

除此之外，海外仓还会提供中转、退货处理、清关退税、分销等一系列服务，以更好地满足卖家的仓储需求。

3. 本地派送

买家下单后，卖家通过系统将订单信息告知海外仓，之后海外仓负责发货，将商品派送给买家。

（三）海外仓类型

按经营的主体划分，海外仓主要分为卖家自建海外仓、平台自建仓及第三方海外仓三种类型。

1. 卖家自建海外仓

卖家自建海外仓主要是指具有一定资金实力和客户基础的大卖家为了提升物流配送速度而在海外市场建立的仓库。自建海外仓的优势是卖家可以自己掌控仓库系统操作、通关、报税、物流配送等环节，物流时效稳定，客户体验好，但也具有建仓成本高、建仓过程复杂、聘用海外员工人工费高等劣势。

卖家自建海外仓比较重要的是选址问题。自建海外仓选址时，要遵循靠近交通枢纽、靠近经济发达地区以及多仓布局等原则。在靠近交通枢纽与经济发达地区建设海外仓，可以方便货物的转运与配送。多仓布局则可以缩短物流时间和降低物流成本。

卖家自建海外仓的代表企业有兰亭集势、大龙网、纵腾网络等。

2. 平台自建仓

电商平台可通过自建仓库为卖家提供包括仓储、拣货打包、派送、收款、客服与退货处理等在内的"一条龙"物流服务，并向卖家收取一定的配送费和仓储费。

3. 第三方海外仓

第三方海外仓是由第三方企业（多数为物流服务商）建立并运营的海外仓。这类海外仓可以为多家跨境电商企业提供清关、入库质检、接受订单、商品分拣、配送等服务。卖家使用第三方海外仓有助于扩大销售品类、提高单件商品利润率、增加商品销量等，但也存在因存货量预测不准而出现的货物滞销等风险。

卖家需要向第三方海外仓服务商支付一定的费用。第三方海外仓服务商的收费一般包括头程费用、税金、当地派送费用、仓储管理服务费等。头程费用是指在跨境物流中卖家把货物运从自己的仓库或生产地送至海外仓这段路程中所产生的运费。税金是指货物出口到某国（或地区），须按照进口货物政策而征收的一系列费用，如英国征收的增值税等。当地派送费用俗称二程派送费用，是指买家对所购商品下单后，由仓库完成打包配送至买家地址所产生的费用。仓储管理服务费包括仓储费和订单处理费。仓储费是指将商品储存在仓库而产生的费用，第三方海外仓通常会按周收取费用。订单处理费是指买家下单后，由第三方海外仓的工作人员对其订单拣货打包而产生的费用。

规模比较大的第三方海外仓服务商有万邑通、出口易、递四方等，其中万邑通是eBay 的官方合作伙伴，出口易和递四方是全球速卖通的官方合作伙伴。

（四）海外仓优劣势

1. 海外仓优势

跨境电商卖家选用海外仓服务具有以下优势。

（1）降低物流成本。跨境电商卖家以一般贸易的方式将货物运输至海外仓，以批量发货的形式完成头程运输，可以降低物流成本，并且有效降低丢包概率，减少破损损失。

（2）获得平台流量支持。很多电商平台对当地发货的商品给予流量倾斜，可提高商品曝光率和转化率。

（3）提高商品售价。一般来说，商品在当地发货，其报价比由国内发货的商品报价高 30％以上。卖家可提高商品售价，实现有竞争力的本土销售。

（4）提升客户体验。由于商品通过海外仓提前进入目的国（或地区），卖家接单后直接从海外仓发货，物流配送时效大大缩短，可有效提升买家的购物体验。

（5）拓展销售品类。海外仓采取的集中运输模式突破了商品重量、体积和价格的限制，有助于扩大销售品类，某些大件商品或航空禁运的商品可以选择从海外仓发货。

（6）提供增值服务。卖家可以借助海外仓提供本土退换货处理、保养维护等售后增值服务，能有效提高客户黏性。

2. 海外仓劣势

跨境电商卖家选用海外仓服务存在以下劣势。
（1）海外仓最大的缺点就是仓储费和处理费较高。
（2）需要囤货，有库存风险；资金回流慢。
（3）不便于同时运营较多的产品品类，某些品类容易滞销。
（4）海外仓所在国商业政策的改变会给卖家造成一定的损失。

（五）适合海外仓的产品

一般而言，适合海外仓的产品有以下几种类型。

1. 尺寸、重量大的产品

一方面，这类产品的重量和尺寸已经超出了中邮小包规格的限制；另一方面，直接选用国际商业快递的话，费用又太昂贵。因此，尺寸、重量大的产品，如家居园艺、汽配、卫浴等，使用海外仓模式比较合适。

2. 单价和利润高的产品

相对于直邮发货，海外仓的本地配送服务可以将破损率、丢包率控制在较低水平，为销售高价值产品的卖家降低风险．如电子产品、玻璃制品、首饰、手表等产品。

3. 畅销产品

畅销产品对配送时效要求较高．而且滞销风险较低，如时尚衣物、快速消费品等，适合选用海外仓服务。

4. 国内小包、快递无法承运的产品

对于航空运输寄送限制、无法采用中邮小包或国际商业快递发货的产品，如利润较高的液体类产品或带锂电池的产品等，都可以选择海外仓服务。

五、跨境电商物流模式的选择

不同的跨境电商物流模式在运费、时效、适用范围等方面具有不同的特点。对跨境电商卖家而言，选择以什么样的物流模式发货，一般需要考虑商品特性、物流费用、物流时效、目的国（或地区）清关能力、买家需求、销售淡旺季及安全性等因素。

（一）商品特性

商品特性主要包括商品的类型、重量、体积、货值等。首先要考虑所售商品类型是普通货物还是敏感货物。如果是带电商品或者粉末状的化妆品等敏感货物，可以选择DHL、EMS 等快递发货，不能发中邮小包。其次要考虑所售商品的包裹重量和体积，如果单件包裹的重量大于 2 千克小于 30 千克，那么不能发中邮小包或 e 邮宝，可以考虑邮政大包、EMS 和 e 特快。最后还要考虑所售商品的货值，一般情况下，货值高的商品要选择有妥投信息的物流模式，以便买家跟踪物流信息。比如，手机、平板电脑等价值较高的商品，可选择 e 特快或者 DHL 等物流渠道发货。

（二）物流费用

物流费用是跨境电商运营成本的重要组成部分。不同的物流模式，其费用也不同。例如：中国邮政平常小包＋费用低，没有挂号费，但是配送时间较长，丢包率较高；国际商业快递物流费用较高，但是运达较快，丢包率较低。

（三）物流时效

物流时效是影响跨境电商运营效率的重要因素。在选择物流模式时，需要对时效性进行考核，尽可能在保证货物的安全性和运达速度的情况下，选择运费低廉的物流渠道。在物流时效上，国际商业快递物流渠道最快，邮政物流渠道次之。

（四）目的地清关能力

大多数跨境电商卖家派送商品主要通过物流公司来完成目的地清关，但商品过关时经常会出现一些意外情况，例如，因卖家提供的海关申报资料不齐全或敏感货物导致货物被海关扣押。不同的物流渠道服务商在目的国（或地区）的清关能力不同，因此在派送商品时，卖家要选择清关能力较强的物流渠道。一般来说，邮政物流渠道的清关能力较强，国际商业快递物流渠道的清关能力相对较弱。

（五）买家需求

为了给买家提供多样化的物流渠道选择，卖家可以在商品销售详情页面中列明不同物流模式的特点和费用，买家可根据自身实际需求来选择合适的物流模式，避免后续纠纷。例如，某法国买家在亚马逊平台上订购了一件价值288美元的礼服，要求7天内到货，这时就可以选择DHL等国际商业快递发货。

（六）销售淡旺季

销售旺季时，卖家常用的物流模式可能会因为爆仓而物流时效变慢。为了避免运营风险，卖家可以根据销售淡旺季选择不同的物流模式。例如：销售淡季时，可选用中邮小包运送货物，以降低物流成本；销售旺季时，如大型节假日或促销活动期间，可选用新加坡邮政小包、瑞士邮政小包等来运送货物，以保证物流时效。

（七）安全性

货物安全送达买家手中，可以为跨境电商卖家避免很多不必要的售后麻烦。卖家在选择物流模式时，需要考虑物流过程中货物的安全性，例如是否能够提供全程可追踪的服务、是否需要额外购买保险等。中国邮政平常小包＋无法提供境外物流追踪服务，货物丢包率较高，应谨慎选择。

任务小结

通过本节的学习，学生应初步了解不同跨境电商物流模式的优劣势，能够根据商品特性、物流费用、物流时效、目的国（或地区）清关能力、买家需求、销售淡旺季以及货物寄递的安全性等来选择合适的物流模式。

数字资源6-4：
　项目六　任务4　测验

技能实训

1. 跨境电商卖家必须熟悉常用跨境物流模式的特点，才能进行合理的选择。请对以下几种主流的物流模式进行对比，并完成表 6-5 内容填写。

表 6-5　跨境物流模式对比

物流模式	优势	劣势	时效	价格
中邮小包				
国际 EMS				
e 邮宝				
e 特快				
四大国际商业快递				
国际专线物流				
海外仓				

2. 小王是武汉一名在校大学生，在亚马逊上经营着一家店铺。他最近刚上架了一款商品，商品重量为二千克，长、宽、高分别为 30 厘米、20.5 厘米、15 厘米，价格为 10 美元/件。没过几天，他收到了一个美国客户的订单，客户希望能在 15 天内收到包裹。根据客户的要求，小王打算通过中国邮政物流寄送包裹，目前中国邮政提供的快递服务类型有很多，请登录中国邮政速递物流官方网站，查看中国邮政国际业务，根据要求填写表 6-6，综合考虑各种因素，选择一种合适的物流模式，并说明选择该模式的理由。

表 6-6　邮政物流模式对比

邮政物流 模式	是否符合 重量、体积要求	能否寄送 至美国	预估运费	预估时效
中国邮政平常小包＋				
中国邮政挂号小包				
中邮大包				
e 邮宝				
e 特快				

3. 近期有一款名为"Last Mouse Lost（灭鼠先锋）"的解压玩具突然走红，成为各大跨境电商平台上的畅销品。作为该解压玩具在亚马逊平台的中国卖家之一，你最近有一单 30 件的货物销往英国，请你综合考虑各种因素，选择一种合适的物流模式，并写明选择该模式的理由。

项目七
跨境贸易通关

项目目标

◆ **知识目标**

(1) 了解海关的性质与职责。

(2) 了解海关的组织机构。

(3) 掌握通关的基本程序。

(4) 掌握不同海关监管方式的特点及适用场景。

◆ **能力目标**

(1) 能够按照海关规定，正确完成货物的申报、查验、缴税和放行等操作。

(2) 能够运用海关法律法规，处理进出境货物的监管和税收问题。

(3) 能够识别走私等风险行为，并采取相应措施进行处理。

(4) 能够根据不同监管方式和通关模式，正确完成报关操作。

◆ **素质目标**

(1) 具备遵守国家法律法规的意识，能够在海关工作中坚持法律原则。

(2) 具有对国家经济安全和社会秩序负责的责任感。

导入案例

武汉市黄陂区广维百货商行一直从事传统外贸出口，2020年受疫情影响，传统订单大幅减少，为了解决订单问题，广维百货商行来到汉口北国际商品交易中心寻求解决方案。经过多次沟通交流，广维百货商行决定在汉口北国家市场采购贸易方式试点区内以市场采购贸易方式出口，将圣诞用品以市场采购贸易方式出口到美国海外仓，通过跨境电商销售平台将货物销售给客户，海外仓完成末端配送功能，形成销售闭环。2021年，该商行开始转型，全年实现出口额约39万美元。

自2016年起，武汉汉口北国际商品交易中心相继开展国家市场采购贸易方式试点、商贸流通服务国家级标准化试点、湖北省外贸综合服务试点等重要贸易改革试点。该交易中心5年来进出口额保持平均46%的增幅，总额超107亿美元，基本形成"市场采购＋跨境电商＋外综服"的外贸新业态融合的"汉口北模式"，开拓性提出"海外仓备货"模式，使汉口北成为中部地区外贸发展较为活跃的地区之一。

在武汉海关支持下，汉口北海关监管场所在市场采购查验平台增建跨境电商查验线，实现市场采购1039通关模式与跨境电商9610、9710、9810三种通关模式共享通关平台、灵活通关，成为推动武汉外贸进出口的重要增长极。

如今，汉口北国际商品交易中心已聚集了采购贸易、跨境电商、直播贸易、产业互联网等创新元素，成为中西部最大的商贸物流平台、中部对外开放重要窗口。

请思考：
(1) 什么是市场采购1039通关模式？该模式有何优势？
(2) 9610、9710、9810通关模式适用于哪种跨境电商业务模式？三种通关模式有何区别？

任务1　跨境贸易通关概述

🖥 任务描述

通关是跨境贸易中至关重要的一个环节，进出口或转运货物出入一国关境时，必须向该国海关申报，办理海关规定的各项手续，经海关检验合格后，才能进行后续的操作。了解海关的性质与职责，掌握通关的基本程序是跨境贸易通关的基础。

任务目标

（1）了解海关的性质与职责。

（2）了解海关的组织机构。

（3）掌握通关的基本程序。

一、海关概述

（一）海关的概念

海关是指依据本国（或地区）的法律、行政法规行使进出口监督管理职权的国家行政机关。

（二）海关的性质

1. 海关是国家行政机关

海关属于国家行政机关，是国务院直属机构，从属于国家行政管理体制、海关依法独立行使职权，向海关总署负责。

2. 海关是国家进出境监督管理机关

海关履行国家行政制度的监督职能，是国家宏观管理的一个重要组成部分。海关实施监督管理的范围是进出境的活动，实施监督管理的对象是所有进出境的运输工具、货物、行李物品、邮递物品和其他物品（以下简称进出境运输工具、货物、物品）。

3. 海关的监督管理是国家行政执法活动

海关依据《中华人民共和国海关法》（以下简称《海关法》）和其他有关法律、行政法规，对特定范围内的社会经济活动进行监督管理，并对违法行为依法实施行政处罚。

海关事务属于中央立法事权，立法者为全国人民代表大会及其常务委员会和国务院。海关总署也可以根据法律和国务院的法规、决定、命令，制定规章，作为执法依据的补充。

（三）海关的职责

1. 监管

海关进出境监管是指海关运用国家赋予的权力，通过一系列管理制度与管理程序，依法对进出境运输工具、货物、物品的进出境活动所实施的一种行政管理。

2. 征税

海关税收是国家财政收入的重要来源，也是国家实施宏观调控的重要工具之一。海关根据我国《海关法》、《中华人民共和国进出口税则（2025）》、《中华人民共和国关税法》及其他有关法律、行政法规，对准许进出口的货物、进出境物品征收关税及其他税（如增值税、消费税、船舶吨税等）。

3. 查缉走私

查缉走私是海关为保证顺利完成监管和征税等任务而采取的保障措施，是在海关监管区和海关附近沿海沿边规定地区开展的一种包括调查、制止、打击、综合治理走私活动在内的调查惩处活动。我国《海关法》第五条规定：国家实行联合缉私、统一处理、综合治理的缉私体制。海关负责组织、协调、管理查缉走私工作。

◆ **思考与讨论：**

什么是走私？走私行为对社会经济有哪些危害？

4. 编制海关统计

海关统计是海关依法对进出口货物贸易的统计，是国民经济统计的组成部分。海关统计的任务是对进出口货物贸易进行统计调查、统计分析和统计监督，进行进出口监测预警，编制、管理和公布海关统计资料，提供统计服务。

（四）海关的组织机构

我国《海关法》第三条规定，国务院设立海关总署，统一管理全国海关。海关机构的组织结构分为海关总署、直属海关和隶属海关三级。海关实行垂直领导的组织架构，即：隶属海关由直属海关领导，向直属海关负责；直属海关由海关总署领导，向海关总署负责。海关按照《海关法》和国家有关法律、行政法规，在国家赋予的职权范围内自主、全权地行使海关监督管理权，不受地方政府和有关部门的干预。

1. 海关总署

中华人民共和国海关总署是国务院直属机构，为正部级，统一管理全国海关。海关总署现有 21 个内设部门、13 个直属企事业单位，管理 2 个社会团体（中国海关学会、中国进出境生物安全研究会），并在欧盟、俄罗斯、美国等国家和地区派驻海关机构。

海关总署的主要职责是：负责全国海关工作、组织推动口岸"大通关"建设、海关监管工作、进出口关税及其他税费征收管理、出入境卫生检疫、出入境动植物及其产品检验检疫、进出口商品法定检验、海关风险管理、国家进出口货物贸易等海关统计、全国打击走私综合治理工作、制定并组织实施海关科技发展规划以及实验室建设和技术保障规划、海关领域国际合作与交流、垂直管理全国海关、完成党中央国务院交办的其他任务。

2. 直属海关

直属海关是指直接由海关总署领导，负责管理一定区域范围内海关业务的海关。我国共有 42 个直属海关，除我国香港、澳门、台湾地区外，分布在全国 31 个省、自治区、直辖市。直属海关就本关区内的海关事务独立行使职权，向海关总署负责。

直属海关承担着在关区内组织开展海关各项业务和关区集中审单作业，全面有效地贯彻执行海关各项政策、法律、法规、管理制度和作业规范的重要职责，在海关三级组织结构管理中发挥着承上启下的作用。

3. 隶属海关

隶属海关是指由直属海关领导，负责办理具体海关业务的海关，也是海关进出境监督管理职能的基本执行单位。隶属海关一般设在对外开放的口岸和海关监管业务集中的地点，如边界口岸、国际港口、保税仓库、综合保税区等地。根据各地海关业务的实际需要，在隶属海关下还可以设立下属海关。

隶属海关的主要职能包括：开展接单审核、税费征收、查验和放行等具体通关业务；受理辖区内设立海关监管场所、承运海关监管货物业务的申请；对进出境货物、运输工具等实施海关监管，对各类海关监管场所实施监控；办理辖区内报关单位通关注册备案业务；等等。

二、通关的基础流程

（一）通关的概念

通关是指进出口货物、转运货物及运输工具进出一国海关关境或国境时必须办理的申报、查验等一系列海关规定手续的统称。

知识拓展

清关、报关、结关的概念

1. 清关

清关（customs clearance）俗称通关，特指货物、物品、运输工具进入一国关境时向海关申报并办理手续的过程。在国际货运代理行业中，"清关"泛指进口相关的报关、报检、提货等操作，其核心是履行进口国海关监管要求，使货物获准入境流通。

2. 报关

报关（customs declaration）是履行海关进出境手续的必要环节之一，指的是进出境运输工具的负责人、货物和物品的收、发货人或其代理人，在通过海关监管口岸时，依法进行申报并办理有关手续的过程。报关涉及的对象可分为进出境的运输工具、货物和物品。由于性质不同，其报关程序各异。运输工具如船舶、飞机等通常应由船长或机长签署到达、离境报关单，交验载货清单、空运单、海运单等单证向海关申报，作为海关对装卸货物和上下旅客实施监管的依据。而货物和物品则应由其收、发货人或其代理人，按照货物的贸易性质或物品的类别，填写报关单，并随附有关的法定单证及商业和运输单证报关。

3. 结关

结关是海关放行后的一个程序，包括将获放行的有关资料及货已装船的资料送交海关，备案存档及后续的出口退税（外汇核销）等工作。因此结关日是指国际航行船舶于出口前办完海关手续、结清应付的各种款项，海关准许离港出航的日期。

（二）通关的基本程序

通关的基本程序可分为前期阶段、进出境阶段和后续阶段。不同类别进出境货物的通关程序如表 7-1 所示。

表 7-1　不同类别进出境货物的通关程序

货物类别	前期阶段（进出境前办理）	进出境阶段（进出境时办理）收、发货人—海关	后续阶段（进出境后办理）
一般进出口货物	无	申报　接受申报 ↓　　↓ 配合查验　查验 ↓　　↓ 缴税　征税 ↓　　↓ 提货　放行	无
保税货物	加工贸易备案、申领备案登记手册		核销手续
特定减免税货物	特定减免税申请、申领减免税证明		申请解除海关监管
暂准进出境货物	暂准进出境申请		销案手续
出料加工货物	出料加工备案申请		销案手续

1. 前期阶段

前期阶段是指进出口货物收、发货人或其代理人根据海关监管规定，在货物进出境前向海关办理备案手续的过程。这个阶段需要办理备案手续的货物包括保税货物、特定减免税货物、暂准进出境货物、出料加工货物等。

2. 进出境阶段（核心报关流程）

货物进出境时，收、发货人或其代理人需向海关办理以下手续。

（1）申报。

在货物进出境时应于指定地点和期限内，以电子数据报关单和纸质报关单的形式向海关提交单证，报告货物实际情况并接受审核。

（2）查验。

海关以申报内容为依据，对货物进行核查，确认报关单申报的内容与实际进出境货物是否一致。

（3）缴税。

海关审核报关单并查验货物后，计算税费并出具缴款书，收、发货人须在收到缴款书后 15 日内通过指定银行或电子支付完成缴纳税费。

（4）放行。

海关完成单据审核、货物查验及税费征收手续后，在相关单据上签盖放行章，收、发货人方可提取或装运货物。

3. 后续阶段

收、发货人或其代理人向海关办理货物核销、销案、申请解除海关监管等手续的过程。

一般进出口货物：海关放行后即结束监管，无须办理后续手续。

保税货物／暂准进出境货物／出料加工货物：须办理核销或销案手续。

特定减免税货物：须申请解除海关监管。

任务小结

通过本节的学习，学生应对海关的性质、管理机制等基本内容有所了解，并掌握通关的基本程序。

数字资源 7-1：
项目七　任务 1　测验

技能实训

1. 阅读《厦门海关查获出口侵权奢侈品牌包》案例，思考以下问题。
(1) 案例中厦门海关主要执行了哪些职责？
(2) 结合案例谈谈海关职能的重要性。

数字资源7-2：
　　厦门海关查获出口侵权奢侈品牌包

2. 登录中国海关博物馆网站，在"视频欣赏"模块观看《峥嵘岁月系关魂》系列视频，了解我国海关的历史发展历程。简要说明我国海关近10年的发展概况。

任务2　跨境贸易通关模式

任务描述

随着跨境电商新业态的快速发展，我国跨境贸易方式呈现出多元化的特征。为规范海关监管和统计，我国海关总署针对不同跨境贸易模式增列了海关监管方式。了解跨境贸易海关监管方式，掌握不同监管方式的适用场景，有助于提高跨境贸易通关效率。

任务目标

(1) 了解跨境贸易海关监管方式。
(2) 掌握不同跨境电商通关模式的适用场景。

一、进出口货物海关监管方式

进出口货物海关监管方式（以下简称监管方式），是以国际贸易中进出口货物的交易方式为基础，结合海关对进出口货物的征税、统计及监管条件综合设定的海关对进出口货物的管理方式。由于海关对不同监管方式下进出口货物的监管、征税、统计作业的要求不尽相同，将监管方式做如下分类。

（一）"0110"海关监管方式

"0110"即一般贸易的监管方式代码。一般贸易是指我国境内有进出口经营权的企业单边进口或单边出口的贸易。按一般贸易交易方式进出口的货物即一般贸易货物。该监管方式适用于境内企业与境外企业通过传统国际贸易方式达成交易。

该监管方式下，企业按照申报—查验—缴税—放行流程进行报关，并随附委托书、合同、发票、提单、装箱单等单证。报关方式相对简单，但退税流程时间较长，适合传统国际贸易模式企业及销售品类多的跨境电商企业。

（二）"1039"海关监管方式

海关总署公告 2014 年第 54 号《关于市场采购贸易监管办法及其监管方式有关事宜的公告》："增列海关监管方式代码'1039'，全（简）称为'市场采购'"。

市场采购贸易方式是指由符合条件的经营者在经国家商务主管等部门认定的市场集聚区内采购的、单票报关单货值 15 万（含 15 万）美元以下、并在采购地办理出口商品通关手续的贸易方式。

从事市场采购贸易的对外贸易经营者，应当向市场集聚区所在地商务主管部门办理市场采购贸易经营者备案登记，并按照海关相关规定在海关办理进出口货物收、发货人备案。对外贸易经营者对其代理出口商品的真实性、合法性承担责任。经市场采购商品认定体系确认的商品信息应当通过市场综合管理系统与海关实现数据联网共享。经市场综合管理系统确认的商品，海关按照市场采购贸易方式实施监管。

（三）"9610"海关监管方式

海关总署公告 2014 年第 12 号《关于增列海关监管方式代码的公告》："增列海关监管方式代码'9610'，全称'跨境贸易电子商务'，简称'电子商务'"。"9610"海关监管方式适用于境内个人或电子商务企业通过电子商务交易平台实现交易，并采用"清单核放、汇总申报"模式办理通关手续的电子商务零售进出口商品（通过海关特殊监管区域或保税监管场所一线的电子商务零售进出口商品除外），即海关凭清单核放进出境，定期将已核放清单数据汇总形成进出口货物报关单，电子商务企业或平台凭此办理结汇、退税手续。

（四）"1210"海关监管方式

海关总署公告 2014 年第 57 号《关于增列海关监管方式代码的公告》："增列海关监管方式代码'1210'，全称'保税跨境贸易电子商务'，简称'保税电商'"。"1210"监管方式适用于境内个人或电子商务企业在经海关认可的电子商务平台实现跨境交易，并通过海关特殊监管区域或保税监管场所进出的电子商务零售进出境商品（海关特殊监管区域、保税监管场所与境内区外（场所外）之间通过电子商务平台交易的零售进出口商品不适用该监管方式）。该监管方式用于进口时仅限经批准开展跨境贸易电子商务进口试点的海关特殊监管区域和保税物流中心（B 型）。我国的海关特殊监管区域包括保税区、出口加工区、保税物流园区、跨境工业园区、保税港区、综合保税区等。

（五）"1239"海关监管方式

海关总署公告 2016 年第 75 号《关于增列海关监管方式代码的公告》："增列海关监管方式代码'1239'，全称'保税跨境贸易电子商务 A'，简称'保税电商 A'"。"1239"海关监管方式适用于境内电子商务企业通过海关特殊监管区域或保税物流中心（B 型）一线进境的跨境电子商务零售进口商品。

（六）"9710"海关监管方式

海关总署公告 2020 年第 75 号《关于开展跨境电子商务企业对企业出口监管试点的公告》："增列海关监管方式代码'9710'，全称'跨境电子商务企业对企业直接出口'，简称'跨境电商 B2B 直接出口'"。"9710"海关监管方式适用于跨境电商 B2B 直接出口的货物。

（七）"9810"海关监管方式

海关总署公告 2020 年第 75 号《关于开展跨境电子商务企业对企业出口监管试点的公告》："增列海关监管方式代码'9810'，全称'跨境电子商务出口海外仓'，简称'跨境电商出口海外仓'"。"9810"海关监管方式适用于跨境电商出口海外仓的货物。

二、跨境电商通关模式

（一）跨境电商出口通关模式

1. 一般出口模式

一般出口模式（"9610"出口），又称"集贸模式"，指境外个人跨境网购后，电子商务企业或其代理人、物流企业分别向海关传输交易、支付、物流（跨境电商"三单"）等电子信息。电子商务企业或其代理人向海关提交清单办理申报手续，跨境电商综试区海关采取"简化申报，清单核放，汇总统计"方式通关，其他海关采取"清单核放，汇总申报"方式通关，跨境电商出口商品以邮件、快件方式分批运送，海关凭清单核放出境，定期把已核放清单数据汇总形成出口货物报关单，电子商务企业或平台凭此办理结汇、退税手续。

一般出口模式的优势体现在通关环节较少、出口时效较快，但也面临着退税时效慢等问题，该模式更适合于无进项税发票的小微企业。

2. 特殊区域出口模式

特殊区域出口模式（"1210"出口），又称保税备货出口模式，是指电子商务企业将整批商品按一般贸易报关进入海关特殊监管区域或场所，企业实现退税；对于已入区退税的商品，境外买家网购后，海关凭清单核放，由邮件、快件企业分送出区离境，海关定期将已放行清单归并形成出口货物报关单，电子商务企业或平台凭此办理结汇手续。

开展跨境贸易电子商务零售进出口业务的电子商务企业，海关特殊监管区域或保税监管场所内的跨境贸易电子商务经营企业、支付企业和物流企业应按照规定向海关备案，并通过电子商务平台实时传送交易、支付、仓储、物流等数据。

特殊区域出口模式依托于综合保税区等海关特殊监管区域开展，跨境电商企业享受入区即退税政策（保税区除外），从而提高了企业的资金利用率，降低了物流成本。

3. 跨境电商 B2B 直接出口模式

跨境电商 B2B 直接出口模式（"9710"出口），适用于跨境电商 B2B 直接出口的货物。在跨境电商 B2B 直接出口模式下，境内企业通过跨境电商平台与境外企业达成交易后，通过跨境物流将货物直接出口送达境外企业。

选择这种模式通关的企业，在申报前须上传交易平台生成的在线订单截图等交易电子信息，并填写收货人名称、货物名称、件数、毛重等在线订单内的关键信息。提供物流服务的企业应上传物流电子信息。代理报关企业应填报货物对应的委托企业工商信息。在交易平台内完成在线支付的订单可选择加传其收款信息。

4. 跨境电商出口海外仓模式

跨境电商出口海外仓模式（"9810"出口），适用于跨境电商出口海外仓的货物。在跨境电商出口海外仓模式下，境内企业将出口货物通过跨境物流送达海外仓，通过跨境电商平台实现交易后从海外仓送达购买者。

符合开展跨境电商出口海外仓业务的跨境电商企业，须在海关进行备案。备案企业应为已在海关办理注册登记且企业信用等级为一般信用及以上的跨境电商企业。此外，企业经营类别须为进出口货物收、发货人。

跨境电商出口海外仓模式的优势在于海外仓中转运营合规化，可优先查验，但退税的标准是商品完成销售。海外仓对货物的销售时间未知，因此平台无法对每一件商品进行准确跟踪，提供数据的手续也较为烦琐。这类模式适合产品品类较少、店铺单一的企业。

（二）跨境电商进口通关模式

1. 直购进口模式

直购进口模式（"9610"进口），适用于境内个人或电子商务企业通过电子商务交易平台实现交易，并采用"清单核放、汇总申报"模式办理通关手续的电子商务零售进出口商品。

在"9610"直购进口模式下，境内个人跨境网购后，电子商务企业或电子商务交易平台企业、支付企业、物流企业分别向海关传输交易、支付、物流等电子信息，进出境快件运营人、邮政企业在承诺对数据真实性承担法律责任的前提下，可以代传交易、支付等电子信息。跨境电商商品运抵监管场所后，电子商务企业或其代理人向海关提交清单办理申报和纳税手续。

直购进口模式的优势是经营灵活，不需要提前备货，相对于快件清关而言，该模式的物流通关效率较高，整体物流成本有所降低。但货物需要在海外完成打包操作，海外打包操作的成本较高，且从海外发货，物流时间较长，配送时效慢。直购进口模式不受保税区备货规模的限制，更适合做全品类、大平台的进口电商。

2. 网购保税进口模式

网购保税进口模式（"1210"进口和"1239"进口，"1210"适用于跨境电商试点城市，"1239"适用于非试点城市），是指电子商务企业或电子商务平台将整批商品运入海关特殊监管区域或保税物流中心内并向海关报关，海关实施账册管理。境内消费者网购区内商品后，电子商务企业或电子商务交易平台企业、支付企业和物流企业分别将电子订单、支付凭证、电子运单等传输给海关，电子商务企业或其代理人向海关提交清单办理申报和纳税手续，海关验放出区后账册自动核销。

网购保税进口模式的优势在于国际物流成本低，有订单后可立即从保税仓发货，通关效率高，配送时效快，能够及时响应售后服务需求，用户体验好，适用于企业业务规模大、业务量稳定的阶段。企业可通过大批量订货或备货降低采购成本，逐步从空运过渡到海运以降低国际物流成本，而劣势则体现在库存积压风险较大。

任务小结

通过本节的学习，学生应对不同通关模式的特征、适用对象及流程有所了解，能够根据需要选择合适的模式。

数字资源7-3：
　　项目七　任务2　测验

技能实训

1. 查阅资料，对比不同跨境电商出口通关模式，填写表7-2。

表 7-2　不同跨境电商出口通关模式

模式	一般出口 (9610)	特殊区域出口 (1210)	跨境电商 B2B 直接出口 (9710)	跨境电商出口海外仓 (9810)
交易性质				
企业要求				
通关系统				
出境时申报单证				
简化申报				
通关优惠				
物流模式				
查验				

2. 请论述不同跨境电商通关模式的适用场景。

项目八
跨境贸易法律法规

项目目标

◆ 知识目标

(1) 了解知识产权的概念、特点、类型。

(2) 了解知识产权的侵权表现。

(3) 掌握知识产权侵权的防范措施。

(4) 了解知识产权保护的相关法律法规。

(5) 了解跨境贸易相关法律法规。

(6) 了解跨境贸易法律合规的重要性。

(7) 掌握跨境贸易法律合规的主要做法。

(8) 掌握跨境贸易风险管理。

◆ 能力目标

(1) 能够保护自身的知识产权，维护合法权益。

(2) 能够合法合规地开展跨境贸易。

(3) 能够预防跨境贸易风险。

◆ 素质目标

(1) 增强跨境贸易法律合规意识，学会利用法律维护自身权益。

(2) 提高跨境贸易风险管理意识，增强风险防范能力。

(3) 培育和践行社会主义核心价值观。

导入案例

中国跨境电商企业被诉知识产权侵权

2021 年 5 月，浙江的跨境平台商家在全球速卖通上所销售的打火机，被美国 GBC 律所钓鱼取证。该律所律师以固定证据为目的，购买了该平台店铺所售的打火机，以方便转账为由，要求商家提供 PayPal 账号，并固定了网页截屏、链接、销售记录等证据。接着 GBC 律所起诉至美国北伊利诺伊州北区联邦地区法院主张该商家侵犯商标权，并同时申请了临时禁令（TRO），冻结了商家的 PayPal 账户资金约一两万美元。在收到 GBC 律所律师信和法院邮件通知后，该商家在考量境外诉讼成本后最终放弃应诉。最终法院判决将先前商家 PayPal 账户中冻结的资金赔偿给原告，同时该商家的全球速卖通店铺也被永久关闭。

中国跨境电商平台商家被美国本土律所起诉知识产权侵权的案例屡见不鲜，一般而言，受临时禁令影响的账户冻结时间与电商销售淡旺季基本一致。由于电商货物的运输有滞后性，因此，国内电商账户被冻结的高峰期一般为第一季度和第四季度。

申请冻结的主体一般是美国企业与律所，主张中国电商企业侵犯其知识产权。据美国一家本土律所 Bayramoglu Law Offices 统计，2020 年第一季度，美国北伊利诺伊州北区联邦地区法院提起的相关案件 180 件，其中 92 件和中国跨境电商相关，占比 51%；第二季度和第三季度与中国跨境电商相关的案件占比也超过 50%。

请思考：

（1）知识产权侵权行为有哪些表现形式？

（2）侵犯知识产权的行为有哪些危害？

（3）面对美国本土律所大范围针对中国跨境电商企业进行知识产权侵权诉讼，中国电商企业应该如何应对？

任务 1　知识产权

⚙ 任务描述

知识产权作为一种重要的经济资源，对国际贸易的发展起着至关重要的作用。了解知识产权的类型和侵权表现，掌握知识产权的防范措施，了解知识产权保护的相关法律法规，对企业保证自身合法经济利益、提高国际贸易的合规性具有重要作用。

任务目标

（1）了解知识产权的概念与特点。

（2）了解知识产权的类型。

（3）了解知识产权的侵权表现。

（4）掌握知识产权侵权的防范措施。

（5）了解知识产权保护的相关法律法规。

一、知识产权的概念和特点

（一）知识产权的概念

知识产权（intellectual property，IP），是指公民、法人或其他组织对其在科学技术和文学艺术等领域内对智力劳动成果、商业和其他特定相关客体等所依法享有的占有、使用、处分和收益的权利。知识产权是基于创造成果和工商标记依法产生的权利的统称。

（二）知识产权的特点

1. 无形性

无形性又称为非物质性，知识产权的无形性是指知识产权的客体不是有形的物质，而是非物质性的作品，其必须依赖于一定的物质载体而存在。

2. 地域性

地域性是指知识产权只在其依法取得的地域内受法律保护，除非有明确的国际条约、双边或多边协定的特别规定。这是因为知识产权不仅是法定权利，还是一国公共政策的产物，必须通过法律的强制规定才能存在，其中权利的范围与内容与本国各项法律规定有着不可分割的联系。

3. 时间性

时间性是指知识产权在规定的期限内受到法律保护，各国法律都对知识产权规定了保护期限，一旦超过法律所规定的保护期限，权利将自行终止，相关的智力成果将被纳入公有领域，成为人人都可利用的公共资源。我国不同类型的知识产权保护期限见表 8-1。

💻 知识拓展

表 8-1　我国知识产权保护期限

名称	保护期限	可否续期
发明专利权	20 年	否
实用新型专利权	10 年	否
外观设计专利权	15 年	否
商标专利权	10 年	可
著作权（自然人作品）	作者有生之年加 50 年	否
著作权（法人作品、试听作品）	首次发表后 50 年	否
商业秘密、地理标志等	无时间限制	

4. 专有性

专有性是指知识产权为权利主体所独有，非经知识产权人许可或法律特别规定的，权利人之外的任何人都不得拥有或使用知识产权专有权利，否则将构成侵权。

5. 可授权性

知识产权与相对应的有形财产一样，受到国家法律的保护，都具有价值和使用价值，可以进行市场交易。知识产权的利用主要包括转让、许可、质押等方式。

⚙ 实训操作

　　登录企通查网站，在"知识产权"板块中，搜索查询企业的商标、专利等信息。可选择筛选条件查询，也可直接在检索栏中输入"商标名称""专利名称""作品名称"等关键词查询。

📈 二、知识产权的类型

（一）著作权

著作权又称版权，是指自然人、法人或者其他组织对文学、艺术和科学作品享有的财产权利和精神权利的总称。

著作权的主体即著作权人，是指依照著作权法，对文学、艺术和科学作品享有著作权的自然人、法人或者其他组织。著作权的客体是作品，作品是指文学、艺术和科学领域内具有独创性并能以一定形式表现的智力成果。涉及著作权的作品包括：文字作品；口述作品；音乐、戏剧、曲艺、舞蹈、杂技艺术作品；美术、建筑作品；摄影作品；视听作品；工程设计图、产品设计图、地图、示意图等图形作品和模型作品；计算机软件；符合作品特征的其他智力成果。

著作权的内容是指著作权人依照法律享有的专有权利的总和，根据我国《中华人民共和国著作权法》（以下简称《著作权法》），著作权内容包括著作人身权和著作财产权。著作人身权包括：发表权，即决定作品是否公之于众的权利；署名权，即表明作者身份，在作品上署名的权利；修改权，即修改或者授权他人修改作品的权利；保护作品完整权，即保护作品不受歪曲、篡改的权利。著作财产权是对作品的使用权、收益权和处分权，包括复制权、发行权、出租权、展览权、表演权、放映权、广播权、信息网络传播权、摄制权、改编权、翻译权、汇编权等。

（二）商标权

商标权是民事主体享有的在特定的商品或服务上以区分来源为目的排他性使用特定标志的权利。商标权的取得方式包括通过使用取得商标权和通过注册取得商标权两种方式。通过注册取得商标权又称为注册商标专用权。在我国，商标注册是取得商标权的基本途径。《中华人民共和国商标法》（以下简称《商标法》）第三条规定："经商标局核准注册的商标为注册商标，包括商品商标、服务商标和集体商标；商标注册人享有商标专用权，受法律保护。

商标权的主体即商标权人，是指依法享有注册商标专用权并同时承担相应义务的自然人、法人或者其他组织。商标权的客体是商标，是经营者为了使自己的商品或服务区别于他人而使用的标记。任何能够将自然人、法人或者其他组织的商品与他人的商品区别开的标志，包括文字、图形、字母、数字、三维标志、颜色组合和声音等，以及上述要素的组合，均可以作为商标申请注册。

（三）专利权

专利权是指国家根据发明人或设计人的申请，以向社会公开发明创造的内容，以及发明创造对社会具有符合法律规定的利益为前提，根据法定程序在一定期限内授予发明人或设计人的一种排他性权利。

专利权的主体即专利权人，是指享有专利权并同时承担相应义务的人。专利权的客体即专利法保护的对象，也就是依照专利法授予专利权的发明创造。目前，我国将专利分为发明专利、实用新型专利和外观设计专利三种。

发明专利是指对产品、方法或者其改进所提出的新的技术方案。发明专利能够获得较长的保护时间，但其授权标准较高，程序耗时较长。实用新型专利是指对产品的形状、构造或者其结合所提出的适于实用的新的技术方案。实用新型专利保护期限较短，但其授权标准较低，程序耗时较短。外观设计专利是指对产品的整体或者局部的形状、图案或者其结合以及色彩与形状、图案的结合所作出的富有美感并适于工业应用的新设计。

（四）地理标志

地理标志是指标示某商品来源于某地区，该商品的特定质量、信誉或者其他特征主要由该地区的自然因素或者人文医素所决定的标志。我国《民法典》将地理标志列为知识产权的客体之一。

（五）商业秘密

商业秘密是指不为公众所知悉，具有商业价值，并经权利人采取相应保密措施的技术信息、经营信息等商业信息。商业秘密主要包括非专利技术，涉及科研、设计、生产、管理、市场、财务等技术信息和经营信息。《民法典》将商业秘密列为知识产权的客体之一。

三、知识产权的侵权表现

（一）商标侵权

根据我国《商标法》第五十七条的规定，侵犯注册商标专用权的行为有以下几类：
① 未经商标注册人的许可，在同一种商品上使用与其注册商标相同的商标的；
② 未经商标注册人的许可，在同一种商品上使用与其注册商标近似的商标，或者在类似商品上使用与其注册商标相同或近似的商标，容易导致混淆的；
③ 销售侵犯注册商标专用权的商品的；
④ 伪造、擅自制造他人注册商标标识或者销售伪造、擅自制造的注册商标标识的；
⑤ 未经商标注册人同意，更换其注册商标并将该更换商标的商品又投入市场的；
⑥ 故意为侵犯他人商标专用权行为提供便利条件，帮助他人实施侵犯商标专用权行为的；
⑦ 给他人的注册商标专用权造成其他损害的。

（二）著作权侵权

根据我国《著作权法》第五十二条规定，侵犯著作权的行为有以下几类：
① 未经著作权人许可，发表其作品的；
② 未经合作作者许可，将与他人合作创作的作品当作自己单独创作的作品发表的；
③ 没有参加创作，为谋取个人名利，在他人作品上署名的；
④ 歪曲、篡改他人作品的；
⑤ 剽窃他人作品的；
⑥ 未经著作权人许可，以展览、摄制视听作品的方法使用作品，或者以改编、翻译、注释等方式使用作品的，本法另有规定的除外；
⑦ 使用他人作品，应当支付报酬而未支付的；
⑧ 未经视听作品、计算机软件、录音录像制品的著作权人、表演者或者录音录像制作者许可，出租其作品或者录音录像制品的原件或者复制件的，本法另有规定的除外；

⑨ 未经出版者许可，使用其出版的图书、期刊的版式设计的；

⑩ 未经表演者许可，从现场直播或者公开传送其现场表演，或者录制其表演的；

⑪ 其他侵犯著作权以及与著作权有关的权利的行为。

（三）专利侵权

侵犯专利权的行为有以下几类：

① 未经授权，在生产、经营、广告、宣传、表演和其他活动中使用相同或者近似的商标、特殊标志、专利、作品和其他创作成果；

② 伪造、擅自制造相同或者近似的商标标识、特殊标志，或者销售伪造、擅自制造的商标标识、特殊标志；

③ 变相利用相同或者近似的商标、特殊标志、专利、作品和其他创作成果；

④ 未经授权，在企业、社会团体、事业单位、民办非企业单位登记注册和网站、域名、地名、建筑物、构筑物、场所等名称中使用相同或者近似的商标、特殊标志、专利、作品和其他创作成果；

⑤ 为侵权行为提供场所、仓储、运输、邮寄、隐匿等便利条件；

⑥ 违反国家有关法律、法规规定的其他侵权行为。

拓展案例

数字资源 8-1：

　被判上百万赔偿的阿迪达斯侵权案

四、知识产权侵权的防范措施

（一）法律层面的防范

法律层面的防范是保护知识产权的基础。企业和个人应当了解相关的法律规定，积极申请注册并保护己方的知识产权，同时避免侵犯他人的知识产权。在知识产权侵犯行为发生时，应当及时向有关部门报案，依法维护自己的权益。

（二）技术层面的防范

技术层面的防范是预防知识产权侵犯行为的重要措施。企业和个人应当加强对己方的知识产权的保护，采取技术手段防范他人的侵犯行为。例如，对于数字产品，可以采取加密技术等手段，保护知识产权的安全。同时，企业和个人也应当对他人的知识产权保持尊重，不得通过技术手段侵犯他人的知识产权。

（三）教育层面的防范

教育层面的防范是预防知识产权侵犯行为的重要环节。企业和个人应当加强对知识产权相关知识的了解，提高知识产权保护意识。特别是在企业内部，应当加强员工的知识产权保护意识，避免出现不当行为导致侵犯知识产权。

（四）国际层面的防范

国际层面的防范是知识产权保护的重要环节。企业和个人应当多多了解国际通用的知识产权相关规定，遵守知识产权保护规则。同时，我国企业也应当加强国际间的合作，各方共同维护知识产权的安全。

五、知识产权保护的相关法律法规

（一）知识产权相关法律制度

1. 著作权法

我国《著作权法》是为保护文学、艺术和科学作品作者的著作权，以及与著作权有关的权益，鼓励有益于社会主义精神文明、物质文明建设的作品的创作和传播，促进社会主义文化和科学事业的发展与繁荣，根据宪法制定本法。

根据我国《著作权法》的规定，作者的作品自完成即享有著作权，并且可以向国家申请著作权登记。《中华人民共和国专利法》则规定了著作权的保护期限、转让方式以及侵权责任等内容。

2. 专利法

《中华人民共和国专利法》（以下简称《专利法》）是为了保护专利权人的合法权益，鼓励发明创造，推动发明创造的应用，提高创新能力，促进科学技术进步和经济社会发展，制定本法。

根据我国《专利法》的规定，发明者可以对其发明申请专利保护，获得专利权。专利权人在专利权有效期内享有对发明进行独占的权利。《专利法》规定了专利申请和审查程序，以及专利权的转让和终止等内容。

3. 商标法

我国《商标法》是为了加强商标管理，保护商标专用权，促使生产、经营者保证商品和服务质量，维护商标信誉，以保障消费者和生产、经营者的利益，促进社会主义市场经济的发展，特制定本法。

商标是用于区分商品或服务来源的标识，如商号、商品名称、标识等。《商标法》规定了商标的注册制度，只有经过注册的商标才能享有法律保护。《商标法》还规定了商标的使用要求、保护范围以及侵权责任等内容。

4. 其他类

还有一些法律法规与知识产权保护密切相关，其规定了在特定领域内保护知识产权的具体要求和措施，例如：《民法典》中规定了知识产权的类型，并规定了知识产权的民法保护制度；《中华人民共和国刑法》以八条的篇幅，确定了侵犯知识产权罪的有关内容，确定了中国知识产权的刑法保护制度；《中华人民共和国反不正当竞争法》规范了不正当竞争行为，其中在包装、装潢、商业秘密等方面对知识产权进行补充性立法保护；《中华人民共和国促进科技成果转化法》在促进知识产权向社会生产方面的转化提供了保障。

（二）跨境电商平台对知识产权侵权的处理规则

在跨境电商贸易中，各大跨境电商平台陆续发布了《知识产权侵权处理规则》，以跨境电商 B2C 平台——全球速卖通为例进行讲解。

全球速卖通平台严禁用户未经受权发布、销售涉嫌侵犯第三方知识产权的商品或发布涉嫌侵犯第三方知识产权的信息。若卖家发布涉嫌侵犯第三方知识产权的信息，或销售涉嫌侵犯第三方知识产权的商品，则有可能被知识产权所有人或者买家投诉，平台也会随机对店铺信息、商品（包含下架商品）信息、产品组名进行抽查，若涉嫌侵权，则信息、商品会被删除或退回，并根据侵权类型执行处罚。全球速卖通主要将知识产权侵权行为分为三类：商标侵权、著作权侵权和专利侵权。

1. 商标侵权行为的定义与处罚规则

商标侵权行为的定义与处罚规则如表 8-2 所示。

表 8-2　商标侵权行为的定义与处罚规则

侵权类型	定义	处罚规则
商标侵权	严重违规：未经注册商标权人许可，在同一种商品上使用与其注册商标相同或相似的商标	三次违规者关闭账号
	一般违规：其他未经权利人许可使用他人商标的情况	① 首次违规扣 0 分； ② 其后每次重复违规扣 6 分； ③ 累达 48 分者关闭账号

2. 著作权侵权行为的定义与处罚规则

著作权侵权行为的定义与处罚规则如表 8-3 所示。

表 8-3　著作权侵权行为的定义与处罚规则

侵权类型	定义	处罚规则
著作权侵权	未经权利人授权，擅自使用受版权保护的作品材料，如文本、照片、视频、音乐和软件，构成著作权侵权。 实物层面侵权： ① 盗版实体产品或其包装； ② 实体产品或其包装非盗版，但包括未经授权的受版权保护的作品。 信息层面侵权： 产品及其包装不侵权，但未经授权在店铺信息中使用图片、文字等受著作权保护的作品	① 首次违规扣 0 分； ② 其后每次重复违规扣 6 分； ③ 累达 48 分者关闭账号

3. 专利侵权行为的定义与处罚规则

专利侵权行为的定义与处罚规则如表 8-4 所示。

表 8-4　专利侵权行为的定义与处罚规则

侵权类型	定义	处罚规则
专利侵权	侵犯他人外观专利、实用新型专利、发明专利、外观设计（一般违规或严重违规的判定视个案而定）	① 首次违规扣 0 分； ② 其后每次重复违规扣 6 分； ③ 累达 48 分者关闭账号 （严重违规情况，三次违规者关闭账号）

4. 规则说明

（1）全球速卖通会按照侵权商品投诉被受理时的状态，根据相关规定对相关卖家实施适用处罚。

（2）同一天内所有一般违规及著作权侵权投诉，包括所有投诉成立（商标权或专利权：被投诉方被同一知识产权投诉，在规定期限内未发起反通知，或虽发起反通知，但反通知不成立。著作权：被投诉方被同一著作权人投诉，在规定期限内未发起反通知，或虽发起反通知，但反通知不成立），及全球速卖通平台抽样检查，扣分累计不超过6分。

（3）同三天内所有严重违规，包括所有投诉成立（即被投诉方被同一知识产权投诉，在规定期限内未发起反通知；或虽发起反通知，但反通知不成立）及全球速卖通平台抽样检查，只会作一次违规计算；三次严重违规者关闭账号，严重违规次数记录累计不区分侵权类型。

（4）全球速卖通有权对卖家商品违规及侵权行为和卖家店铺采取处罚，包括但不限于：退回或删除商品/信息；限制商品发布；暂时冻结账户及关闭账号。对于关闭账号的用户，全球速卖通有权采取措施防止该用户再次在全球速卖通上进行登记。

（5）每项违规行为由处罚之日起有效 365 天。

（6）当用户侵权情节特别显著或极端时，全球速卖通有权对用户单方面采取解除全球速卖通商户服务协议及免费会员资格协议、直接关闭用户账号，以及全球速卖通酌情判断与其相关联的所有账号、及/或采取其他为保护消费者或权利人的合法权益或平台正常的经营秩序，由全球速卖通酌情判断认为适当的措施。该等情况下，全球速卖通除有权直接关闭账号外，还有权冻结用户关联国际支付宝账户资金及全球速卖通账户资金，其中依据包括为确保消费者或权利人在行使投诉、举报、诉讼等救济权利时，其合法权益得以保障。"侵权情节特别显著或极端"包括但不限于以下情形：

① 用户侵权行为的情节特别严重；

② 权利人针对全球速卖通提起诉讼或法律要求；

③ 用户因侵权行为被权利人起诉，被司法、执法或行政机关立案处理；

④ 应司法、执法或行政机关要求全球速卖通处置账号或采取其他相关措施；

⑤ 用户所销售的商品在产品属性、来源、销售规模、影响面、损害等任一因素方面造成较大影响的；

⑥ 构成严重侵权的其他情形（如以错放类目、使用变形词、遮盖商标、引流等手段规避）。

（7）全球速卖通保留以上处理措施等的最终解释权及决定权，也会保留与之相关的一切权利。

（8）基于商品合规和贸易风险，平台会基于各国合规要求，针对历史因知识产权禁限售累计扣分满 24 分及以上或历史多次因风险品牌投诉侵权，平台保留针对特定商家在重点国家区域做流量屏蔽等管控的权利。

任务小结

　　通过本节的学习，学生应对知识产权的概念和特点、知识产权的类型有初步的了解，掌握知识产权的侵权表现，领会知识产权侵权的防范措施，以及与知识产权保护相关的法律法规，从而保护自身的知识产权，降低国际贸易风险。

数字资源 8-2：
项目八　任务 1　测验

技能实训

1. 扫码阅读案例《Sophia's Boutique 的知识产权之困》，回答以下问题：

（1）Sophia 被侵犯了哪些知识产权？

（2）Sophia 是如何解决知识产权侵权问题的？

数字资源 8-3：

　　Sophia's Boutique 的知识产权之困

2. 扫码观看亚马逊卖家大学发布的《了解亚马逊知识产权政策和侵权行为》视频，回答以下问题：

（1）亚马逊知识产权侵权有哪几种类型？分别列举一个例子。

（2）亚马逊卖家知识产权被侵权后应如何处理？

（3）侵犯他人知识产权的亚马逊卖家可能会受到哪些惩罚？

数字资源视频 8-4：

　　了解亚马逊知识产权政策和侵权行为

任务2　跨境贸易法律合规与风险管理

⚙ 任务描述

跨境贸易是现代经济的重要组成部分，对于企业的发展和国家经济的繁荣都具有非常重要的意义。然而，由于不同国家之间的法律体系和管辖范围存在差异，从事跨境贸易涉及一系列的法律合规和风险管理问题。了解跨境贸易法律合规要求，进行有效的风险管理是跨境贸易成功的关键。

⚙ 任务目标

（1）了解跨境贸易法律合规的重要性。

（2）掌握跨境贸易法律合规的主要做法。

（3）了解跨境贸易相关法律法规。

（4）掌握跨境贸易风险管理。

一、跨境贸易法律合规

（一）跨境贸易法律合规的重要性

1. 遵守法律规定

合规是企业必须履行的法律义务。"守法经营、合规经营"是企业立足市场、延续发展的基本准则。通过跨境贸易法律合规管理，企业能够遵守各国相关法律法规，确保贸易行为合法合规。

2. 防范风险

跨境贸易涉及多个国家和地区的法律法规，如果企业在贸易过程中违反了相关规定，将面临巨大的法律风险。通过合规操作，企业可以降低违规风险，保护自身的利益。

3. 提升信誉形象

合规的跨境贸易行为有助于树立企业的良好信誉形象。合规经营的企业更容易得到市场和政府的认可，从而获得更多商机和更大的发展空间。

（二）跨境贸易法律合规的主要做法

1. 知晓目标市场的法律和规则

在进行跨境贸易之前，首先需要了解目标市场的法律和规则。不同国家的法律体系和贸易规则可能存在差异，为了避免违反当地的法律和规则，通过国际贸易协会或聘请专业法律顾问来获取关于目标市场的法律和规则的信息是必要的，其中包括但不限于产品标准、认证要求、进出口许可证等。

2. 合法合规的贸易合同

贸易合同是进口出口双方当事人依照法律通过协商就各自在贸易上的权利和义务所达成的具有法律约束力的协议。制定合法合规的贸易合同对于避免贸易纠纷和风险至关重要。贸易合同应明确双方的权利和义务、产品的规格和数量、价格和支付条件、交货方式和时间、违约责任等内容，并遵守当地法律法规。

3. 准确的产品信息和标识

在跨境贸易中，为了满足目标市场法律法规的要求和标准，产品的信息和标识需要准确无误，其中应包括产品的材料成分、制造工艺、安全性能、有效期等。此外，适当的产品信息和标识如货物编号、条形码和国际标准化认证等，也有助于提高产品的市场竞争力。

二、跨境贸易法律法规

跨境贸易的法律体系主要由国际法和国内法两部分组成。国际法是指国家之间的法律，是国家在其相互交往中形成的，主要用来调整国家之间关系的有法律约束力的原则、规则和制度的总称，其中包括世界贸易组织（WTO）框架下的协定、自由贸易协定（FTA），以及其他区域贸易安排等。而国内法则是指在一个主权国家内部具有法律约束力的规则体系，包括各个国家的国内立法、司法解释和行政规定等规则。

（一）国际法律法规

跨境贸易国际相关法律法规是为了促进国际贸易的发展，减少国际贸易的法律障碍，各国之间签订的国际协定、国际条约和国际公约等具有国际法律效力的文件，其中包括 WTO 协定、自由贸易协定，以及其他区域贸易安排等。跨境贸易国际相关法律法规主要由国际贸易公约和国际贸易惯例构成。国际贸易公约是指两个及以上国家所签订的关于国际贸易方面的相互权利和义务的各种条约、公约、协议以及协定等规范性文件，适用于国际贸易中的合同关系。关于国际货物销售最重要的公约是《联合国国际货物销售合同公约》（CISG）。《联合国国际货物销售合同公约》适用于跨境货物的买卖合同。该公约规定了合同的订立、履行、违约等方面的法律规定，为买卖双方提供了统一的法律框架。

关于规范海上货物运输合同的国际相关法律法规，主要有《海牙规则》（全称《统一提单的若干法律规定的国际公约》）、《海牙-维斯比规则》和《汉堡规则》（全称《1978 年联合国海上货物运输公约》）三个著名公约。关于规范陆上货物运输合同的国际相关法律法规有《国际铁路货物联运协定》《国际公路货物运输合同公约》等，这些法律法规对物流运输当事人的关系、责任、权利与义务做了明确的规定。

国际贸易惯例是国际贸易中普遍适用的一种约定行为，是指在长期的国际贸易实践中形成的规范化、成文化并具有一定确定性和指导意义的行为规范及习惯做法，其提供了补充和解释国际贸易公约的规则。全球最有影响力的国际贸易惯例是《国际贸易术语解释通则》，该惯例规定了货物的交付方式、责任和风险转移等内容。

（二）国内法律法规

除了遵守国际相关法律法规外，跨境贸易还需要遵守国内相关法律法规。我国关于跨境贸易相关的法律法规主要分为以下几类。

1. 综合性法律法规

为了扩大对外开放，发展对外贸易，维护对外贸易秩序，保护对外贸易经营者的合法权益，促进社会主义市场经济的健康发展，我国颁布了《中华人民共和国对外贸易法》。该法规定了对外贸易经营者、货物进出口与技术进出口、国际服务贸易、与对外贸易有关的知识产权保护、对外贸易秩序、对外贸易调查、对外贸易救济、对外贸易促进和法律责任等事项。

2. 贸易合同相关法律法规

《中华人民共和国合同法》（简称《合同法》）是为了保护合同当事人的合法权益，维护社会经济秩序，促进社会主义现代化建设而制定的法律，其主要规定了合同的订立、合同的效力、合同的履行、合同的变更和转让、合同的权利义务终止违约责任等事项。我国企业在进行跨境贸易时，交易双方要遵从《合同法》对贸易行为进行规范。（《中华人民共和国合同法》已于 2021 年 1 月 1 日起被《中华人民共和国民法典》的合同编所取代，不再作为独立的法律文件存在。）

3. 跨境物流运输相关法律法规

目前我国企业在跨境物流运输中主要遵循的相关法律法规包括《中华人民共和国海商法》《中华人民共和国民用航空法》《中华人民共和国铁路法》《中华人民共和国国际货物运输代理业管理规定》等。这些法律法规对跨境运输物流运输的各方关系、责任和权益做了具体规定。

4. 通关相关法律法规

跨境贸易所涉及的货物和物品需要经过海关的查验，对此我国出台了《海关法》对相关事务进行管理，并通过《中华人民共和国海关企业分类管理办法》《中华人民共和国海关行政处罚实施条例》对管理内容进一步细化。《海关法》涉及海关的监管职责，对进出境运输工具、进出境货物、进出境物品、关税、海关事务担保、执法监督、法律责任等内容做了规定。《中华人民共和国海关企业分类管理办法》规定，海关可对有关企业实行分类管理，对信用程度较高的企业采取相应的通关便利措施或常规管理措施，对信用程度较低的企业则采取严密监管措施。我国还出台了《中华人民共和国知识产权海关保护条例》，在通关环节强化了知识产权海关保护。针对目前空运快件、个人物品邮件增多的情况，我国也出台了一些专门的管理办法，如《中华人民共和国海关对进出境快件监管办法》以及海关总署公告 2010 年第 43 号《关于调整进出境个人邮递物品管理措施有关事宜》等。

5. 商检相关法律法规

跨境贸易进出口的货物需要经过商检，为了加强进出口商品检验工作，规范进出口商品检验行为，维护社会公共利益和进出口贸易有关各方的合法权益，促进对外经济贸易关系的顺利发展，我国于 1989 年颁布了《中华人民共和国进出口商品检验法》，对进出口商品的检验、监督管理、法律责任等事项进行了规定。

6. 外汇管理相关法律法规

《中华人民共和国外汇管理条例》是为了加强外汇管理，促进国际收支平衡，促进国民经济健康发展而制定的条例。该条例对经常项目外汇管理、资本项目外汇管理、金融机构外汇业务管理、人民币汇率和外汇市场管理、监督管理、法律责任等事项做了规定。

7. 税收相关法律法规

跨境贸易进出口环节可能会面临征税问题。目前，相关的法规主要包括《中华人民共和国关税法》等。《中华人民共和国关税法》（简称《关税法》）是为了规范关税的征收和缴纳，维护进出口秩序，促进对外贸易，推进高水平对外开放，推动高质量发展，维护国家主权和利益，保护纳税人合法权益而制定的法律法规，自 2024 年 12 月 1 日起施行。中华人民共和国准许进出口的货物、进境物品，由海关依照本法和有关法律、行政法规的规定征收关税。我国《关税法》坚持党对关税工作的领导，建立健全关税工作管理体制，明确了关税征收的适用范围，规范了关税税目税率的设置、调整和实施，对接国际高标准经贸规则，健全完善关税征收管理制度，同时细化法律责任，明确了行政处罚情形。

8. 知识产权相关法律法规

跨境贸易活动中需要遵守知识产权相关法律法规。为了规范跨境贸易活动中涉及的商品专利、商标、著作权等事项，我国相继出台了《专利法》《商标法》《著作权法》等法律法规。这些法律法规详细规定了知识产权的性质、实施程序、争议解决机制等内容。

9. 消费者权益相关法律法规

跨境贸易中常常会面临产品质量纠纷。目前，关于产品质量和消费者权益保护的法律法规主要有《中华人民共和国产品质量法》《中华人民共和国消费者权益保护法》等。这些法律法规对产品生产者、销售者的责任做了规定，并对欺诈、侵权等违法行为进行了监督管理。

10. 跨境电商相关法律法规

为了确保跨境电商交易的安全性，我国先后出台了《中华人民共和国电子商务法》《中华人民共和国网络安全法》《中华人民共和国个人信息保护法》等法律法规，规范了电商经营者的法律职责、网络安全的管理要求，以及企业处理个人信息的行为规范和要求等。

三、跨境贸易风险管理

（一）跨境贸易风险类型

1. 政治风险

跨境贸易中的政治风险是指从事跨境贸易的企业因东道国政治因素的影响而遭受损

失的风险。这类风险是由政治因素引起的，主要包括政局的变化、政权的更替、政策的不连续和不稳定、地缘政治风险因素，以及叛乱、战争和恐怖主义等。此外，还包括外汇管制、贸易壁垒、价格控制、雇工问题等常见的政治风险。这类风险具有突发性和不可抗性的特点。

2. 文化风险

不同国家的人们因文化背景的不同，可能对同一事物的理解存在较大的差异，甚至截然相反。种族间的差异会增加贸易事件的风险，跨境贸易中的文化风险本质是贸易双方信息不对称，从贸易合同签订、货物运输、检验、收货到最终结算等各个环节都有可能存在价值理念的差异，从而增加了贸易风险。

3. 法律风险

跨境贸易涉及不同国家的法律法规，如果商家不了解目标市场的法律法规，可能会面临一些法律风险，如商标侵权、知识产权侵权等。

4. 市场风险

跨境贸易目标市场的经济、政治、文化等因素都有可能对贸易活动产生影响，如果市场环境发生变化，可能会对商家的业务造成影响。跨境贸易中的市场风险包括价格变动风险、汇率变动风险等。

价格变动风险是跨境贸易市场风险中最常见的风险类型，也是影响企业利润的重要因素。买卖双方供需关系的变化会影响到产品的市场价格，而产品市场价格的变动则会对贸易活动产生一定的风险。

汇率变动风险是由于汇率发生波动影响跨境贸易活动，因而导致交易风险的产生。在跨境贸易过程中，汇率发生波动会给贸易活动造成较大的影响，其中产品到岸价格差异便是跨境贸易活动中受到汇率变动风险影响的直接表现。

5. 合同风险

在跨境贸易的交易过程中，交易双方需要签订贸易合同。贸易合同中规定了货物的品质、规格、交货数量、包装、交货地点等内容，明确了交易双方的权利和义务。贸易合同风险可以分为合同效力法律风险、交货与合同不符风险、利用合同条款进行欺诈的风险等。

合同效力法律风险是指跨境贸易双方对合同是否成立、是否生效存在不同的理解，进而产生纠纷，引发合同效力认定争议及后续履行、责任承担等法律风险。具体可以分为以下几种情形：① 与对方签订合同后，由于合同主体不合法引起合同无效产生的风险；② 由于合同成立程序不合法引起合同无效产生的风险；③ 合同的目的和约定的合同内容违反了法律的强制性或禁止性规定，或侵害了社会公共利益引起合同无效产生的风险。

交货与合同不符风险是指在实际履行合同过程中，出现买卖双方对条款的理解差异或履行能力的不足等，导致交货与合同不符，引起合同纠纷而产生的风险，如：货物品质与合同规定不一致；交货数量与合同规定不一致；货物的包装与合同规定不一致；货物规格与合同规定不一致；交货地点纠纷；等等。

利用合同条款进行欺诈的风险是指交易一方以订立合同为手段，用虚构事实或隐瞒真相的欺骗方法进行欺诈的风险。合同欺诈主要分为两种类型。① 合同当事人（欺诈方）没有履约能力的欺诈。在这种欺诈类型中，合同的一方当事人往往是虚构的，或者确实有这个当事人，但这个当事人是一个注册资本很少的有限公司，其所负的只是有限责任，被欺诈的一方要想追回损失，是非常困难的。② 合同当事人（欺诈方）有履约能力的欺诈。欺诈方主要利用合同条款进行欺诈，特别是合同中的品质条款、违约条款、担保条款和索赔条款，常常被欺诈者所利用。

6. 结算风险

结算风险包括汇付风险、托收风险、信用证风险、银行保函风险等。在跨境贸易中，结算是最后一个环节，也是最重要的环节。这一环节实际上存在的风险不可避免，例如：若跨境贸易结算中采用汇付方式，那么双方都会承担很大的风险；若采用预付货款的方式，进口商的资金占用时间长，经济压力重，承担几乎所有风险；若采用货到付款或赊销，则出口商承担风险和货币的机会成本；如果采用票汇，则可能出现使用假汇票或伪造汇票等状况，导致财货两空。

7. 运输风险

跨境贸易需要通过国际物流将商品运输到海外市场，物流运输过程中可能会出现一些风险而影响到商品的质量，或在某些情况下导致商品无法正常交付，如商品破损、运输过程中包装损坏、泄露、盗窃、污染、碰撞、事故、故意破坏等。

（二）跨境贸易风险管理

1. 政治风险管理

为降低政治风险，企业应关注目标市场的政治局势和经济状况，做到及时调整经营策略。与当地政府和商业机构建立良好关系，以便获取第一手信息。制定灵活的贸易策略，以应对不确定的政治环境。

2. 文化风险管理

为应对文化风险，企业应熟悉目标市场的文化习俗，在设计产品、开展营销活动和提供客户服务时，需要考虑到消费者的文化差异，避免因文化冲突而带来的负面影响。

3. 法律风险管理

为应对法律风险，企业应熟悉目标市场的法律法规，包括进出口许可管理制度、税收政策等。在签订合同时明确约定争议解决方式，如仲裁、诉讼等。及时关注国际法发展的新动向，以便调整经营策略。

4. 外汇风险管理

为应对外汇风险，企业应制定合理的外汇风险管理策略，如使用远期汇率协议锁定汇率。利用多种金融工具对冲货币风险，如期权、掉期等。加强与银行等金融机构的合作，以获取专业的外汇风险管理建议。

5. 合同风险管理

为应对合同风险，企业应设置必要的买卖合同管理机构，用以检查、监督、指导、审核各类合同的签订和履行。对签订买卖合同的主体进行信用审查，确保其具备良好的信誉和履约能力。

6. 结算风险管理

为应对结算风险，企业应做好买方的资信调查和风险评估，选择安全可靠的结算方式，投保出口信用险以保障收款，以及使用保理、福费廷、备用信用证、银行保函等方式来保障收款。

7. 运输风险管理

为应对运输风险，企业应选择可靠的物流服务商，签订货物运输合同，并购买货物运输保险，以降低贸易风险。

任务小结

通过本节的学习，学生应初步了解跨境贸易相关法律法规，认识跨境贸易法律合规的重要性，熟悉跨境贸易法律合规的主要做法，并进行有效的风险管理。

数字资源 8-5：
项目八　任务 2　测验

技能实训

1. 扫码观看视频《中美贸易战对全球主要粮食商品和经济造成深远影响》，请思考以下问题。

（1）中美贸易战对全球经济产生了哪些影响？

（2）企业应如何应对中美贸易战风险？

数字资源 8-6：
中美贸易战对全球主粮商品和经济造成深远影响

2. 扫码阅读《社交媒体直播带货禁令　东南亚出海再生变数》，思考以下问题：企业开展跨境电商面临哪些风险？应如何应对？

数字资源 8-7：
社交媒体直播带货禁令　东南亚出海再生变数

参考文献

REFERENCE

[1] 郑秀田，甘红云，林菡窑．跨境电子商务概论［M］．北京：人民邮日出版社，2021.

[2] 张函．跨境电子商务基础［M］．北京：人民邮电出版社，2019.

[3] 邹益民，隋东旭．跨境电商基础与实务［M］．北京：人民邮电出版社，2022.

[4] 桂海进．跨境贸易基础［M］．北京：电子工业出版社，2019.

[5] 陆端．跨境电子商务物流［M］．北京：人民邮电出版社，2019.

[6] 肖旭．跨境电商实务［M］．2版．北京：中国人民大学出版社，2018.

[7] 袁江军．跨境电子商务基础［M］．北京：电子工业出版社，2020.

[8] 苏芳．跨境营销与管理［M］．北京：电子工业出版社，2021.

[9] 许辉，张军．跨境电子商务实务［M］．北京：北京理工大学出版社，2019.

[10] 龚文龙，王宇佳．跨境彐商实务［M］．杭州：浙江大学出版社，2021.

[11] 刘颖君．跨境电子商务基础［M］．北京：电子工业出版社，2020.

[12] 朱瑞霞．跨境电商支付与结算［M］．上海：复旦大学出版社，2021.

[13] 张燕芳，刘梓豪．国际贸易实务［M］．北京：人民邮电出版社，2023.

[14] 周兴建，泮家丽．跨竟电子商务案例分析［M］．北京：电子工业出版社，2022.

[15] 柯丽敏，洪方仁，郑锴．跨境电商案例解析［M］．北京：中国海关出版社，2016.

[16] 孙华林，赵丹．跨境电商物流与供应链管理［M］．北京：电子工业出版社，2023.

[17] 刘志娟，周勤．国际贸易基础［M］．苏州：苏州大学出版社，2022.

[18] 应颖．国际贸易基础知识［M］．4版．北京：高等教育出版社，2018.

[19] "跨境电商B2B数据运营"1＋X职业技能等级证书配套教材编委会．海外社会化媒体营销［M］．北京：电子工业出版社，2020.

［20］"跨境电商 B2B 数据运营" 1＋X 职业技能等级证书配套教材编委会 . 跨境电商 B2B 店铺数据运营［M］. 北京：电子工业出版社，2021.

［21］廖润东，肖旭，张枝军 . 跨境电商 B2C 数据运营［M］. 北京：电子工业出版社，2021.

［22］阿里巴巴（中国）网络技术有限公司，浙江商业职业技术学院 . 跨境电商 B2B 立体化实战教程［M］. 北京：电子工业出版社，2019.

［23］张志合 . 跨境电商 B2B 运营——阿里巴巴国际站运营实战 118 讲［M］. 北京：电子工业出版社，2022.

［24］卞凌鹤 . 跨境电子商务速卖通运营［M］. 北京：清华大学出版社，2022.

［25］亚马逊信息服务（北京）有限公司上海分公司，梅雪峰 . 跨境电商 Amazon 立体化实战教程［M］. 杭州：浙江大学出版社，2021.

［26］Christopher Matthew Spencer. Ultimate Guide to eBay for Business［M］. California：Entrepreneur Press，2024.

［27］徐鹏飞，王金歌 . Shopee 跨境电商运营实战［M］. 北京：电子工业出版社，2020.

［28］王军海 . 跨境电子商务支付与结算［M］. 北京：人民邮电出版社，2018.

［29］韩玲冰 胡一波 . 跨境电商物流［M］. 北京：人民邮电出版社，2018.

［30］伍蓓 . 跨境电子商务概论［M］. 北京：人民邮电出版社，2022.

［31］张燕芳 . 国际贸易理论与实务［M］. 北京：人民邮电出版社，2022.

［32］邓志新 . 跨境电商：理论、操作与实务（微课版·第 2 版）［M］. 北京：人民邮电出版社，2023.

与本书配套的数字资源使用说明

  本书部分课程及与纸质教材配套数字资源以二维码链接的形式呈现。利用手机微信扫码成功后提示微信登录，授权后进入注册页面，填写注册信息。按照提示输入手机号码，点击获取手机验证码，稍等片刻收到4位数的验证码短信，在提示位置输入验证码成功，再设置密码，选择相应专业，点击"立即注册"，注册成功。（若手机已经注册，则在"注册"页面底部选择"已有账号，立即登录"，进入"账号绑定"页面，直接输入手机号和密码登录。）接着提示输入学习码，须刮开教材封底防伪涂层，输入13位学习码（正版图书拥有的一次性使用学习码），输入正确后提示绑定成功，即可查看二维码数字资源。手机第一次登录查看资源成功以后，再次使用二维码资源时，在微信端扫码即可登录进入查看。（需要获取本书数字资源，可联系编辑宋焱：15827068411）